Laga/Sehrschön
E-Commerce-Gesetz
Praxiskommentar

E-Commerce Gesetz

Praxiskommentar

von
Dr. Gerhard Laga
Mag. Ulrike Sehrschön

LexisNexis™
ARD Orac

Wien 2002

Die Deutsche Bibliothek – CIP-Einheitsaufnahme

Ein Titeldatensatz für diese Publikation ist bei der Deutschen Bibliothek erhältlich.

Information an unsere Leser

Das vorliegende Buch wurde auf **chlorfrei gebleichtem Um-
weltschutzpapier Bio Top 3** gedruckt. Auch die Plastikfolie, in
die unsere Bücher eingeschweißt sind, ist ein **umweltfreundliches
Produkt.** Sie ist aus Polyäthylen **chlor- und schwefelfrei** her-
gestellt und verbrennt in Müllverbrennungsanlagen **völlig un-
giftig**; sie zerfällt unter Lichteinfluss langsam, verhält sich auf
Mülldeponien grundwasserneutral und ist **voll recyclingfähig.**

ISBN 3-7007-2163-3

LexisNexis Verlag ARD ORAC GmbH & Co KG, Wien
http://www.lexisnexis.at
Best.-Nr. 31.76.00

Foto Dr. Laga: Heinrich Sigmund
Foto Mag. Sehrschön: Fa. Reinöhl & Reinöhl Fotolabor GmbH,
1120 Wien, Meidlinger Hauptstraße 61

Hersteller: Druckerei Robitschek & Co. Ges.m.b.H., Wien

Vorwort

Der vorliegende Kurzkommentar soll das neue E-Commerce-Gesetz (ECG) in möglichst praxisnaher Weise erläutern. Dazu haben wir den Gesetzestext und die erläuternden Materialien (Regierungsvorlage und Justizausschussbericht) neu zusammengestellt, im Anhang findet sich auch der Text der E-Commerce-Richtlinie. Bereits die Erl zur RV selbst sind sehr umfangreich ausgefallen und behandeln zahlreiche Detailfragen. Entsprechend haben wir uns in unserem Kommentar darauf beschränkt, zu den einzelnen Paragraphen nur jene Fragen aufzugreifen, die nicht in den Erl zur RV schon beantwortet sind.

Auch möchten wir insbesondere konkrete Anhaltspunkte bieten, wie das E-Commerce-Gesetz in der Praxis umgesetzt werden kann.

Wien, im März 2002   *Die Verfasser*

Inhaltsverzeichnis

I. Entstehungsgeschichte

II. Bundesgesetz, mit dem bestimmte rechtliche Aspekte des elektronischen Geschäfts- und Rechtsverkehrs geregelt (E-Commerce-Gesetz – ECG) und das Signaturgesetz sowie die Zivilprozeßordnung geändert werden

Abkürzungsverzeichnis

aA	anderer Ansicht
Abg	Abgeordneter
ABGB	Allgemeines Bürgerliches Gesetzbuch
ABl	Amtsblatt der EG
Abs	Absatz
AG	Aktiengesellschaft
AGB	Allgemeine Geschäftsbedingungen
aM	anderer Meinung
AMG	Arzneimittelgesetz
Anm	Anmerkung
AnwBl	Anwaltsblatt
APA	Austria Presse Agentur
ARGE	Arbeitsgemeinschaft
Art	Artikel
BB	Betriebs-Berater
BGB	(deutsches) Bürgerliches Gesetzbuch
BGBl	Bundesgesetzblatt
BGH	(deutscher) Bundesgerichtshof
BKA	Bundeskanzleramt
Blg	Beilage
BlgNR	Beilage(-n) zu den Stenographischen Protokollen des Nationalrats
BM	Bundesministerium
bzw	beziehungsweise
CR	Computer und Recht
DB	Der Betrieb
dh	das heißt
DStR	Deutsches Steuerrecht
EB	Erläuternde Bemerkungen
EC-RL	E-Commerce-Richtlinie
ECG	E-Commerce-Gesetz
EG	Europäische Gemeinschaften
EGV	Vertrag zur Gründung der Europäischen Gemeinschaften
EMRK	Europäische Menschenrechtskonvention
endg	endgültig
EBzRV	Erläuterungen zur Regierungsvorlage
EU	Europäische Union
EuGH	Europäischer Gerichtshof

EuGVÜ	Europäisches Übereinkommen über die gerichtliche Zuständigkeit und Vollstreckung gerichtlicher Entscheidungen in Zivil- und Handelssachen
EuZW	Europäische Zeitschrift für Wirtschaftsrecht
EvBl	Evidenzblatt der Rechtsmittelentscheidungen in „Österreichische Juristenzeitung"
EVÜ	Übereinkommen über das auf vertragliche Schuldverhältnisse anzuwendende Recht
EWR	Europäischer Wirtschaftsraum
EWS	Europäisches Wirtschafts- und Steuerrecht
ff	fortfolgende
FN	Fußnote
gem	gemäß
GP	Gesetzgebungsperiode
GmbH	Gesellschaft mit beschränkter Haftung
hA	herrschende Ansicht
HGB	Handelsgesetzbuch
hL	herrschende Lehre
hM	herrschende Meinung
HTML	Hyper Text Markup Language
idF	in der Fassung
idR	in der Regel
ieS	im engeren Sinn
IPR	Internationales Privatrecht
IPRG	Bundesgesetz über das internationale Privatrecht
iS	im Sinne
iSd	im Sinne des, -der
iSv	im Sinne von
ISP	Internet Service Provider
iVm	in Verbindung mit
iwS	im weiteren Sinn
JA	Justizausschuss
JAB	Justizausschussbericht
JBl	Juristische Blätter
KartG	Kartellgesetz
K&R	Kommunikation und Recht
KOM	Dokumente der EU-Kommission
KSchG	Konsumentenschutzgesetz
LG	(deutsches) Landesgericht
lit	litera (=Buchstabe)

X

MaSchG	Markenschutzgesetz
MedG	Mediengesetz
MEntw	Ministerialentwurf
MMR	MultiMedia und Recht
MR	Medien und Recht
mwN	mit weiteren Nachweisen
NJW	Neue Juristische Wochenschrift
NR	Nationalrat
Nr	Nummer
NZ	Österreichische Notariatszeitung
ÖBl	Österreichische Blätter für gewerblichen Rechtsschutz und Urheberrecht
OGH	Oberster Gerichtshof
ÖJZ	Österreichische Juristenzeitung
OLG	Oberlandesgericht
ÖSGRUM	Österreichische Schriften für Gewerblichen Rechtsschutz, Urheber- und Medienrecht
ÖStZ	Österreichische Steuerzeitung
ÖZW	Österreichische Zeitschrift für Wirtschaftsrecht
PHG	Produkthaftungsgesetz
RA	Rechtsanwalt
RBÜ	Revidierte Berner Übereinkunft
RdW	Österreichisches Recht der Wirtschaft
RFC	Request for Comment
RfR	Rundfunkrecht, Beilage zu ÖBl
RIS	Rechtsinformationssystem des Bundeskanzleramts
RIW	Recht der Internationalen Wirtschaft
RL	Richtlinie
RSpr	Rechtsprechung
RV	Regierungsvorlage
Rz	Randzahl
S	Seite
sog	so genannte(-r,-s)
SozSi	Soziale Sicherheit
SPÖ	Sozialdemokratische Partei Österreichs
StPO	Strafprozeßordnung
stRSpr	ständige Rechtsprechung
SWK	Steuer- und Wirtschaftskartei
SZ	Entscheidungen des österreichischen Obersten Gerichtshofes in Zivil- (und Justizverwaltungs-)sachen

TKG	Telekommunikationsgesetz
TRIPS	Übereinkommen über handelsbezogene Aspekte der Rechte des geistigen Eigentums inklusive Handel mit gefälschten Gütern
UrhG	Urheberrechtsgesetz
USA	Vereinigte Staaten von Amerika
UWG	Bundesgesetz gegen den unlauteren Wettbewerb
VfGH	Verfassungsgerichtshof
VfSlg	Sammlung der Erkenntnisse und wichtigsten Beschlüsse des Verfassungsgerichtshofes
vgl	vergleiche
VO	Verordnung
VStG	Verwaltungsstrafgesetz 1991
VwGH	Verwaltungsgerichtshof
wbl	Wirtschaftsrechtliche Blätter
WAG	Wertpapieraufsichtsgesetz
WRP	Wettbewerb in Recht und Praxis
WTO	World Trade Organisation
WWW	World Wide Web
Z	Ziffer
zB	zum Beispiel
Ziff	Ziffer
ZRP	Zeitschrift für Rechtspolitik
ZPO	Zivilprozeßordnung
ZVglRWiss	Zeitschrift für vergleichende Rechtswissenschaft
ZUM	Zeitschrift für Urheber- und Medienrecht

Schrifttum

1. Österreich

Brenn, Der elektronische Geschäftsverkehr, ÖJZ 1999, 481

Brenn, Haftet ein Internet-Service-Provider für die von ihm verbreiteten Informationen?, ecolex 1999, 249

Essl, E-Commerce-Richtlinie und Wettbewerbsrecht: Eine kritische Anmerkung, ÖBl 2000, 156

Fallenböck, Internet und Internationales Privatrecht I (2001)[1]

Filzmoser, Gewerberechtliche Namens- und Kennzeichnungsvorschriften im e-commerce, RdW 2000, 180

Gangoly, Außergerichtliche Streitschlichtung in B2C-Konflikten im E-Commerce, 11/2001, Artikel bei http://www.rechtsprobleme.at

Gruber, E-Mail-Werbung nur mit Zustimmung? Ein neuer Richtlinienvorschlag der EU-Kommission, RdW 2001, 76

Grünzweig, Haftung für Links im Internet nach Wettbewerbsrecht, RdW 2001, 549

Handig, Unternehmerische Tätigkeit im World Wide Web. E-Commerce aus der gewerblichen Perspektive, SWK 2001, W 47

Handig, Unzulässiger Einsatz von Kommunikationsmitteln zu Werbezwecken. Die möglichen verwaltungs- und privatrechtlichen Konsequenzen, SWK 2001, W 75

Jahnel, Datenschutz im Internet. Rechtsgrundlagen, Cookies und Web-Logs, ecolex 2001, 84

Jirousek, Die Anwendung der OECD-Betriebstättendefinition auf E-Commerce, ÖStZ 2001, 274

Keltner, Haftung und Überwachungspflicht der Suchmaschinenbetreiber und Hyperlinksetzer nach dem Entwurf zum ö. E-Commerce-Gesetz (ECG), 10.10.2001, Artikel bei http://www.it-law.at

Keltner, Stellungnahme zum E-Commerce-Gesetzesentwurf, September 2001, Artikel bei http://www.it-law.at

Kilches, E-Commerce-Gesetz – gelungene Richtlinienumsetzung?, MR 2001, 248

Lachmair, EU-Richtlinie für E-Commerce seit 1. 6. 2000 in Kraft, RdW 2000, 431

Laga, Das österreichische Spam-Verbot. Ein rechtlich bedenkliches Kuriosum, ÖBl 2000, 243

Laga, Internet – Eine Spielwiese für Juristen, JUR-PC Web-Dok. 25/1998, siehe http://www.jurpc.de/aufsatz/19980025.htm

Parschalk, Provider-Haftung für Urheberrechtsverletzungen Dritter, ecolex 1999, 834

Schramböck, Gewerberechtliche Schranken des e-commerce, ecolex 2000, 48

Schwarze(Hrsg), EU-Kommentar[1] (2000)

Sehrschön/König, Der österreichische Ministerialentwurf zum E-Commerce Gesetz, Juli 2001, Artikel bei http://www.rechtsprobleme.at

Seidelberger, Wettbewerbsrecht und Internet, RdW 2000, 500

Silberbauer, Unlauterer Wettbewerb im Internet, ecolex 2001, 345

Stomper, Wettbewerbsrechtliche Mitverantwortlichkeit für verlinkte Inhalte, RdW 2001, 424

Thiele, Keyword-Advertising – lauterkeitsrechtliche Grenzen der Online-Werbung, RdW 2001, 492

Thiele, Meta-Tags und das österreichische Wettbewerbsrecht, ÖJZ 2001, 168

Tichy, Zugang elektronischer Willenserklärungen, Verbraucherschutz und E-Commerce-Gesetz, RdW 2001, 548

Traudtner/Höhne, Internet und Gewerbeordnung, ecolex 2000, 480

Turnherr/Hohensinner, ... fragen Sie Ihren Internetapotheker: Arzneimittelvertrieb und das Internet, ecolex 2001, 493

Vogler, E-Pharma – Arzneimittel aus dem Internet, SozSi 2001, 33

Zankl, Der Entwurf zum E-Commerce-Gesetz, NZ 2001, 325

Zankl, E-Commerce-Gesetz in Sicht, AnwBl 2001, 459

Zankl, Haftung für Hyperlinks im Internet, ecolex 2001, 354

Zankl, OGH erlaubt meta-tags im Internet. Kurze Bemerkungen zu metatagging, word-stuffing und spamming, AnwBl 2001, 316

Zankl, Rechtsqualität und Zugang von Erklärungen im Internet, ecolex 2001, 344

Zankl, Verantwortlichkeit für fremde Internetinhalte. Altes und Neues zur Gehilfenhaftung, JBl 2001, 409

Zankl, Zivilrecht und e-commerce. Zugleich eine Besprechung von *Gruber/ Mader (Hrsg),* Internet und e-commerce, Manz (2000), ÖJZ 2001, 542

Zankl, Zur Umsetzung vertragsrechtlicher Bestimmungen der E-Commerce-Richtlinie, NZ 2001, 288

2. Deutschland

Ahrens, Das Herkunftslandprinzip in der E-Commerce-Richtlinie, CR 2000, 835

Apel/Grapperhaus, Das Offline-Online-Chaos oder wie die Europäische Kommission den grenzüberschreitenden Werbemarkt zu harmonisieren droht, WRP 1999, 1247

Arndt/Köhler, Elektronischer Handel nach der E-Commerce-Richtlinie, EWS 2001, 102

Bender/Sommer, E-Commerce-Richtlinie: Auswirkungen auf den elektronischen Geschäftsverkehr in Deutschland, RIW 2000, 260

Bernreuther, Die Rechtsdurchsetzung des Herkunftslandrechts nach Art. 3 Abs. II EC-RiL und das Grundgesetz, WRP 2001, 384

Bröhl, ECG-Gesetz über rechtliche Rahmenbedingungen des elektronischen Geschäftsverkehrs, MMR 2001, 67

Freytag, Providerhaftung im Binnenmarkt, CR 2000, 600

Härting, Gesetzesentwurf zur Umsetzung der E-Commerce-Richtlinie, CR 2001, 271

Härting, Umsetzung der E-Commerce-Richtlinie, DB 2001, 80

Heckmann, E-Commerce: Flucht in den virtuellen Raum? Zur Reichweite gewerberechtlicher Bindungen des Internethandels, NJW 2000, 1370

Henning-Bodewig, E-Commerce und irreführende Werbung. Auswirkungen des Herkunftslandsprinzips auf das europäische und deutsche Irreführungsrecht, WRP 2001, 771

Hoeren, Vorschlag für eine EU-Richtlinie über E-Commerce. Eine erste kritische Analyse, MMR 1999, 192-199

Kamanabrou, Vorgaben der E-Commerce-RL für die Einbeziehung von AGB bei Online-Rechtsgeschäften, CR 2001, 421

Karenfort/Weißgerber, Lauterkeit des Wirtschaftsverkehrs in Gefahr?, MMR-Beilage 7/2000, 38

König/Engelmann, E-Commerce mit Arzneimitteln im Europäischen Binnenmarkt und die Freiheit des Warenverkehrs, ZUM 2001, 19

Lohse, Inhaltsverantwortung im Internet und E-Commerce-Richtlinie, DStR 2000, 1874

Mankowski, Das Herkunftslandprinzip als Internationales Privatrecht der e-commerce-Richtlinie, ZVglRWiss 2001, 137

Mankowski, E-Commerce und Internationales Verbraucherschutzrecht, MMR-Beilage 7/2000, 22

Micklitz, Fernabsatz und E-Commerce im Schuldrechtsmodernisierungsgesetz, EuZW 2001, 133

Nickels, Der elektronische Geschäftsverkehr und das Herkunftslandprinzip, DB 2001, 1919

Satzger, Strafrechtliche Verantwortlichkeit von Zugangsvermittlern. Eine Untersuchung der Verantwortlichkeit für rechtswidrige Inhalte im Internet vor dem Hintergrund der neuen E-Commerce-Richtlinie der EG, CR 2001, 109

Scherer/Butt, Rechtsprobleme bei Vertragsschluss via Internet – Unter Berücksichtigung der EG-Fernabsatzrichtlinie, der Signaturrichtlinie und der geplanten E-Commerce-Richtlinie, DB 2000, 1009

Spindler, Der Entwurf zur Umsetzung der E-Commerce-Richtlinie, ZRP 2001, 203

Spindler, E-Commerce in Europa. Die E-Commerce-Richtlinie in ihrer endgültigen Fassung, MMR-Beilage 7/2000, 4

Spindler, Verantwortlichkeit von Dienstanbietern nach dem Vorschlag einer E-Commerce-Richtlinie, MMR 1999, 199-207

Tettenborn/Bender/Lübben/Karenfort, Rechtsrahmen für den elektronischen Geschäftsverkehr, BB, Beilage 10 zu H 50, 2001

Tettenborn, E-Commerce-Richtlinie: Politische Einigung in Brüssel erzielt, K&R 2000, H 2, 59

I. Entstehungsgeschichte

1. Gesetzgebungsprozess auf Europäischer Ebene

Das Thema E-Commerce bzw in der Europäischen Terminologie „elektronischer Geschäftsverkehr" beschäftigt die Europäischen Gremien bereits seit 1996. Am 16. 4. 1997 veröffentlichte die EU-Kommission eine Mitteilung mit dem Titel „Eine europäische Initiative zum elektronischen Handel"[1]). Neben erschwinglichen Preisen für den Zugang zum E-Commerce und einem günstigen Wirtschaftsumfeld wurde es bereits damals als wichtig erachtet, einen geeigneten Rechtsrahmen zu schaffen, damit Unternehmen ermutigt werden, in entsprechende Produkte, Dienste und Infrastruktur zu investieren.

Am 18. 11. 1998 veröffentlichte die EU-Kommission den Vorschlag für eine Richtlinie über bestimmte rechtliche Aspekte des elektronischen Geschäftsverkehrs im Binnenmarkt[2]). Der Vorschlag umfasste 26 Artikel und zwei Anhänge, die die verschiedenen Interessen der am elektronischen Geschäftsverkehr Beteiligten abstimmen und ausgleichen sollten.

Die Kommission wollte den rechtlichen Rahmen für E-Commerce mittels zweier wesentlicher Maßnahmen verbessern:

1. Die Grundsätze des Binnenmarkts (vor allem die Niederlassung von Diensteanbietern und der freie Dienstleistungsverkehr) sollten auch explizit für Dienste der Informationsgesellschaft gelten.

2. Wichtige Fragen des E-Commerce sollten gemeinschaftsrechtlich geklärt und harmonisiert werden:

   a. Kommerzielle Kommunikationen (Anzeigen, Werbung usw.)

   b. Der Online-Abschluss von Verträgen

   c. Die Haftung von Vermittlern

   d. Die Durch- und Umsetzung des rechtlichen Rahmens

Der Entwurf wurde dem Rat und dem EU-Parlament im Dezember 1998 übermittelt. Der Wirtschafts- und Sozialausschuss nahm am 29. April 1999 zum Entwurf Stellung. Das Europäische Parlament wies den Vorschlag dem zuständigen Ausschuss für Recht und Bürgerrechte zu, der am 22. April 1999 seinen Bericht[3]) einstimmig verabschiedete. Das Parlament nahm in der Plenartagung am 6. Mai 1999 diesen Bericht an. Die Stellungnahme des Europäischen Parlaments unterstützte die Initiative der Kommission und insbesondere ihren binnenmarktbezogenen Ansatz. Daneben schlug das Parlament verschiedene eher technische Änderungen vor, die in der Regel zur Klärung des ursprünglichen Kommissionsvorschlags dienen sollten.

---

[1]) KOM (1997) 157 endg.

[2]) KOM (1998) 586 endg, ABl Nr C 30 vom 5.2.1999, 4.

[3]) EP Report A4/1999/248.

Die Kommission legte am 1. September 1999 einen geänderten Vorschlag der Richtlinie[4]) vor. Der neue Vorschlag berücksichtigte die Stellungnahme des Europäischen Parlaments und klärte verschiedene Einzelfragen wie zum Beispiel die Definitionen der Dienste der Informationsgesellschaft und des Verbrauchers, die Verbindung zwischen dem Vorschlag und bestehenden Verbraucherschutz- und Datenschutz-Richtlinien, die Behandlung unerbetener kommerzieller Kommunikationen, die durch elektronische Post übermittelt werden, sowie die Bestimmung des Zeitpunkts, ab dem ein Online-Vertrag als abgeschlossen gilt.

Nachdem auf die Änderungswünsche des Parlaments Rücksicht genommen wurde, einigte man sich am 7. Dezember 1999 auf einen gemeinsamen Standpunkt, der am 28. Februar 2000 vom Rat festgelegt wurde[5]). Die formelle Annahme durch den Rat erfolgte am 5. Mai 2000 und wurde von Parlament und Rat am 8. Juni 2000 unterzeichnet. Die EC-RL wurde am 17. Juli 2000 im EU-Amtsblatt[6]) veröffentlicht.

2. Richtlinienumsetzung in Österreich

Rasch nach Veröffentlichung der E-Commerce-Richtlinie im Amtsblatt wurde bereits in ersten Koordinierungssitzungen mit Vertretern von Wirtschaft, Konsumentenschutz und Wissenschaft die Richtlinienumsetzung in Österreich diskutiert, um die relativ kurze Umsetzungsfrist von 18 Monaten[7]) effizient zu nutzen. Über den Sommer 2001 schließlich versandte das Bundesministerium für Justiz einen Ministerialentwurf[8]) zur Begutachtung. Innerhalb der Begutachtungsfrist gingen über 50 Stellungnahmen von verschiedensten Seiten[9]) ein – ein weiterer Beweis dafür, mit welch regem Interesse die Umsetzung der E-Commerce-Richtlinie in Österreich verfolgt wurde.

Der MEntw wurde auch der Kommission gem Notifikationsgesetz 1999 notifiziert, welche ihr Hauptaugenmerk besonders auf die Umsetzung des Herkunftslandprinzips nach Art. 3 EC-RL und seiner Ausnahmen gem Anhang I EC-RL legte.

Nicht zuletzt aufgrund der Bemerkungen der Kommission im Notifikationsverfahren, aber auch aufgrund der Anregungen im Begutachtungsverfahren wurden noch zahlreiche Änderungen vorgenommen. Schließlich wurde die Re-

---

[4]) KOM (1999) 427 endg, ABl Nr C 248 vom 29.8.2000, 69.

[5]) EG Nr 22/2000, ABl Nr C 128 vom 8.5.2000, 32.

[6]) Richtlinie 2000/31/EG über bestimmte Aspekte des elektronischen Geschäftsverkehrs im Binnenmarkt, ABl L 178 vom 17.7.2000, 1.

[7]) Bis 17. Jänner 2001.

[8]) MEntw betreffend ein Bundesgesetz, mit dem bestimmte rechtliche Aspekte des elektronischen Geschäfts- und Rechtsverkehrs geregelt werden (E-Commerce-Gesetz – ECG), 232 BlgNR 21. GP.

[9]) Im Internet abrufbar unter http://www.parlinkom.gv.at/pd/pm/XXI/ME/his/002/ME00232_.html

gierungsvorlage[10]) am 23. Oktober 2001 vom Ministerrat beschlossen und im Nationalrat eingebracht.

Im Zuge der Diskussion im Ministerrat war die ursprünglich im MEntw vorgesehene Aufsicht über E-Commerce-Diensteanbieter durch die KommAustria/RTR GmbH (§§ 25 bis 27 MEntw) vor allem wegen mangelnder budgetärer Deckung samt den Bestimmungen über Verwaltungsstrafen zur Gänze gestrichen worden. In der Behandlung im Justizausschuss wurde zwar nicht die Aufsicht durch KommAustria/RTR GmbH, wohl aber die Sanktionen (Verwaltungsstrafen), wenn auch in milderer Form, durch Abänderungsantrag der Regierungsparteien wieder eingeführt.

Am 22. November 2001 wurde das E-Commerce-Gesetz mit den Stimmen der Regierungsparteien in der Fassung des JAB[11]) im Plenum des Nationalrates verabschiedet. Gleichzeitig wurde mit den Stimmen der Regierungsparteien und der Grünen ein Entschließungsantrag angenommen, wonach der Bundesminister für Justiz die Anwendung des ECG in der Praxis evaluieren und dem Parlament erstmals nach zwei Jahren Bericht erstatten wird.

Das E-Commerce-Gesetz wurde am 21. Dezember 2001 im Bundesgesetzblatt I 2001/152 veröffentlicht und trat – rechtzeitig vor Ablauf der Umsetzungsfrist am 17. Jänner 2002 – mit 1. Jänner 2002 in Kraft.

3. Was bringt das E-Commerce-Gesetz? – Zusammenfassung

Das ECG stellt einen lang ersehnten Meilenstein für die Rechtssicherheit im E-Business dar. Es wurde bereits im Vorfeld begrüßt, umjubelt, kommentiert und analysiert wie kaum ein anderes Gesetz bisher. Was aber wird es für die Praxis wirklich bringen?

Vorausgeschickt werden muss, dass zahlreiche offene Fragen des Internetrechts weiterhin unbeantwortet bleiben – das ECG behandelt, wie schon sein Name sagt, nur gewisse Aspekte des elektronischen Geschäfts- und Rechtsverkehrs. Bei so brisanten Themen wie Domain-, Marken- oder Urheberrecht bietet es keine Hilfestellung.

Anbieter von „Diensten der Informationsgesellschaft" (§ 3 Z 1 und 2 ECG), das sind vereinfacht gesagt **alle kommerziellen Webauftritte** – vom echten Webshop bis zur Werbeseite –, müssen Anpassungen an ihrem Webauftritt vornehmen, um den **Gestaltungsvorschriften und Informationspflichten** des ECG zu entsprechen:

- Anbieteridentifizierung (§ 5 Abs. 1 ECG): Mindestangaben zum Unternehmen („Wir über uns": Name oder Firma, Anschrift, E-Mail, UID, Firmenbuchnummer, Firmenbuchgericht, Kammerzugehörigkeit, Aufsichtsbehörde, berufsrechtliche Vorschriften)

---

[10]) RV 817 BlgNR 21. GP.
[11]) JAB 853 BlgNR 21. GP.

● Werbung oder andere kommerzielle Kommunikation (Gewinnspiele, Preisausschreiben, Rabatte ...) muss als solche erkennbar sein (Auftraggeber, Kennzeichnung oder klare Erkennbarkeit, räumliche Trennung) (§ 6 ECG).

Für Webshopbetreiber oder Anbieter, die eine **Online-Bestellmöglichkeit** bieten, gilt zusätzlich (§§ 9 bis 11 ECG):

● Der Bestellvorgang muss klar dargestellt werden (Wie kann bestellt werden, welche Bestellschritte, wie funktioniert der Webshop?), mögliche Vertragssprachen sind anzugeben.

● Angabe freiwilliger Verhaltenskodizes, denen sich der Anbieter unterwirft, und Zugang zu diesen (Hyperlink).

● Der Nutzer muss die Möglichkeit haben, seine Vertragserklärung vor endgültiger Absendung zu korrigieren und auf Eingabefehler zu überprüfen.

● Der Eingang der Bestellung (Vertragserklärung des Nutzers) ist unverzüglich zu bestätigen (elektronische Empfangsbestätigung, noch nicht unbedingt Annahme der Bestellung!)

● Allgemeine Geschäftsbedingungen müssen speicher- und ausdruckbar wiedergegeben werden.

Damit wären alle Schritte gesetzt, um den eigenen Webauftritt dem E-Commerce-Gesetz entsprechend zu gestalten.[12])

Hinzu kommt noch die Normierung der **Zulassungsfreiheit** (§ 4 ECG): Es bedarf keiner besonderen Online-Konzession, jedoch sind auch online jene Berechtigungen notwendig, die für dieselbe Tätigkeit offline notwendig wären (zB Online-Steuerberatung: Zulassung als Steuerberater; Online-Finanzdienstleistungen: Konzession nach dem WAG).

Weiters bringt das E-Commerce-Gesetz unter bestimmten Bedingungen **Haftungsprivilegien** für Access- oder Host-Provider, für Suchmaschinenbetreiber und für Verantwortliche für Hyperlinks (§§ 13 bis 19 ECG). Diese Haftungserleichterungen gelten auch für Anbieter von unentgeltlichen (nicht-kommerziellen) Diensten.

Meilenstein und kryptischster Punkt des ECG zugleich ist die Normierung des so genannten **Herkunftslandprinzips** (§ 20 ECG): Im koordinierten Bereich (§ 3 Z 8 ECG) und zwischen EWR-Mitgliedstaaten soll sich das anwendbare Recht nach dem Niederlassungsstaat des Diensteanbieters richten (für in Österreich niedergelassene Diensteanbieter gilt damit österreichisches Recht). Damit soll gewährleistet werden, dass sich der – virtuell ja in allen Ländern präsente – E-Commerce-Anbieter nicht nach 15 verschiedenen Rechtsordnungen richten muss. Es soll genügen, wenn er die gesetzlichen Bestimmungen in seinem Heimatstaat einhält. Für die Niederlassung ist nicht der Serverstandort oder die Domain oder andere technische Einrichtungen, sondern der tatsächliche wirtschaftliche Mittelpunkt der Tätigkeit maßgeblich (§ 3 Z 3 ECG).

---

[12]) Achtung: Wer an Verbraucher im Sinne des KSchG liefert, hat zusätzlich das Fernabsatzgesetz, BGBl I 1999/185, zu beachten, vgl dazu Kommentar zu § 9 Abs 4 ECG.

Das Herkunftslandprinzip ist jedoch von **zahlreichen Ausnahmen** (§ 21 ECG) durchbrochen, insbesondere gilt es nicht bei Verbraucherverträgen und bei gewerblichen Schutzrechten (Patente, Marken, Muster) sowie im Bereich des Urheberrechts. Auch gibt es die Möglichkeit für nationale Behörden (und Gerichte) in konkreten Fällen Ausnahmen durch **Einzelmaßnahmen** vorzusehen (§§ 22 und 23 ECG).

Verstöße gegen die Informationspflichten des ECG sind **Verwaltungs-übertretungen**, die mit Geldstrafen bis zu 3000 EUR geahndet werden können, jedoch ist das Instrument der tätigen Reue vorgesehen (§§ 26 und 27 ECG).

II. Bundesgesetz, mit dem bestimmte rechtliche Aspekte des elektronischen Geschäfts- und Rechtsverkehrs geregelt (E-Commerce-Gesetz – ECG) und das Signaturgesetz sowie die Zivilprozeßordnung geändert werden

Der Nationalrat hat beschlossen:

1. Artikel I

Bundesgesetz, mit dem bestimmte rechtliche Aspekte des elektronischen Geschäfts- und Rechtsverkehrs geregelt werden (E-Commerce-Gesetz – ECG)

1. Abschnitt

Anwendungsbereich und Begriffsbestimmungen

Anwendungsbereich

§ 1. (1) Dieses Bundesgesetz regelt einen rechtlichen Rahmen für bestimmte Aspekte des elektronischen Geschäfts- und Rechtsverkehrs. Es behandelt die Zulassung von Diensteanbietern, deren Informationspflichten, den Abschluss von Verträgen, die Verantwortlichkeit von Diensteanbietern, das Herkunftslandprinzip und die Zusammenarbeit mit anderen Mitgliedstaaten im elektronischen Geschäfts- und Rechtsverkehr.

(2) Die Bestimmungen dieses Bundesgesetzes über das Herkunftslandsprinzip (§§ 20 bis 23) und die Zusammenarbeit mit anderen Mitgliedstaaten (§ 25) sind nur auf den Verkehr von Diensten der Informationsgesellschaft innerhalb des Europäischen Wirtschaftsraums anzuwenden.

RV, 24

1. Die Bestimmung umschreibt – in **Abs. 1** – den Gegenstand des Gesetzes, nämlich die Regelung eines **rechtlichen Rahmens** für bestimmte Aspekte des elektronischen Geschäfts- und Rechtsverkehrs. In der Formulierung folgt sie dem Titel und dem Erwägungsgrund 7 der Richtlinie, wo jeweils von bestimmten rechtlichen Aspekten des elektronischen Geschäftsverkehrs die Rede ist. Das Gesetz behandelt ebenso wie die Richtlinie nicht nur Geschäfte zwischen Kaufleuten bzw Unternehmen („B2B"), sondern auch Geschäfte zwischen Unternehmen und Verbrauchern („B2C"); zum Teil sind seine Regelungen (etwa

einzelne Bestimmungen über den Abschluss elektronischer Verträge) auch auf Rechtsgeschäfte zwischen Privaten anzuwenden. Daher erscheint es angebracht, in § 1 Abs. 1 und in dessen Titel nicht nur auf bestimmte Aspekte des elektronischen Geschäftsverkehrs abzustellen, sondern auch den **elektronischen Rechtsverkehr** zu erwähnen.

Der Entwurf kann und soll nicht alle für den elektronischen Geschäfts- und Rechtsverkehr relevanten Rechtsfragen regeln. Das vorgeschlagene Gesetz regelt vielmehr nur **bestimmte Aspekte** des elektronischen Rechts- und Geschäftsverkehrs. Diese Belange sollen in groben Zügen aufgezählt werden. So statuiert das Gesetz den Grundsatz der Zulassungsfreiheit (§ 4) und die von Online-Anbietern einzuhaltenden Informationspflichten (§§ 5 bis 8). Darüber hinaus werden einige Vorschriften über elektronische Verträge vorgeschlagen (§§ 9 bis 12) sowie der Ausschluss der zivil- und strafrechtlichen Verantwortlichkeit bestimmter Anbieter und der Umfang ihrer Pflichten geregelt (§§ 13 bis 19). In den §§ 20 ff wird das „Herkunftslandprinzip" der Richtlinie umgesetzt. Letztlich enthält der Entwurf Bestimmungen über die Zusammenarbeit mit anderen Mitgliedstaaten (§§ 24 und 25).

Andere, in diesem Bundesgesetz nicht geregelte Rechtsfragen werden – soweit nicht besondere Bestimmungen gelten – anhand der anwendbaren allgemeinen Regelungen zu beurteilen sein **(Grundsatz der Medienneutralität des Rechts)**. Auch Dienste der Informationsgesellschaft unterliegen der geltenden Rechtsordnung, die für die jeweilige Tätigkeit maßgeblichen Bestimmungen sind auch im elektronischen Verkehr zu beachten. Zur Vermeidung von Missverständnissen wird dies im Entwurf mehrfach klargestellt (vgl etwa die §§ 4 Abs. 2, 5 Abs. 3, 6 Abs. 2, 7 Abs. 3, 8 Abs. 2, 9 Abs. 4 und 18 Abs. 5). Besondere Bedeutung kommt diesem Grundsatz auch für die Frage der Zuständigkeit von Aufsichtsbehörden zu: Die Zuständigkeit einer Verwaltungsbehörde zur Anordnung und Durchsetzung von Maßnahmen der Wirtschaftsaufsicht (etwa nach der Gewerbeordnung 1994, dem Bankwesengesetz 1993, dem Versicherungsaufsichtsgesetz und dem Wertpapieraufsichtsgesetz) erstreckt sich auch auf Tätigkeiten, die von den der Aufsicht unterliegenden Anbietern elektronisch erbracht werden. An diesen Zuständigkeiten zur Wirtschaftsaufsicht ändert sich im Prinzip nichts.

2. § 1 **Abs. 2 beschränkt** den **Anwendungsbereich** bestimmter Teile des Gesetzes. Die Richtlinie betrifft nach ihrem Art. 1 Abs. 1 den freien Verkehr von Diensten der Informationsgesellschaft zwischen den Mitgliedstaaten der Europäischen Gemeinschaft. Ihre Bestimmungen gelten streng genommen also nur für Dienste der Informationsgesellschaft, die im Binnenmarkt innerhalb der Europäischen Gemeinschaft erbracht werden. Allerdings wird die Richtlinie in den acquis communautaire aufgenommen, sodass sich ihr Anwendungsbereich auch auf die Mitgliedstaaten des Abkommens über den Europäischen Wirtschaftsraum erstreckt, die nicht der Europäischen Gemeinschaft angehören. Auch dann gilt die Richtlinie aber nur für Transaktionen im Binnenmarkt. Diese Einschränkung des Anwendungsbereichs der Richtlinie soll für die „binnenmarktspezifischen Teile" des Gesetzesvorhabens, nämlich die Regelungen über das Herkunftslandprinzip (siehe die §§ 20 bis 23) und die Zusammenarbeit mit anderen Mitgliedstaaten (§ 25), übernommen werden. Die sonstigen Bestimmungen des ECG (etwa die Informationspflichten der Anbieter, die Bestimmungen über Vertragsabschlüsse und die Haftungsbeschränkungen) sollen dagegen unabhängig davon gelten, ob elektronische Dienste ausschließlich im Inland, im grenzüberschreitenden Verkehr im Binnenmarkt oder im Verkehr mit einem Drittstaat angeboten oder erbracht werden (sofern österreichisches Recht zur Anwendung kommt). Sachlich könnte es nicht gerechtfertigt werden, dass etwa die vorgeschlagenen Informationspflichten nur dann gelten sollen, wenn der Dienst der Informationsgesellschaft innerhalb des Europäischen Wirtschaftsraums erbracht wird. Hier soll das Umsetzungsgesetz über die Richtlinie hinausgehen.

Kommentar
Zu Abs. 1:

Für die Richtlinienumsetzung wurde bewusst der Weg eines **Einzelgesetzes** gewählt – eine andere Möglichkeit wäre in der Kürze der Umsetzungsfrist (18 Monate) wohl auch nicht zu verwirklichen gewesen. Eine punktuelle Anpassung aller Materiengesetze an die Erfordernisse der E-Commerce-Richtlinie hätte insbesondere für den ausländischen Diensteanbieter mehr Rechtssicherheit[13]) mit sich gebracht.[14]) Andererseits jedoch trägt die Richtlinienumsetzung in einem Einzelgesetz in kurzer und nah an den Richtlinientext angelehnter Form zur besseren Verständlichkeit bei den Normunterworfenen bei. Besonders wichtig ist jedoch wegen der Umsetzung in einem Sondergesetz die Betonung des Grundsatzes der **Medienneutralität des Rechts**: Für den Offline-Bereich geltende Materiengesetze bleiben – soweit österreichisches Recht unter Beachtung des Herkunftslandprinzips überhaupt maßgebend ist – auch auf den Online-Bereich anwendbar!

Zu Abs. 2:

Von den Bestimmungen über das Herkunftslandprinzip (§§ 20-23 ECG) und die Zusammenarbeit im Binnenmarkt (§ 25 ECG) abgesehen, soll das ECG für alle Diensteanbieter gelten – soweit österreichisches Recht überhaupt anwendbar ist: Da das ECG selbst jedenfalls unter die Rechtsvorschriften des koordinierten Bereichs (§ 3 Z 8 ECG) zu subsumieren ist, gilt es kraft Herkunftsland-

---

[13]) Insbesondere hinsichtlich jener Bestimmungen im ECG, deren Wortlaut weitgehende Liberalisierung für den E-Commerce-Anbieter signalisiert, während tatsächlich für den in Österreich niedergelassenen Anbieter wegen in anderen österreichischen Materiengesetzen bestehenden Bestimmungen zahlreiche Beschränkungen zu beachten sind: zB kommerzielle Kommunikation versus § 9a UWG; § 7 ECG versus Totalverbot unaufgeforderter Werbemail in § 101 TKG.

[14]) So wurden bei der Umsetzung in Deutschland die für den Abschluss von Verträgen relevanten Bestimmungen der EC-RL im Rahmen des Schuldrechtsmodernisierungsgesetzes, dt. BGBl I 2001/61, 3137-3232, in das BGB eingearbeitet (§ 312e BGB).

prinzip (§ 20 ECG) innerhalb des EWR nur für in Österreich niedergelassene Diensteanbieter. Für in anderen EWR-Staaten niedergelassene Diensteanbieter gilt die jeweilige nationale Umsetzung der EC-RL anstelle des österreichischen ECG. Gegenüber Diensteanbietern aus Drittstaaten richtet sich die Anwendbarkeit des ECG nach den allgemeinen Regeln des IPR, samt allen kollisionsrechtlichen Problemen, die sich aus der weltweiten Abrufbarkeit des Internet ergeben[15]).

§ 2. Dieses Bundesgesetz lässt Belange des Abgabenwesens, des Datenschutzes und des Kartellrechts unberührt.

RV, 25

1. § 2 entspricht Art. 1 Abs. 5 lit. a bis c und Abs. 6 der Richtlinie. Nach diesen Bestimmungen ist die Richtlinie auf den Bereich der Besteuerung, auf das in den Richtlinien 95/46/EG und 97/66/EG gemeinschaftsrechtlich geregelte Datenschutzrecht und auf das Kartellrecht (der Begriff ist wohl gemeinschaftsrechtlich zu verstehen) nicht anzuwenden. Diese Ausnahmen betreffen „Bereiche" bzw „Fragen", also **bestimmte Rechtsgebiete.** Den Intentionen der Richtlinie entspricht es, diese Rechtsgebiete **„unberührt"** zu lassen. Das bedeutet, dass die Bestimmungen des Datenschutzgesetzes 2000, die datenschutzrechtlichen Regelungen des Telekommunikationsgesetzes und die kartellrechtlichen Bestimmungen des Kartellgesetzes 1988 auch im elektronischen Geschäftsverkehr **voll anwendbar** sind. Vor allem ist in diesen Rechtsgebieten nicht das Herkunftslandprinzip anzuwenden.

2. Die Reichweite der Ausnahme des Art. 1 Abs. 6 der Richtlinie für Maßnahmen zum **Schutz der kulturellen und sprachlichen Vielfalt und des Pluralismus** ist – aus österreichischer Sicht – gering. Sie soll aufgrund der Bemerkungen der Kommission im Notifikationsverfahren nach dem Notifikationsgesetz 1999 nicht übernommen werden.

3. Art. 1 Abs. 5 lit. d der Richtlinie nimmt bestimmte **Tätigkeiten** vom Anwendungsbereich der Richtlinie aus. Kursorisch gesagt handelt es sich um die Tätigkeit von Notaren, die Vertretung von Parteien vor Gericht sowie Gewinnspiele mit einem geldwerten Einsatz. Diese Tätigkeiten werden mit dem vorgeschlagenen Gesetz nicht generell vom Anwendungsbereich des Gesetzes, sondern nur vom Herkunftslandprinzip ausgenommen (siehe § 21 Z 9 bis 11). Dadurch wird sichergestellt, dass wesentliche Grundsätze dieses Bundesgesetzes (vor allem die Informationspflichten, die Anforderungen an Vertragsabschlüsse und die Regelungen über die Verantwortlichkeit) auch für die in Art. 5 Abs. 5

---

[15]) Vgl dazu ua *Lurger*, Zivilrechtliche Aspekte des E-Commerce unter Einschluss des Verbraucherrechts und des Kollisionsrechts, VR 2001, 14; *Seidelberger*, Wettbewerbsrecht und Internet, RdW 2000, 500.

lit. d der Richtlinie genannten Tätigkeiten gelten. Die Richtlinie nimmt diese Tätigkeiten deshalb von ihrem Anwendungsbereich aus, weil hier *„der freie Dienstleistungsverkehr aufgrund der Bestimmungen des Vertrags bzw des abgeleiteten Gemeinschaftsrechts nicht sicherzustellen ist"* (vgl den Erwägungsgrund 12). Diesen Erwägungen kann bei der Umsetzung der Richtlinie auch dadurch entsprochen werden, dass die genannten Tätigkeiten nur vom binnenmarktspezifischen Herkunftslandprinzip ausgenommen werden. Eine solche Lösung wird auch bei der Umsetzung der Richtlinie in das deutsche Recht angestrebt (vgl § 4 Abs. 4 Z 1, 2 und 4 Teledienstegesetz in der Fassung des Entwurfs eines Gesetzes über rechtliche Rahmenbedingungen für den elektronischen Geschäftsverkehr, BT-Drucksache 136/01). Sie vermeidet unauflösbare Verzerrungen und Ungleichgewichte bei der Umsetzung der Richtlinie, trägt den Anforderungen des Verbraucherschutzes Rechnung und belastet die Angehörigen der Berufe, die eine solche Tätigkeit ausüben, nicht mit ungebührlichen Aufwendungen. Es könnte wohl kaum begründet werden, dass beispielsweise ein Notar, der eine Website einrichtet, die Informationspflichten der §§ 5 ff ECG nicht einhalten sollte. Auch ließe es sich – um ein weiteres Beispiel zu nennen – sachlich kaum rechtfertigen, dass bei elektronischen Glücksspielen nicht die Anforderungen der §§ 9 ff ECG über den Abschluss von Verträgen gelten sollten.

4. Die Richtlinie und der Entwurf sind auf die vertraglichen Beziehungen zwischen **Arbeitnehmern** (arbeitnehmerähnlichen Personen) und **Arbeitgebern nicht anzuwenden.** Die Richtlinie geht – siehe den Erwägungsgrund 18 – davon aus, dass die vertragliche Beziehung zwischen einem Arbeitnehmer und seinem Arbeitgeber kein Dienst der Informationsgesellschaft ist (und damit der Richtlinie nicht unterliegt). In diesem Sinn ist der Bereich des öffentlich-rechtlichen und des vertragsrechtlichen Arbeitsrechts vom Anwendungsbereich des Gesetzesentwurfs überhaupt ausgenommen. Das bedeutet insbesondere, dass das Herkunftslandprinzip nicht gilt und die kollisionsrechtlichen Regelungen für Arbeitsverträge und Arbeitsverhältnisse von Einzelpersonen (Art. 6 EVÜ) uneingeschränkt Anwendung finden. In ähnlicher Weise sind auch die Beziehungen der **Sozialversicherungsträger** zu den Sozialversicherten **ausgenommen,** handelt es sich doch auch bei diesem Verhältnis nicht um Tätigkeiten, die *„in der Regel gegen Entgelt"* erbracht werden (und damit einen Dienst der Informationsgesellschaft im Sinn des § 3 Z 1 darstellen).

Kommentar

Die Formulierung *„lässt...unberührt"* ist insofern unzutreffend, als die genannten Belange durch das ECG sehr wohl „berührt" werden: Der Bereich des Steuerwesens durch die verpflichtende Angabe der UID-Nummer gem § 5 Abs. 1 Z 7 ECG, datenschutzrechtliche Belange durch die Auskunftspflichten der Provider gem § 18 Abs. 2 bis 5 ECG.

Gemeint war, dass sich Diensteanbieter nicht unter Berufung auf das Herkunftslandprinzip dem Anwendungsbereich nationalen Steuerrechts und Wettbewerbsrechts entziehen können sollen. So können im Ausland begangene Kartellrechtsverstöße, die sich auf den österreichischen Markt auswirken, trotz Herkunftslandprinzip verfolgt werden. Die Steuerbehörden sind bei der Anknüpfung steuerrechtlicher Sachverhalte nicht an die Definitionen der EC-RL gebunden. Die Erl zur RV führen aus, dass der Begriff „**Kartellrecht**" gemeinschaftsrechtskonform iSd Art. 81ff EGV zu interpretieren sein wird und nicht mit dem Regelungsinhalt des österreichischen Kartellgesetzes gleichzusetzen ist. Zu überlegen ist daher, ob nicht doch einzelne Bestimmungen des österreichischen KartG unter den Anwendungsbereich der EC-RL fallen und damit dem Herkunftslandprinzip unterliegen, so etwa das Verbot des Verkaufs unter dem Einstandspreis für marktbeherrschende Unternehmen gem § 35 Abs. 1 Z 5 KartG.

Was die Ausnahme **datenschutzrechtlicher Belange** betrifft, so stellt Erwägungsgrund 14 EC-RL klar, dass mit dieser Ausnahme vom Anwendungsbereich das Schutzniveau der Richtlinien zum Schutz personenbezogener Daten nicht herabgesetzt werden sollte. Deren Grundsätze sind bei der Umsetzung und Anwendung der EC-RL uneingeschränkt zu beachten. Dies bedeutet für die Anwendung des ECG, dass im Rahmen der durch § 18 ECG neu geschaffenen Auskunftsansprüche über von Providern gespeicherte Kundendaten etwaige der Herausgabe der Daten entgegenstehende datenschutzrechtliche Gründe voll zu berücksichtigen sind.

Begriffsbestimmungen

§ 3. Im Sinn dieses Bundesgesetzes bedeuten:

1. **Dienst der Informationsgesellschaft: ein in der Regel gegen Entgelt elektronisch im Fernabsatz auf individuellen Abruf des Empfängers bereitgestellter Dienst (§ 1 Abs. 1 Z 2 Notifikationsgesetz 1999), insbesondere der Online-Vertrieb von Waren und Dienstleistungen, Online-Informationsangebote, die Online-Werbung, elektronische Suchmaschinen und Datenabfragemöglichkeiten sowie Dienste, die Informationen über ein elektronisches Netz übermitteln, die den Zugang zu einem solchen vermitteln oder die Informationen eines Nutzers speichern;**

2. **Diensteanbieter: eine natürliche oder juristische Person oder sonstige rechtsfähige Einrichtung, die einen Dienst der Informationsgesellschaft bereitstellt;**

3. **niedergelassener Diensteanbieter: ein Diensteanbieter, der eine Wirtschaftstätigkeit mittels einer festen Einrichtung auf unbestimmte Zeit tatsächlich ausübt, wobei das Vorhandensein und die Nutzung von technischen Mitteln und Technologien, die zur Bereitstellung des Dienstes erforderlich sind, für sich allein noch keine Niederlassung des Diensteanbieters begründen;**

4. **Nutzer: eine natürliche oder juristische Person oder sonstige rechtsfähige Einrichtung, die zu beruflichen oder sonstigen Zwecken einen Dienst der Informationsgesellschaft in Anspruch nimmt, insbesondere um Informationen zu erlangen oder Informationen zugänglich zu machen;**

5. **Verbraucher:** eine natürliche Person, die zu Zwecken handelt, die nicht zu ihren gewerblichen, geschäftlichen oder beruflichen Tätigkeiten gehören;

6. **kommerzielle Kommunikation:** Werbung und andere Formen der Kommunikation, die der unmittelbaren oder mittelbaren Förderung des Absatzes von Waren und Dienstleistungen oder des Erscheinungsbildes eines Unternehmens dienen, ausgenommen

   a) Angaben, die einen direkten Zugang zur Tätigkeit des Unternehmens ermöglichen, etwa ein Domain-Name oder eine elektronische Postadresse, sowie

   b) unabhängig und insbesondere ohne finanzielle Gegenleistung gemachte Angaben über Waren, Dienstleistungen oder das Erscheinungsbild eines Unternehmens;

7. **Mitgliedstaat:** ein Mitgliedstaat der Europäischen Gemeinschaft oder des Abkommens über den Europäischen Wirtschaftsraum;

8. **koordinierter Bereich:** die allgemein oder besonders für Dienste der Informationsgesellschaft und für Diensteanbieter geltenden Rechtsvorschriften über die Aufnahme und die Ausübung einer solchen Tätigkeit, insbesondere Rechtsvorschriften über die Qualifikation und das Verhalten der Diensteanbieter, über die Genehmigung oder Anmeldung sowie die Qualität und den Inhalt der Dienste der Informationsgesellschaft – einschließlich der für die Werbung und für Verträge geltenden Bestimmungen – und über die rechtliche Verantwortlichkeit der Diensteanbieter.

RV, 26

Die **Begriffsbestimmungen** des § 3 übernehmen zum Teil jene des Art. 2 der Richtlinie. Die Legaldefinition des Art. 2 lit. g der Richtlinie über die „reglementierten Berufe" soll dagegen nicht übernommen werden; zur Begründung sei auf die Erläuterungen zu Punkt **7.** verwiesen.

1. Die **Dienste der Informationsgesellschaft (Z 1)** sind ein zentraler Begriff der Richtlinie und des vorgeschlagenen Gesetzes. Die Richtlinie behandelt **elektronische „Angebote",** die **im Fernabsatz auf individuellen Abruf des Empfängers** bereitgestellt werden. Der Entwurf umschreibt diese Dienste in Anlehnung an die im Wesentlichen gleich lautenden Legaldefinitionen des § 1 Abs. 1 Z 2 Notifikationsgesetz 1999 und des § 2 Z 5 Zugangskontrollgesetz als *„in der Regel gegen Entgelt elektronisch im Fernabsatz auf individuellen Abruf bereitgestellten Dienst".* Was diese Definitionselemente genau besagen, ergibt sich aus § 1 Abs. 1 Z 2 NotifG 1999, auf den ausdrücklich verwiesen wird. § 3 Z 1 ECG zählt in der Folge einige besonders wichtige Online-Dienste, die Dienste der Informationsgesellschaft sind. Diese – demonstrative – Aufzählung soll das Gesetz anschaulicher und verständlicher machen. Der Entwurf orientiert sich dabei an den im Erwägungsgrund 18 der Richtlinie erwähnten Beispielen. Anders als noch im Begutachtungsentwurf werden *„wirtschaftliche*

Tätigkeiten über die elektronische Post" in dieser demonstrativen Aufzählung aber nicht erwähnt. Damit soll das Missverständnis vermieden werden, dass die elektronische Post als solche einen Dienst der Informationsgesellschaft bildet. Wenn etwa ein Unternehmer nur mittels der elektronischen Post kommuniziert, ohne dass er weitere elektronische Mittel verwendet, stellt dieser Einsatz der elektronischen Post noch keinen Dienst der Informationsgesellschaft dar. Wenn sich aber an die Verwendung der elektronischen Post weitere elektronische Vertriebsformen knüpfen (etwa eine Homepage des Unternehmers), so fällt das Angebot unter die Begriffsbestimmung des § 3 Z 1 ECG.

Ein elektronischer Dienst, der dem Entwurf unterliegt, muss **„in der Regel gegen Entgelt"** bereitgestellt werden. Diese Wendung entspricht dem Art 50 EG. Bei den von der Richtlinie geregelten Diensten der Informationsgesellschaft handelt es sich – grob gesagt – um **kommerzielle** elektronische Dienste, um Dienste, die **in Ertragsabsicht** erbracht werden. Nach der Rechtsprechung des Europäischen Gerichtshofs muss das Entgelt die wirtschaftliche Gegenleistung für die bereitgestellte Leistung darstellen (vgl EuGH 7.12.1993, Rs C 109/92-*Wirth*, Slg. 1993, I-6447). An dieser Voraussetzung fehlt es bei Tätigkeiten, die die öffentliche Hand ohne wirtschaftliche Gegenleistung im Rahmen ihrer Aufgaben, vor allem in den Bereichen Soziales, Kultur, Bildung und Justiz, ausübt. Solche Dienstleistungen zählen nicht zu den Diensten der Informationsgesellschaft. Dies gilt auch dann, wenn diese Aktivitäten von Selbstverwaltungskörpern (etwa einer Kammer oder einem Sozialversicherungsträger) ausgeübt werden. Über ein Extranet abgewickelte Serviceleistungen einer Kammer für ihre Mitglieder sind damit kein Dienst der Informationsgesellschaft, auch wenn die Kammermitglieder diese Leistungen mittelbar über die Beiträge finanzieren. Auch sind – private oder staatliche – Dienste, die keinen ökonomischen Hintergrund aufweisen (wie etwa von Universitäten betriebene und der Öffentlichkeit zur Verfügung stehende Datenbanken), keine Dienste der Informationsgesellschaft. Ebenso sind die Verwendung der elektronischen Post zwischen Privatpersonen außerhalb ihrer geschäftlichen, gewerblichen oder beruflichen Tätigkeit und die reine Verwendung der elektronischen Post im geschäftlichen Verkehr kein Dienst der Informationsgesellschaft.

Der Ausdruck *„in der Regel gegen Entgelt"* wirft **einige Verständnisfragen** auf. Er soll dennoch beibehalten werden, weil sowohl das Notifikationsgesetz 1999 als auch das Zugangskontrollgesetz diesen Begriff verwenden und er auch der Terminologie des Gemeinschaftsrechts entspricht. Auslegungsprobleme können sich im Zusammenhang mit dem Entgeltlichkeitserfordernis dann ergeben, wenn – wie es gerade im Internet häufig der Fall ist – **zunächst unentgeltlich** Leistungen zur Verfügung gestellt werden und der Nutzer erst dann ein Entgelt entrichten muss, wenn er eine vorerst unentgeltlich in Anspruch genommene Leistung weiter beziehen will. Im Allgemeinen wird hier eine Gesamtschau anzustellen sein, sodass auch die unentgeltlich angebotenen Leistungen schon Bestandteil eines Dienstes der Informationsgesellschaft sind. Ferner ist es nicht erforderlich, dass ein Nutzer für jede einzelne Dienstleistung ein Entgelt entrichtet. Vielmehr liegt auch dann ein Dienst der Informationsgesellschaft vor, wenn eine einzelne Leistung unentgeltlich abgerufen werden kann, diesem Abruf aber eine – entgeltliche – Rahmenbeziehung zugrunde liegt. Darüber hinaus ist es nicht geboten, dass die Dienste von demjenigen vergütet werden, der sie empfängt (siehe auch den Erwägungsgrund 18 der Richtlinie). Auch eine von einem Sponsor finanzierte, vom Nutzer unentgeltlich abrufbare Website, der Betrieb einer mit Werbung unterlegten elektronischen Suchmaschine oder die Werbung selbst kann daher ein Dienst der Informationsgesellschaft sein. Ein Content-Angebot, das zwar ohne Werbeeinschaltungen, aber als Eigenwerbung in einem Kommunikationsnetz bereitgestellt wird, ist ebenfalls ein Dienst der Informationsgesellschaft. Letztlich gehören auch unentgeltlich bereitgestellte Angebote, die im Endeffekt den Unternehmenswert steigern sollen, zu den Diensten der Informationsgesellschaft.

Der Dienst der Informationsgesellschaft muss „**im Fernabsatz**" erbracht werden. Der Anbieter des Dienstes und der Empfänger (bzw deren Vertreter) dürfen also nicht gleichzeitig körperlich anwesend sein (vgl § 5a Abs. 2 KSchG). Tätigkeiten, die ihrer Art nach nicht aus der Ferne und auf elektronischem Weg geleistet werden können, sind – siehe den Erwägungsgrund 18 der Richtlinie – keine Dienste der Informationsgesellschaft. Die körperliche Untersuchung eines Patienten in einer Arztpraxis unterliegt – um ein Beispiel zu nennen – nicht dem Gesetz. Die elektronische Übermittlung bestimmter Diagnose-Daten zur näheren Abklärung im Labor oder zur Prüfung und Untersuchung durch ein spezialisiertes Institut kann dagegen ein Dienst der Informationsgesellschaft sein. Wie bereits zu § 2 erläutert, bilden die Beziehungen zwischen **Arbeitnehmern und Arbeitgebern keinen Dienst der Informationsgesellschaft**; sie werden nicht im Fernabsatz erbracht.

Der Dienst der Informationsgesellschaft muss ferner „**elektronisch**" erbracht werden. Die Daten oder Informationen müssen über ein System laufen, in dem die Daten sowohl beim Sender als auch beim Empfänger elektronisch verarbeitet und gespeichert werden. Dabei müssen die elektronischen Daten gesendet, weitergeleitet und empfangen werden. Charakteristisch ist, dass die Daten von „Punkt zu Punkt" (und nicht – wie bei Fernseh- und Rundfunkdiensten – von „Punkt zu Multipunkt") übertragen werden. Solche Dienste der Informationsgesellschaft sind etwa – wie in § 3 Z 1 in teilweiser Anlehnung an den Erwägungsgrund 18 der Richtlinie verdeutlicht werden soll – der Online-Vertrieb von Waren und Dienstleistungen, der Online-Vertrieb von Finanzdienstleistungen (siehe zu diesem Begriff § 5b Z 1 KSchG sowie die Anlage 2 zum Notifikationsgesetz 1999), das so genannte „electronic publishing", die Online-Werbung und andere elektronische Maßnahmen zur Absatzförderung, Online-Informationsangebote sowie Online-Dienste, die Instrumente zur Datensuche, zum Zugang zu Daten oder zur Datenabfrage bereitstellen. Auch Dienste, die den Zugang zu einem Kommunikationsnetz eröffnen, die Informationen über ein solches Netz liefern oder die fremde Informationen speichern, unterliegen der Richtlinie und dem Gesetz.

Letztlich müssen die Dienste der Informationsgesellschaft **individuell abrufbar** sein. Der jeweilige Nutzer muss also in der Lage sein, den Inhalt des

Dienstes (die Informationen oder Kommunikationsdaten) gesondert in Anspruch zu nehmen. Nicht individuell abrufbar sind Dienste, die gleichzeitig für eine unbegrenzte Zahl von Empfängern bereitgestellt werden, etwa Fernseh-, Rundfunk- und Teletextdienste. Ein Hilfsmittel für die Beurteilung der Frage, ob ein individuell abrufbarer Dienst der Informationsgesellschaft vorliegt, kann darin bestehen, ob der Dienst **interaktiv** erbracht wird. In einem solchen Fall hängt die übermittelte Information überwiegend von den Eingaben des Empfängers ab.

Die Dienste der Informationsgesellschaft sollten nicht mit **Telekommunikationsdiensten** verwechselt werden, die in der Übertragung oder Weiterleitung von Signalen auf Telekommunikationsnetzen bestehen (vgl § 3 Z 14 TKG). Die Abgrenzung kann freilich in der Praxis aufgrund des Zusammenwachsens verschiedener Technologien schwierig sein. Auch können die Anbieter von Diensten der Informationsgesellschaft dem vorgeschlagenen E-Commerce-Gesetz und zugleich dem Telekommunikationsgesetz unterliegen (etwa die Vermittlung des Zugangs durch einen Access Provider).

Der Anhang V zur Richtlinie 98/34/EG in der Fassung der Richtlinie 98/48/EG enthält – ebenso wie die Anlage 1 zum Notifikationsgesetz 1999 – eine demonstrative Aufzählung von Diensten, die **nicht Dienste der Informationsgesellschaft** sind. Dazu gehören etwa Dienste, die zwar elektronisch, aber doch in materieller Form erbracht werden (zB die Ausgabe von Bargeld oder von Fahrkarten über Automaten), und Dienste, die nicht über elektronische Verarbeitungs- und Speicherungssysteme erbracht werden, insbesondere Sprachtelefon-, Telefax- und Telexdienste sowie die über diese Kommunikationskanäle abgewickelten Beratungsdienste. Allerdings unterliegen nur reine Sprachtelephonie-Dienste nicht dem E-Commerce-Gesetz. SMS-Dienste, WAP-Dienste und UMTS-Dienste, die über Mobiltelefone bereitgestellt und abgerufen werden, sind dagegen Dienste der Informationsgesellschaft. Gleiches gilt für Mehrwertdienste, die über das Internet im Wege so genannter „Dialer-Programme" in Anspruch genommen werden.

2. Die Z 2 über **„Diensteanbieter"** entspricht der Begriffsbestimmung des Art. 2 lit. b der Richtlinie. Diensteanbieter ist jede natürliche oder juristische Person, die einen Dienst der Informationsgesellschaft bereitstellt. Auch die Personengesellschaften des Handelsrechts und die Erwerbsgesellschaften, die zwar nicht als juristische Person anerkannt werden, im Rechts- und Geschäftsverkehr aber wie solche auftreten und behandelt werden, können Diensteanbieter sein. Das ist mit dem Ausdruck *„oder eine sonstige rechtsfähige Einrichtung"* gemeint (vgl § 2 Z 1 ZuKG).

3. Die Z 3 entspricht Art. 2 lit. c der Richtlinie. Der Ort der **Niederlassung** eines Dienstanbieters ist – siehe den Erwägungsgrund 19 – anhand der vom Europäischen Gerichtshof (vgl EuGH 25.7.1991, Cs-221/89 – *Factortame*, Slg. 1991, I-3905) entwickelten Kriterien zu beurteilen. Für den Niederlassungsbegriff kommt es auf die **tatsächliche Ausübung** einer Wirtschaftstätigkeit mittels einer **festen Einrichtung** auf **unbestimmte Zeit** an. Letztere Voraussetzung ist – zwecks Abgrenzung der Niederlassungs- von der Dienstlassungsfreiheit – auch dann erfüllt, wenn ein Unternehmen für einen festgelegten Zeitraum gegründet wird. Wenn ein Unternehmen beispielsweise Dienstleistungen über eine Website anbietet oder erbringt, ist es – im Verständnis der E-Commerce-Richtlinie und des Gesetzes – in dem Land niedergelassen, in dem es seine wirtschaftliche Tätigkeit ausübt. Dabei spielt es keine Rolle, ob sich die Geräte (zB Server), in denen und mit deren Hilfe die Website gespeichert wird, physisch in diesem oder in einem anderen Land befinden. Ebenso ist es nicht relevant, von welchem Land aus die Website zugänglich ist. In Fällen, in denen sich ein Anbieter an mehreren Orten niedergelassen hat, muss geklärt werden, von welcher Niederlassung aus der entsprechende Dienst erbracht wird. Kann dies nicht festgestellt werden, so kommt es auf den Ort an, an dem sich der Mittelpunkt der Tätigkeit des Anbieters in Bezug auf diesen bestimmten Dienst befindet (siehe den Erwägungsgrund 19).

Probleme können sich dann ergeben, wenn sich ein Anbieter dem rechtlichen Regime in einem Mitgliedstaat **zu entziehen versucht,** indem er sich in einem anderen Mitgliedstaat niederlässt. Nach dem Erwägungsgrund 57 ist ein Mitgliedstaat, auf dessen Hoheitsgebiet die Tätigkeit des Anbieters ausschließlich oder überwiegend ausgerichtet ist, in einem solchen Fall berechtigt, gegen diesen Anbieter „Maßnahmen" zu ergreifen. Voraussetzung dafür ist allerdings, dass sich der Online-Anbieter in dem anderen Mitgliedstaat niedergelassen hat, um die Rechtsvorschriften des einen Landes zu umgehen. Die Durchsetzung dieses **„Umgehungsverbots"** wird aus der Sicht des österreichischen Rechts vor allem dann schwierig sein, wenn die „Maßnahmen", die gegen den Anbieter ergriffen werden sollen, verwaltungsrechtlicher Natur sind. Hier wird den zuständigen Behörden und der Aufsichtsstelle aufgrund des im Verwaltungsrecht im Allgemeinen maßgeblichen „Territorialitätsprinzips" (siehe die Erläuterungen zu § 20 des Entwurfs) vielfach nichts anderes übrig bleiben, als mit der zuständigen Stelle des anderes Mitgliedstaats zu kooperieren. In anderen Rechtsbereichen (insbesondere im Privatrecht) wird sich ein Diensteanbieter, der sich ausschließlich mit Umgehungsabsichten in einem anderen Mitgliedstaat niedergelassen hat, dagegen nicht auf das Herkunftslandprinzip berufen können.

4. Mit der Z **4** soll Art. 2 lit. d der Richtlinie umgesetzt werden. Der Begriff des **„Nutzers"** umfasst sowohl Anbieter als auch Nachfrager von Informationen. Ob ein und dieselbe Person als Anbieter oder als Nutzer tätig wird, ist funktional nach ihrer jeweiligen Tätigkeit zu beurteilen. Auch hier sollen die Personengesellschaften des Handelsrechts und die Erwerbsgesellschaften den juristischen Personen gleichgestellt werden. Insoweit sei auf die Erläuterungen zu § 3 Z 2 verwiesen.

5. Die Umsetzung der Begriffsbestimmung des Art. 2 lit. e der Richtlinie über den **Verbraucher** bereitet Schwierigkeiten, weil nach österreichischem Recht auch „kleine" juristische Personen (etwa kleinere „Idealvereine") Verbraucher sein können, die Richtlinie aber nur natürliche Personen zu den Verbrauchern zählt; zudem wird das zum Teil dem Konsumentenschutzgesetz (vgl

§ 1 Abs. 3) unterliegende „Gründungsgeschäft" in der Richtlinie nicht erwähnt. Die Richtlinie lässt den Mitgliedstaaten in diesem Bereich aber keinen Spielraum, sodass der Entwurf aufgrund der gemeinschaftsrechtlichen Umsetzungsverpflichtung einen engeren Verbraucherbegriff wählen muss (§ 3 Z **5** des Entwurfs). Verbraucher im Sinn des E-Commerce-Gesetzes sind natürliche Personen, die nicht zu geschäftlichen, gewerblichen oder beruflichen Zwecken handeln. Geschäfte, die eine natürliche Person vor der Aufnahme des Betriebs ihres Unternehmens zur Schaffung der Voraussetzungen für diesen Betrieb tätigt (etwa ein Gründungskredit oder der Ankauf der erforderlichen Investitionsgüter), unterliegen nicht den für Verbraucher vorgesehenen Schutzbestimmungen des Entwurfs.

6. Die Z **6** entspricht Art. 2 lit. f der Richtlinie. Aufgrund der Ergebnisse des Begutachtungsverfahrens soll auch hier die Terminologie der Richtlinie übernommen werden. Das vorgeschlagene Gesetz verwendet im Gegensatz zum Begutachtungsentwurf also den Ausdruck **„kommerzielle Kommunikation"**. Die in der Richtlinie mehrfach verwendete Wendung *„Unternehmen, eine Organisation oder eine natürliche Person, die eine Tätigkeit in Handel, Gewerbe oder Handwerk oder einen reglementierten Beruf ausübt"* soll durch den im Sinn des § 1 Abs. 2 KSchG weit zu verstehenden Begriff „Unternehmen" ersetzt werden. Abweichungen von der Richtlinie ergeben sich dadurch nicht, zumal auch eine Organisation oder eine natürliche Person, die eine Tätigkeit in Handel, Gewerbe oder Handwerk oder einen reglementierten Beruf ausübt, ein Unternehmen ausübt. Der noch im Begutachtungsentwurf vorgesehene Verweis auf § 1 Abs. 2 KSchG soll aber nicht übernommen werden, weil beispielsweise auch kleinere Vereine, die online für ihr Erscheinungsbild werben, als Unternehmen im Sinn der Richtlinie verstanden werden können.

7. Die Definition des **„reglementierten Berufs"** des Art. 2 lit. g der Richtlinie soll **nicht** übernommen werden, weil dieser Begriff nur an zwei Stellen der Richtlinie (Art. 5 Abs. 1 lit. f und Art. 8) vorkommt und darüber hinaus schwer in das nationale Recht umgesetzt werden kann. Stattdessen spricht der Entwurf von Personen, die **gewerbe-** bzw **berufsrechtlichen Regelungen** unterliegen. Damit werden jedenfalls die Berufe erfasst, die in Art. 1 lit. d der Richtlinie 89/48/EWG über eine allgemeine Regelung zur Anerkennung der Hochschuldiplome, die eine mindestens dreijährige Berufsausbildung abschließen, und in Art. 1 lit. f der Richtlinie 92/51/EWG über eine zweite allgemeine Regelung zur Anerkennung beruflicher Befähigungsnachweise in Ergänzung zur Richtlinie 89/48/EWG geregelt werden. Zu den Berufen, die der Richtlinie 89/48/EWG unterliegen, gehören beispielsweise die Berufe der beeideten Wirtschaftsprüfer und Steuerberater, der Steuerberater, der Patent- und Rechtsanwälte, der Psychologen und Psychotherapeuten, der Ingenieurkonsulenten und der Unternehmensberater sowie verschiedene nicht-ärztliche Medizinberufe. „Berufe", die der Richtlinie 92/51/EWG unterliegen, sind beispielsweise die Gewerbe der Inkassoinstitute, der Immobilientreuhänder, der Versicherungsmakler, der Personalkreditvermittler und der Vermögensberater. Andere Berufe, wie etwa die Berufe der Ärzte, der Tierärzte und der Apotheker, unterliegen dagegen nicht den

Richtlinien 89/48/EWG und 92/51/EWG, die Anerkennung der Ausbildung ist hier gemeinschaftsrechtlich besonders geregelt.

Die Richtlinie ist – siehe den Erwägungsgrund 32 – im Bereich der „reglementierten Berufe" bestrebt, **Hindernisse** für die Entwicklung grenzüberschreitender Dienste der Informationsgesellschaft **zu beseitigen.** Daher sollen einheitliche berufsrechtliche Regeln auf Gemeinschaftsebene, vorzugsweise gemeinschaftsweit geltende Verhaltenskodizes, festgelegt werden (siehe auch Art. 8 Abs. 2 und 3). Zudem werden die Angehörigen der „reglementierten Berufe" zur Angabe ihres Verbandes oder ihrer Kammer und zur Information über die berufsrechtlichen Regelungen verhalten (Art. 5 Abs. 1 lit. f der Richtlinie). Letztlich sollen die Angehörigen solcher Berufe „kommerzielle Kommunikation" betreiben können, dies freilich unter dem Vorbehalt der einschlägigen berufsrechtlichen Beschränkungen (Art. 8 Abs. 1 der Richtlinie).

Das vorgeschlagene Gesetz geht über den verhältnismäßig engen Anwendungsbereich des Art. 2 lit. g der Richtlinie hinaus und spricht in § 5 Abs. 1 Z 6 sowie in § 8 auch **Angehörige von Berufen,** die dem Regime der **Richtlinie nicht unterliegen,** an. Für einen Nutzer, der beispielsweise mit dem Internet-Auftritt eines Arztes oder eines Tierarztes (diese Berufe unterliegen – wie erwähnt – den Richtlinien 89/48/EWG und 92/51/EWG nicht) konfrontiert ist, kann es ebenso wie beim Internet-Auftritt eines Rechts- oder Patentanwalts wichtig sein, die zuständige Kammer oder die berufsrechtlichen Regelungen zu erfahren (vgl § 5 Abs. 1 Z 6). In gleicher Weise besteht ein Bedarf für Regelungen über die Zulässigkeit der Online-Werbung für Berufe, die von den Anerkennungsrichtlinien nicht erfasst sind (siehe näher die Erläuterungen zu § 8).

8. Mit der **Z 8** wird die Begriffsbestimmung des Art. 2 lit. h der Richtlinie über den **koordinierten Bereich** umgesetzt. Von einer gesonderten Regelung dieses koordinierten Bereichs, wie sie der Begutachtungsentwurf in seinem § 4 vorgesehen hat, wird abgesehen. Die in Art. 2 lit. h sublit. ii genannten Ausnahmen vom koordinierten Bereich werden in die Ausnahmen vom Herkunftslandprinzip (§ 21 Z 12 bis 14) überstellt. Das Gesetz wird dadurch ein wenig verständlicher, ein Widerspruch zur Richtlinie liegt darin nicht.

Der **koordinierte Bereich** umfasst nach der Richtlinie alle rechtlichen Vorgaben, in denen das Binnenmarktprinzip (Aufsicht an der Quelle, Maßgeblichkeit des Rechtes des Herkunftsstaats) gilt. Dieser koordinierte Bereich kann vereinfacht als **„Anwendungsbereich des Herkunftslandprinzips"** bezeichnet werden. In den koordinierten Bereich fallen alle Rechts- und Verwaltungsvorschriften über die Aufnahme und die Ausübung der Tätigkeit eines Dienstes der Informationsgesellschaft. In § 3 Z 8 wird dieser Bereich anhand einiger aus der Richtlinie übernommener Beispiele demonstrativ näher umschrieben. Gemeint sind damit **Rechtsvorschriften für die Aufnahme oder die Ausübung eines Dienstes** der Informationsgesellschaft, sei es, dass diese allgemein (und nicht nur für die Anbieter von Diensten der Informationsgesellschaft) gelten, sei es, dass sie speziell auf solche Unternehmen anzuwenden sind. Die Richtlinie hat dabei (siehe den Erwägungsgrund 21) wohl vornehmlich generelle Rechtsvorschriften – also im österreichischen Verständnis Gesetze oder Verordnungen – im Blick. Aber auch individuelle rechtliche Anforderungen für die Aufnahme oder die Ausübung der Tätigkeit eines Online-Anbieters (etwa Auflagen in einem Bescheid oder einer vergleichbaren Verfügung einer Aufsichtsbehörde) können in den koordinierten Bereich fallen.

Bei den rechtlichen Anforderungen des koordinierten Bereichs kann es sich beispielsweise um Rechtsvorschriften handeln, die bestimmte **Qualifikationen** voraussetzen, wie etwa – aus der Perspektive des österreichischen Rechts – die Bestimmungen über den Befähigungsnachweis im Sinn der §§ 16 ff GewO 1994 oder Bestimmungen, die für die Aufnahme einer Tätigkeit eine akademische Ausbildung vorsehen. In den koordinierten Bereich fallen ferner Rechtsvorschriften über das **Verhalten** der Anbieter von Diensten der Informationsgesellschaft. Auch diese Vorschriften decken ein sehr weites Spektrum ab, das von strafrechtlichen Anforderungen über verwaltungs- und berufsrechtliche Bestimmungen bis hin zu privatrechtlichen Regelungen reicht. Zum koordinierten Bereich gehören darüber hinaus Vorschriften, die für die Aufnahme einer Tätigkeit eine **Genehmigung** oder eine **Anmeldung** vorsehen. Aus österreichischer Sicht ist hier wiederum an das Gewerberecht zu denken; aber auch andere Vorschriften, die Bewilligungen, Konzessionen, Zulassungen und ähnliche Rechtsakte für eine bestimmte Tätigkeit (etwa für Kreditinstitute nach dem Bankwesengesetz 1993 oder für Versicherungsunternehmen nach dem Versicherungsaufsichtsgesetz) vorsehen, sind hier gemeint.

Der koordinierte Bereich umfasst ferner Rechtsvorschriften über die **Qualität und den Inhalt der Dienste** der Informationsgesellschaft. Art. 2 lit. h sublit. i zweiter Anstrich der Richtlinie erwähnt ausdrücklich die auf die **Werbung** und auf **Verträge** anwendbaren *„Anforderungen"*. Der Erwägungsgrund 21 präzisiert, dass damit rechtliche Anforderungen an Online-Informationsdienste, an die Online-Werbung, an den Online-Verkauf sowie an den Online-Vertragsabschluss gemeint sind. Es macht dabei – wie schon erwähnt – keinen Unterschied, ob diese Bestimmungen nur die Qualität und den Inhalt von Online-Diensten regeln oder unterschiedslos auf elektronisch und nicht-elektronisch erbrachte Leistungen anwendbar sind. Zum koordinierten Bereich gehören also auch Regelungen, die allgemein gelten und damit auch für Dienste der Informationsgesellschaft Bedeutung haben, etwa – um die von der Richtlinie erwähnten Beispiele fortzuführen – allgemeine **Werbebeschränkungen** oder allgemeine Bestimmungen über den Abschluss, das Zustandekommen und die Erfüllung privatrechtlicher **Verträge**. § 3 Z 8 ECG drückt dies dadurch aus, dass auf *„allgemein oder besonders"* für Dienste der Informationsgesellschaft oder für deren Anbieter geltende Bestimmungen abgestellt wird.

Letztlich unterliegen dem koordinierten Bereich die allgemeinen oder speziell für Diensteanbieter maßgeblichen Rechtsvorschriften über deren **rechtliche Verantwortlichkeit**. Auch dieser Begriff ist weit zu verstehen, er betrifft nicht nur die zivilrechtliche Haftpflicht nach dem Schadenersatzrecht, sondern – im österreichischen Rechtsverständnis – auch die verwaltungsstraf- und strafrechtliche Verantwortlichkeit des Anbieters.

Kommentar

Zu Z 1:

Die meisten Rechtswirkungen des ECG (insbesondere Herkunftslandprinzip, Haftungsprivilegien, Informationspflichten usw.) knüpfen an den Begriff des „**Dienstes der Informationsgesellschaft**" an, der deshalb zentrale Bedeutung einnimmt.

Zwar enthält die Bestimmung des ECG auch einige Beispiele, die den gewollten Anwendungsbereich verdeutlichen sollen. Die Beispiele widersprechen aber scheinbar der zuvor aufgestellten Definition, denn derzeit erbringt beispielsweise eine elektronische Suchmaschine ihre Dienste gegenüber dem Nutzer eben nicht **in der Regel gegen Entgelt**. Auch der reine Bestellvorgang von Waren oder konventionellen Dienstleistungen ist für den Kunden meist kostenfrei. Nur die Erfüllung der Bestellung, die eigentliche Eigentumsübertragung oder Dienstleistung, erfolgt gegen Entgelt. Wie die EC-RL aber in Erwägungsgrund 18 ausführt, sollen Tätigkeiten wie die Auslieferung von Waren als solche oder die Erbringung von Offline-Diensten nicht vom Anwendungsbereich der Richtlinie erfasst werden. Aus diesem Grund erscheint der Begriff des „Dienstes der Informationsgesellschaft" recht eng.

Die Definition des Dienstes der Informationsgesellschaft[16]) stammt aus bereits geltendem EU-Gemeinschaftsrecht (RL 98/34/EG über ein Informationsverfahren auf dem Gebiet der Normen und technischen Vorschriften[17])) und bezieht sich auf eine Vielzahl unterschiedlicher Wirtschaftstätigkeiten. In dem erstmaligen Vorschlag der EU-Kommission für eine Richtlinie über bestimmte rechtliche Aspekte des elektronischen Geschäftsverkehrs im Binnenmarkt (KOM(1998)586 endg vom 18.11.1998) werden auch generell für den Nutzer unentgeltliche Dienste wie zB elektronische Zeitungen, Online-Lexika, Kleinanzeigendienste und Schulungen als Dienste der Informationsgesellschaft bezeichnet.

Das Kriterium der Entgeltlichkeit bestimmt sich nach der Rechtsprechung des EuGH zu Art. 50 EGV. Damit wird zum Ausdruck gebracht, dass die Leistung wirtschaftlichen Charakter im weitesten Sinn aufweisen muss, die Leistung also zu Erwerbszwecken zu erfolgen hat.[18]) Entscheidend ist nicht der wirtschaftliche, soziale oder karitative Inhalt der Leistung, sondern der damit angestrebte wirtschaftliche Erfolg. Ist mit einer Leistungserbringung keine Ertragsabsicht im weitesten Sinn verbunden, fehlt das Kriterium der Entgeltlichkeit[19]) und es liegt kein Dienst der Informationsgesellschaft vor. Dass das Entgelt als „Gegenleistung" für die jeweilige Leistung bezahlt werden muss, ist nur im weitesten Sinn erforderlich und schließt auch Umwegrentabilitäten mit ein.

---

[16]) „in der Regel gegen Entgelt, elektronisch, im Fernabsatz, auf individuellen Abruf des Empfängers".

[17]) ABl Nr L 204 vom 21.7.1998, 37.

[18]) *Holoubek* in *Schwarze*, EU-Kommentar, Art 50 EGV, Rz 7.

[19]) EuGH Rs C-159/90, Slg 1991, I-4685.

Als beispielhaften Dienst bestimmt der österreichische Gesetzestext den „**Online-Vertrieb von Waren**" und „die **Online-Werbung**" als Dienst der Informationsgesellschaft.

Diese Beispiele sind aus technischer Sicht schwer zu verstehen, denn greifbare, entgeltliche Waren können nicht **elektronisch bereitgestellt** werden und Online-Werbung ist generell für den Empfänger entgeltfrei. Laut Regierungsvorlage ist damit gemeint, dass elektronische Daten gesendet, weitergeleitet und empfangen werden müssen. Der Anwendungsbereich des ECG bezieht sich also nur auf die Website eines Unternehmens, das seinen Vertrieb mittels Online-Katalog unterstützt. Die Online-Werbung wiederum ist Teil der gewerblichen Tätigkeit eines Unternehmens und soll im Endeffekt den Unternehmenswert steigern.

Grundsätzlich kann nur eine **interaktive Dienstleistung** ein Dienst der Informationsgesellschaft sein. Das bedeutet, dass der Dienst auf Initiative des Empfängers erbracht wird und auf Eingaben des Empfängers reagiert. Aus diesem Grund wurde auch die Wendung „wirtschaftliche Tätigkeiten über die elektronische Post", die im Begutachtungsentwurf noch als Beispiel enthalten war, im Gesetz nicht übernommen. Eine Nachricht mittels elektronischer Post wird nämlich immer auf Initiative des Senders und nicht des Empfängers gesendet. Dies schließt nicht aus, dass die elektronische Nachricht noch aus der eigenen Mailbox abgerufen werden muss, um für den Empfänger sichtbar zu werden: Durch das Speichern der eingehenden E-Mails im E-Mail-Postfach des eigenen Internetproviders gerät diese in die Herrschaftssphäre des Empfängers und ist ihm zugegangen (siehe § 12 ECG).

Zu Z 2:

Obwohl die Definition des **Dienstanbieters** scheinbar keine Probleme schafft, wird durch diese Bestimmung ein wesentliches Merkmal der immer enger vernetzten Gesellschaft deutlich: Eine Person die als Dienstanbieter im Sinn dieses Gesetzes gilt, wird meistens gleichzeitig auch Nutzer eines Dienstes sein.

Ein Beispiel: Internetprovider A speichert gegen Entgelt die Website des Unternehmens B und macht sie vereinbarungsgemäß im Internet zugänglich. Das Unternehmen B ist bezüglich der Speicherung seiner Website Nutzer des Angebots von Internetprovider A. B bietet auf seiner Website allen Nutzern die kostenpflichtige Möglichkeit an, Waren mittels eines von B bereitgestellten Shopsystems zu verkaufen. Das Unternehmen B ist also bezüglich seiner eigenen Website sowohl Dienstanbieter als auch Nutzer.

Bei der rechtlichen Beurteilung wird vermutlich auf die jeweilige Funktion im konkreten Sachverhalt abgestellt werden. Tritt ein Konflikt zwischen A und B über die Speicherung der gesamten Website des B auf, wird B als Nutzer des Dienstes von A zu sehen sein. Hat ein Kunde von B Probleme mit dem zur Verfügung gestellten Shopsystem, wird B als Anbieter eines Dienstes gesehen werden.

Der Gesetzestext umfasst im Gegensatz zum Begutachtungsentwurf mit dem Ausdruck „**oder eine sonstige rechtsfähige Einrichtung**" nunmehr auch Personen- und Erwerbsgesellschaften.

Zu Z 3:

Die Definition in Z 3 ist deshalb von Bedeutung, da sich dadurch das auf die Website im Binnenmarkt anwendbare Recht (Herkunftslandprinzip) bestimmt. Die **Niederlassung eines Dienstanbieters** bestimmt sich nach den Grundsätzen, die der EuGH in seiner bisherigen Rechtsprechung festgelegt hat. Man kann sich dabei einerseits an der bereits in den EBzRV erwähnten Entscheidung[20]) als auch an der Rechtsprechung zur Niederlassung von Fernsehveranstaltern[21]), deren Sendungen in mehreren Mitgliedstaaten zu empfangen sind, orientieren. Während in der Entscheidung Factortame als Ort der Niederlassung „die tatsächliche Ausübung einer wirtschaftlichen Tätigkeit mittels einer festen Einrichtung" vorausgesetzt wird, lässt sich für die Dauerhaftigkeit der Ansiedlung keine feste Grenze ziehen. Neben der Dauer der Leistung wird auch „die Häufigkeit, regelmäßige Wiederkehr oder Kontinuität"[22]) zu berücksichtigen sein.

Wenn ein Dienst der Informationsgesellschaft **im Binnenmarkt mehrere Niederlassungen** (Filialen) hat, stellt sich aber weiterhin die Frage, welcher Mitgliedstaat die Aufsicht über diesen Dienst wahrzunehmen hat. Ähnlich wie dies für Fernsehveranstalter gilt, werden auch Dienste der Informationsgesellschaft, die in mehr als einem Mitgliedstaat niedergelassen sind, dem Recht jenes Staates unterworfen sein, in dessen Gebiet der Mittelpunkt der Tätigkeiten liegt und wo insbesondere die Entscheidungen über die Programmpolitik (= grundsätzliche inhaltliche Ausrichtung des Dienstes) und die endgültige Zusammenstellung der zu sendenden Programme (= inhaltliche Verantwortung für die angebotenen Inhalte) getroffen werden.

Zu Z 4:

Die Definition des **Nutzers** eines Dienstes der Informationsgesellschaft stellt klar, dass auch juristische Personen und Personengesellschaften als Nutzer verstanden werden können.

Die Definition des Nutzers ist durch die Komplexität der Nutzungshandlungen im Internet von Fall zu Fall und innerhalb eines Falles noch nach dem jeweiligen Verhältnis der handelnden Personen zu prüfen. Da sowohl das Anbieten als auch das Nachfragen von Informationen eine Nutzungshandlung darstellen können, werden die Kunden eines Internetproviders auch dann dessen Nutzer sein, wenn sie selbst Dienste der Informationsgesellschaft anbieten. Diese „Kunden" treten aber allen anderen Nutzern ihres Dienstes als Anbieter auf.

---

[20]) EuGH 25.7.1991, Rs C-221/89 (Factortame), Slg 1991, I-3905.

[21]) EuGH 5.6.1997, Rs C-56/96 (VT4 Ltd), Slg 1997, I-3143.

[22]) EuGH Rs C-55/94 (Gebhard), Slg 1995, I-4165.

Zu Z 5:

Der **Verbraucherbegriff** der Z 5 ist enger als der in Österreich normal gebräuchliche Verbraucherbegriff des KSchG. Er umfasst nur natürliche Personen.

Zu Z 6:

Der Begriff „**kommerzielle Kommunikation**" stammt aus dem Grünbuch „Kommerzielle Kommunikationen im Binnenmarkt" KOM (1996) 192 endg und bedeutet Werbung im weitesten Sinn. Darunter sind nach Erwägungsgrund 29 der EC-RL beispielsweise auch Preisnachlässe, Sonderangebote, Preisausschreiben und Gewinnspiele erfasst. Werbung im engeren Sinne ist also nur ein Teil des Begriffes der kommerziellen Kommunikation und geht nicht über diesen Begriff hinaus.

Interessant ist zu bemerken, dass Angaben, die einen direkten Zugang zur Tätigkeit des Unternehmens ermöglichen, etwa ein Domain-Name oder eine elektronische Postadresse nicht als kommerzielle Kommunikation gesehen werden. Dies hat auch Auswirkungen auf den Bereich des unaufgeforderten Versendens von kommerzieller Kommunikation. Näheres dazu siehe Anmerkungen zu § 7 ECG.

Zu **Interpretationsfragen** wird lit b führen: Bei unabhängigen und unentgeltlichen Angaben kann es sich wohl nur um Berichterstattung und Tests handeln. Wenn ein Unternehmen solche Aussagen auf seine Homepage übernimmt, wird in diesem Bereich eher nicht vom Vorliegen einer kommerziellen Kommunikation auszugehen sein.

Zu Z 7:

§ 3 Z 7 ECG legt fest, dass als **Mitgliedstaat** im Sinn des ECG sowohl EU-Mitgliedstaaten als auch EWR-Mitgliedstaaten (Norwegen, Island und Liechtenstein) gelten. Diese Festlegung hat Bedeutung für den territorialen Anwendungsbereich des ECG wie beispielsweise das Herkunftslandprinzip: Während Dienste, die in einem Mitgliedstaat niedergelassen sind, sich bezüglich ihres Dienstes nur nach den Vorschriften des „koordinierten Bereichs" in ihrem Heimatstaat richten müssen, gilt dieses Privileg nicht für Dienste, deren Niederlassung in Drittstaaten liegt.

Zu Z 8:

Der **koordinierte Bereich** ist mit dem Anwendungsbereich des Herkunftslandprinzips (§ 20 ECG) gleichzusetzen. Z 8 ist weniger eine Begriffsbestimmung als vielmehr eine Klarstellung, dass potentiell jede Rechtsvorschrift, ob privatrechtlicher oder öffentlich-rechtlicher Natur, in den koordinierten Bereich fallen kann, sofern keine Ausnahme vom Herkunftslandprinzip (§ 21 ECG) vorliegt. Voraussetzung ist jedoch, dass es sich überhaupt noch um einen Dienst der Informationsgesellschaft handelt. Die genaue Abgrenzung bereitet besonders beim Online-Vertrieb von Waren und von Dienstleistungen, die selbst nicht elektronisch erbracht werden, Schwierigkeiten. Näheres bei den Erläuterungen zur Zulassungsfreiheit (§ 4 ECG) und den Ausnahmen vom Herkunftslandprinzip (§ 21 Z 12 bis 14 ECG).

2. Abschnitt
Zulassung von Diensten der Informationsgesellschaft

Zulassungsfreiheit

§ 4. **(1) Die Aufnahme und die Ausübung der Tätigkeit eines Diensteanbieters bedürfen keiner gesonderten behördlichen Zulassung, Bewilligung, Genehmigung oder Konzession oder sonstigen Anforderung gleicher Wirkung.**

(2) Rechtsvorschriften, die die Zulässigkeit der Aufnahme oder Ausübung einer geschäftlichen, gewerblichen oder beruflichen Tätigkeit regeln und nicht besonders und ausschließlich für Dienste der Informationsgesellschaft oder deren Anbieter gelten, bleiben unberührt. Gleiches gilt für Rechtsvorschriften über die Anzeige- oder Konzessionspflicht von Telekommunikationsdiensten.

RV, 33

1. Mit dieser Bestimmung wird der der Richtlinie besonders wichtige **Grundsatz der Zulassungsfreiheit** (Art. 4) umgesetzt. Online-Anbieter sollen für ihre Tätigkeit und für die von ihnen bereitgestellten Dienste der Informationsgesellschaft keine besondere Bewilligung, Zulassung, Genehmigung oder Konzession o. dgl. benötigen. Auch dadurch soll der elektronische Geschäftsverkehr gefördert werden. Die Entfaltung und das Angebot von elektronischen Dienstleistungen soll nicht durch spezifisch auf Dienste der Informationsgesellschaft abstellende Genehmigungsverfahren eingeschränkt werden.

§ 4 Abs. 1 entspricht diesem Grundprinzip der Richtlinie. Für die Aufnahme und die Ausübung der Tätigkeit eines Anbieters soll **keine gesonderte Zulassung, Bewilligung, Genehmigung oder Konzession** oder eine **sonstige Anforderung mit gleicher Wirkung** erforderlich sein. Dabei kann es im österreichischen Recht nur auf behördliche Akte auf verwaltungsrechtlicher Grundlage ankommen.

2. Nach § 4 Abs. 2 bleiben – im Einklang mit Art. 4 Abs. 2 der Richtlinie – Vorschriften über die Zulassung, Bewilligung, Genehmigung oder Konzession bestimmter Tätigkeiten, die nicht speziell und ausschließlich die Anbieter von Diensten der Informationsgesellschaft betreffen, **unberührt.** Bedarf etwa die

Vermittlung des Kaufs, Verkaufs oder Tauschs von Grundstücken einer gewerberechtlichen Bewilligung (siehe § 127 Z 15 in Verbindung mit § 225 Abs. 1 GewO 1994), so ist diese Bewilligung selbst dann einzuholen, wenn der Anbieter solche Transaktionen ausschließlich auf elektronischem Weg vermittelt. Führt ein meldepflichtiges Institut – um ein anderes Beispiel zu nennen – ein Geschäft mit meldepflichtigen Instrumenten im Sinn des § 10 Abs. 1 und 2 WAG ausschließlich auf elektronischem Weg durch, so ändert sich dadurch an den aufsichtsrechtlichen Befugnissen und Verpflichtungen nach dem Wertpapieraufsichtsgesetz nichts. Nach dem Erwägungsgrund 28 unterliegen auch die in der materiellen Auslieferung ausgedruckter Mitteilungen der elektronischen Post bestehenden Postdienste im Sinn der Richtlinie 97/67/EG nicht der Zulassungsfreiheit. Letztlich ändert der Grundsatz der Zulassungsfreiheit nichts an den Befugnissen der Aufsichtsstelle nach dem Signaturgesetz und dem System der freiwilligen Akkreditierung für bestimmte Zertifizierungsdiensteanbieter (vgl die §§ 13 ff und 17 SigG).

Nach dem **letzten Satz** des § 4 Abs. 2 berührt das E-Commerce-Gesetz mit seinem Grundsatz der Zulassungsfreiheit auch die Verpflichtung zur Anzeige oder Konzession bestimmter **Telekommunikationsdienste** (vgl die §§ 13 und 14 TKG) nicht. Diese Anforderungen können vor allem für Unternehmen relevant sein, die auch dem Telekommunikationsrecht unterliegen, etwa weil sie den Zugang zu einem Kommunikationsnetz vermitteln.

Kommentar

§ 4 ECG bringt eine wichtige Klarstellung: Für die Erbringung von wirtschaftlichen Tätigkeiten im Internet ist keine eigene „Online-Berechtigung" notwendig. Gleichzeitig sind jedoch diejenigen Berechtigungen erforderlich, die dieselbe Tätigkeit im Offline-Bereich erfordern würden. Eine eigene „E-Commerce-Berechtigung" gibt es nicht, sondern es ist nach der konkreten Tätigkeit im Einzelfall zu entscheiden, welche Berechtigung erforderlich ist.

Ob und inwieweit ausländische Diensteanbieter einer (Gewerbe)Berechtigung **in Österreich** bedürfen, wird durch § 4 ECG nicht beantwortet.

Notwendige Voraussetzung ist die Anwendbarkeit österreichischen (Gewerbe)Rechts: Hierbei ist zwischen EWR-Ausländern und Diensteanbietern aus Drittstaaten zu unterscheiden.

Kraft **Herkunftslandprinzip** richten sich innerhalb des EWR die anwendbaren öffentlich-rechtlichen Bestimmungen nach dem Staat, in dem der Diensteanbieter niedergelassen ist. Ob eine Niederlassung in Österreich vorliegt oder nicht, richtet sich nach den allgemeinen Regeln über die Abgrenzung zwischen Dienstleistungserbringung und Niederlassung, wie sie insbesondere aus der Judikatur des EuGH[23]) hervorgehen. § 3 Z 3 ECG stellt jedoch klar, dass das Vorhandensein und die Nutzung von Technologien (insbesondere der Standort

---

[23]) EuGH Rs C-55/94 (Gebhard), Slg 1995, I-4165.

des Servers oder die Abrufbarkeit der Website) für sich allein keine Niederlassung begründen. Sofern daher nach diesen Kriterien keine Niederlassung in Österreich vorliegt und sich der Diensteanbieter innerhalb des koordinierten Bereichs (§ 3 Z 8 ECG) bewegt, ist innerhalb des EWR österreichisches (Gewerbe)Recht nicht anzuwenden, es sei denn, es liegt eine Ausnahme vom Herkunftslandprinzip (§ 21 ECG) vor.

Hier stellt sich insbesondere die Frage nach der Reichweite der Ausnahme vom Herkunftslandprinzip gem § 21 Z 14 ECG für jene Anbieter, die zwar ihre Dienstleistung via Internet anbieten und auch Bestellungen entgegennehmen bzw Vertragschlüsse online abwickeln, die Dienstleistung selbst jedoch offline beim Kunden erbringen (zB ein in Frankreich niedergelassener Unternehmensberater erbringt seine Beratungsleistung nicht online, sondern vor Ort beim Kunden in Österreich). Erfolgt der Vertragsschluss online über die Website des ausländischen Diensteanbieters, so ist das Verpflichtungsgeschäft zweifellos Dienst der Informationsgesellschaft und fällt somit unter den koordinierten Bereich. Die Vertragerfüllung jedoch erfolgt offline.

Zieht das Verpflichtungsgeschäft die Vertragerfüllung mit sich und unterfällt daher beides dem koordinierten Bereich (und damit dem Herkunftslandprinzip) oder ist das Erfüllungsgeschäft vom koordinierten Bereich ausgenommen und sind damit wiederum die herkömmlichen Bestimmungen über die Dienstleistungsfreiheit im Binnenmarkt anzuwenden? Wichtig ist diese Frage wegen des zu erbringenden Befähigungsnachweises: Zwar brauchen EWR-Ausländer keine österreichische Gewerbeberechtigung, sofern sie im Rahmen der Dienstleistungsfreiheit Leistungen in Österreich erbringen, wohl aber haben sie ihre Befähigung nachzuweisen. Nach den EBzRV soll insbesondere auch der Befähigungsnachweis nach der GewO dem koordinierten Bereich unterfallen – Voraussetzung ist jedoch, dass es sich bei der betreffenden Dienstleistungserbringung überhaupt noch um einen Dienst der Informationsgesellschaft gem § 3 Z 1 ECG handelt.

Erbringt der im vorigen Beispiel genannte Unternehmensberater seine Beratungsleistung zur Gänze online, so ist seine gesamte Tätigkeit Dienst der Informationsgesellschaft und unterliegt dem Herkunftslandprinzip. Erbringt er seine Leistung jedoch physisch anwesend beim Kunden in Österreich, dann kann er sich mangels Erbringung eines Dienstes der Informationsgesellschaft nicht auf das Herkunftslandprinzip berufen, er hat seine Befähigung nach § 373a ff GewO nachzuweisen.

Eine andere Sichtweise hätte zur Folge, dass sich jeder Unternehmer, auch wenn die von ihm erbrachte wirtschaftliche Tätigkeit offline erfolgt, durch bloße Einrichtung eines Webauftrittes zum Diensteanbieter erklären und den Vorteil des Herkunftslandprinzips für seine gesamte wirtschaftliche Tätigkeit in Anspruch nehmen könnte.

Dass es dadurch zu einer Diskriminierung zwischen Online- und Offline-Tätigkeiten kommt, ist unbestritten: Diese Konsequenz wird durch die EC-RL als Instrument zur Förderung des E-Commerce bewusst in Kauf genommen.

Was **Anbieter aus Drittstaaten** betrifft, so ist festzuhalten, dass die österreichische Gewerbeordnung kraft Territorialitätsprinzip nur auf im Inland ausgeübte wirtschaftliche Tätigkeiten anzuwenden ist. Für den Bereich des echten E-Commerce (Dienstleistungserbringung oder Warenlieferung erfolgt zur Gänze elektronisch, zB Download von Software, Datenbankzugang etc.) und des Internetversandhandels (Online-Bestellung von Waren, welche physisch an den Besteller versandt werden) sowie bei Beratungsleistungen oder anderen Dienstleistungen, die online erbracht werden können, ist davon auszugehen, dass keine österreichische Berechtigung notwendig ist, da kein wesentlicher Teilbereich des Gewerbes im Inland ausgeübt wird[24]).

Was jedoch Tätigkeiten betrifft, bei denen lediglich die Bestellung oder der Vertragsschluss online erfolgen, die Dienstleistung jedoch beim Kunden in Österreich offline erbracht wird, so ist eine Gewerbeausübung im Inland nur im Rahmen der Sonderregeln der GewO (§§ 51ff) möglich.[25])

3. Abschnitt
Informationspflichten

Allgemeine Informationen

§ 5. (1) Ein Diensteanbieter hat den Nutzern ständig zumindest folgende Informationen leicht und unmittelbar zugänglich zur Verfügung zu stellen:

1. seinen Namen oder seine Firma;

2. die geographische Anschrift, unter der er niedergelassen ist;

3. Angaben, aufgrund deren die Nutzer mit ihm rasch und unmittelbar in Verbindung treten können, einschließlich seiner elektronischen Postadresse;

4. sofern vorhanden, die Firmenbuchnummer und das Firmenbuchgericht;

5. soweit die Tätigkeit einer behördlichen Aufsicht unterliegt, die für ihn zuständige Aufsichtsbehörde;

6. bei einem Diensteanbieter, der gewerbe- oder berufsrechtlichen Vorschriften unterliegt, die Kammer, den Berufsverband oder eine ähnliche Einrichtung, der er angehört, die Berufsbezeichnung und den Mitgliedstaat, in dem diese verliehen worden ist, sowie einen Hinweis auf die anwendbaren gewerbe- oder berufsrechtlichen Vorschriften und den Zugang zu diesen;

7. sofern vorhanden, die Umsatzsteuer-Identifikationsnummer.

---

[24]) OGH 13. 11. 1984, 4 Ob 364/84, ÖBl 1985, 94.

[25]) Vgl *Traudtner/Höhne*, Internet und Gewerbeordnung, ecolex 2000, 480; *Handig*, Unternehmerische Tätigkeit im World Wide Web, SWK 2001, W 47; *Schramböck*, Gewerberechtliche Schranken des e-commerce, ecolex 2000, 48.

(2) Sofern in Diensten der Informationsgesellschaft Preise angeführt werden, sind diese so auszuzeichnen, dass sie ein durchschnittlich aufmerksamer Betrachter leicht lesen und zuordnen kann. Es muss eindeutig erkennbar sein, ob die Preise einschließlich der Umsatzsteuer sowie aller sonstigen Abgaben und Zuschläge ausgezeichnet sind (Bruttopreise) oder nicht. Darüber hinaus ist auch anzugeben, ob Versandkosten enthalten sind.

(3) Sonstige Informationspflichten bleiben unberührt.

RV, 33

1. Mit dem vorgeschlagenen § 5 wird Art. 5 der Richtlinie über die **allgemeinen Informationspflichten** der Anbieter umgesetzt. Aus der Sicht des Nutzers eines Online-Dienstes ist es vielfach wichtig, dass er sich über bestimmte Eigenschaften des Diensteanbieters informieren kann. In der Praxis sind hier aber vor allem im Internet gewisse Defizite zu beobachten. Die Richtlinie trägt mit der Verpflichtung eines Anbieters, bestimmte Mindestinformationen bereitzustellen, den gerade in den modernen Kommunikationsmedien erhöhten Informationsbedürfnissen der Nutzer Rechnung. Das gilt für das Verbrauchergeschäft ebenso wie für den geschäftlichen, gewerblichen und beruflichen Verkehr zwischen Kaufleuten und Unternehmen.

Die allgemeinen Informationspflichten des Art. 5 der Richtlinie **gelten zusätzlich** *„zu den sonstigen Informationsanforderungen nach dem Gemeinschaftsrecht"* (siehe die Einleitung zu Art. 5 Abs. 1 der Richtlinie). Gedacht ist hier insbesondere an Informationspflichten für den Fernabsatz von Waren oder Dienstleistungen, etwa an die Informationspflichten nach den Art. 3 und 4 der Fernabsatz-Richtlinie und die Informationspflichten nach der – derzeit in Verhandlung stehenden – Richtlinie über den Fernabsatz von Finanzdienstleistungen an Verbraucher. Online-Anbieter haben die in Art. 5 der E-Commerce-Richtlinie genannten Informationen auch dann zur Verfügung zu stellen, wenn sie von der Informationspflicht für Fernabsatzgeschäfte befreit sind (etwa in den Fällen der §§ 5b und 5c Abs. 4 KSchG). Auch gelten die Informationspflichten der Richtlinie nicht nur im Verbrauchergeschäft, sondern allgemein, also auch für geschäftliche Transaktionen zwischen Kaufleuten bzw Unternehmen. Art. 5 der Richtlinie ändert schließlich nichts daran, dass ein Online-Anbieter die sonst für bestimmte Transaktionen maßgeblichen besonderen Informationspflichten beachten muss (zB die Verpflichtungen eines Garantiegebers nach Art. 6 der Verbrauchsgüterkauf-Richtlinie bzw nach § 9b KSchG in der Fassung des Art. II Z 2 Gewährleistungsrechts-Änderungsgesetz).

2. **§ 5 Abs. 1** verpflichtet die Diensteanbieter, ihren Nutzern die unerlässlichen allgemeinen Informationen **ständig** sowie **leicht und unmittelbar zugänglich** zur Verfügung zu stellen. Dabei reicht es aus, wenn der Nutzer diese Informationen ohne besonderen Aufwand und ohne besondere Kenntnisse auffinden kann, etwa wenn er zu diesen Informationen auf einer Website über einen Link gelangen kann, der einen Hinweis auf diese allgemeinen Informationen oder ähnliche Klarstellungen (zB „Wir über uns" u.dgl.) enthält. Bei

Diensten der Informationsgesellschaft, die über ein Mobiltelefon bereitgestellt werden, wird es aus Platzgründen genügen, wenn ein Hinweis auf eine über das Internet zugängliche Homepage gegeben wird; in solchen Fällen kann der Anbieter seinen Informationspflichten aber auch dadurch gerecht werden, dass er sie in einem speziellen „Menü" bereitstellt und darauf klar und deutlich verweist.

Die Änderungen im **Informationskatalog** des **§ 5 Abs. 1** im Vergleich zu Art. 5 Abs. 1 der Richtlinie sind vor allem sprachlicher und redaktioneller Art, zudem wird auf gewisse Besonderheiten des österreichischen Rechts Bedacht genommen (so soll in der Z 4 vom Firmenbuch statt vom Handelsregister die Rede sein).

Die Informationspflicht nach § 5 Abs. 1 **Z 6** ECG betrifft alle Diensteanbieter, die zu den reglementierten Berufen im Sinn des Art. 2 lit. g in Verbindung mit Art. 5 Abs. 1 lit. f der Richtlinie gehören. Darüber hinaus sollen auch die **Angehörigen von Berufen** und **Gewerbetreibende,** auf die die Richtlinien über die Anerkennung von Hochschuldiplomen und von beruflichen Befähigungsnachweisen nicht anzuwenden sind, zur Angabe der Kammer oder des Berufsverbandes, der Berufsbezeichnung und der anwendbaren gewerbe- und berufsrechtlichen Vorschriften verpflichtet sein. Insoweit geht der Entwurf über den Anwendungsbereich der Richtlinie hinaus; zur Begründung dieses Vorschlags sei auf die Erläuterungen zu § 3 (Punkt 7.) verwiesen. Unter den *„anwendbaren gewerbe- und berufsrechtlichen Vorschriften"* werden nur jene Vorschriften verstanden, die für den Nutzer unmittelbar von Interesse sind. Ein Nutzer wird mit einem pauschalen Verweis auf die Gewerbeordnung 1994 wenig anfangen können; daher reicht es aus, wenn der Anbieter auf die für ihn geltenden spezifischen gesetzlichen Vorschriften sowie auf Ausübungsregeln – so solche bestehen – verweist.

3. Die allgemeinen Informationspflichten des § 5 ECG sollen schon bestehende gesetzliche Informationspflichten, etwa nach dem Preisauszeichnungsgesetz, dem Euro-Währungsangabengesetz oder dem Konsumentenschutzgesetz für den Fernabsatz bestimmter Waren und Dienstleistungen, ergänzen. Eine **Verpflichtung zur Preisauszeichnung** bei den Diensten der Informationsgesellschaft wird aber entsprechend der Richtlinie **nicht vorgesehen.** Wenn aber Preise angegeben werden, hat dies, sofern Verbrauchern von Unternehmern (§ 1 KSchG) Sachgüter bzw Leistungen angeboten werden, nach den gesetzlichen Bestimmungen zu erfolgen (vgl § 13 Abs. 1 Preisauszeichnungsgesetz hinsichtlich Werbung etc.). Aufgrund des geltenden Preisauszeichnungsgesetzes (§§ 1 Abs. 1 und 9 Abs. 1 PrAG) im Zusammenhang mit der Richtlinie 98/6/EG über den Schutz der Verbraucher bei der Angabe der Preise der ihnen angebotenen Erzeugnisse ergibt sich für Unternehmer gegenüber Verbrauchern eine Verpflichtung zur **Bruttopreisauszeichnung.** Eine eigene Kennzeichnung, dass es sich um Bruttopreise (inklusive Steuern etc.) handelt, ist demnach nicht erforderlich. Eine solche Kennzeichnungspflicht sieht jedoch die E-Commerce-Richtlinie vor.

In **§ 5 Abs. 2** wird daher festgelegt, dass Preise einerseits **leicht lesbar und zuordenbar** anzugeben sind und dass auch anzugeben ist, ob in den Preisen

Versandkosten enthalten sind. Es muss andererseits eindeutig erkennbar sein, ob es sich bei den Preisen um Bruttopreise (vgl § 9 Abs. 1 PrAG) oder um **Nettopreise** handelt.

Nach **§ 5 Abs. 3** bleiben sonstige (gesetzliche) Informationspflichten einschließlich der **Vorgaben für die Preisauszeichnung** und damit auch die Verpflichtung zur Angabe von Bruttopreisen im Sinn des Preisauszeichnungsgesetzes selbstverständlich **unberührt,** sie sind auch im elektronischen Geschäftsverkehr anzuwenden. Als weitere gesetzliche Informationspflichten kommen im geschäftlichen Verkehr ua die Verpflichtungen nach § 63 GewO 1994 und nach § 14 HGB in Betracht (vgl *Filzmoser,* Gewerberechtliche Namens- und Kennzeichnungsvorschriften im e-commerce, RdW 2000, 180). Im Verbrauchergeschäft sind ferner die allgemeinen Informationspflichten nach § 5c KSchG auch im elektronischen Fernabsatz-Geschäft maßgeblich. Darüber hinaus sind spezifische Informationspflichten für bestimmte Rechtsgeschäfte und Transaktionen (etwa nach dem Investmentfondsgesetz 1993, dem Kapitalmarktgesetz oder dem Wertpapieraufsichtsgesetz) weiterhin zu beachten.

Kommentar

Zu Abs. 1:

§ 5 ECG ist eine der Kernbestimmungen des Gesetzes und will für Transparenz und Sicherheit im Internet sorgen. Da sich der Nutzer eines Dienstes keinen „greifbaren" Eindruck von der Seriosität des Dienstanbieters machen kann (Geschäftslokal, Mitarbeiter, Ruf in der Umgebung, etc) ist das Überzeugen des Dienstanbieters mit Offenheit und Service von entscheidender Bedeutung.

Es war auch ein politischer Kompromiss auf europäischer Ebene, den Dienstanbieter zu verpflichten, folgende Informationen anzugeben:

1. seinen Namen oder seine Firma;

2. die geographische Anschrift, unter der er niedergelassen ist;

3. Angaben, aufgrund deren die Nutzer mit ihm rasch und unmittelbar in Verbindung treten können, einschließlich seiner elektronischen Postadresse;

4. sofern vorhanden, die Firmenbuchnummer und das Firmenbuchgericht;

5. soweit die Tätigkeit einer behördlichen Aufsicht unterliegt, die für ihn zuständige Aufsichtsbehörde;

6. bei einem Diensteanbieter, der gewerbe- oder berufsrechtlichen Vorschriften unterliegt, die Kammer, den Berufsverband oder eine ähnliche Einrichtung, der er angehört, die Berufsbezeichnung und den Mitgliedstaat, in dem diese verliehen worden ist, sowie einen Hinweis auf die anwendbaren gewerbe- oder berufsrechtlichen Vorschriften und den Zugang zu diesen;

7. sofern vorhanden, die Umsatzsteuer-Identifikationsnummer.

Der Inhalt der Informationsverpflichtungen ist weitgehend selbsterklärend. Der Ausdruck „gewerbe- oder berufsrechtliche Vorschriften" ist etwas missverständlich, da jede gewerbliche Tätigkeit solchen Vorschriften in der einen oder anderen Form unterliegt. Es sind wohl eher gewerbe- und standesrechtlichte Berufsausübungsvorschriften, also nur solche Vorschriften, die materiell Vorgaben zur Berufsausübung geben, gemeint. Da diese Bestimmung richtlinienkonform auszulegen ist, bleibt diesbezüglich das letzte Wort beim EuGH.

In der Praxis wird die Verpflichtung nach Z 6 durch Verlinkung auf die Homepage der jeweiligen Kammer[26]) erfüllt werden können, deren Website wiederum die relevanten berufsrechtlichen Vorschriften enthält.

Die Informationsverpflichtung gilt absolut, das bedeutet gegenüber jedem Nutzer des Dienstes und nicht nur zwingend gegenüber Verbrauchern (wie etwa die Informationspflichten nach §§ 9, 10 und 12 ECG). Unter „unmittelbar" anzugeben wird wohl zu verstehen sein, dass diese Informationen in unmittelbarer Nähe zum Angebot des Dienstanbieters anzugeben sind. Dies gilt aber, wie in den EBzRV angedeutet, abhängig vom Medium: Bei mobilen Diensten, die auf Kleinstbildschirmen dargestellt werden, wird wohl ein Hinweis auf die Website genügen, auf der die vollständigen Informationen abrufbar sind.

Zu Abs. 2:

Wie das Preisauszeichnungsgesetz verpflichtet auch das ECG nicht zur Angabe von Preisen in der Werbung. Wenn aber Preise angegeben werden und es seitens des Dienstanbieters nicht ausgeschlossen wird, dass auch Konsumenten dieses Angebot zugänglich ist, müssen die Bruttopreise angegeben und als solche bezeichnet werden. Den Ausschluss von Gelegenheitsbesuchern kann man etwa dadurch ausschalten, dass die Preisliste nur nach Eingabe von Benutzername und Passwort sichtbar wird. So bekommen nur die ständigen Geschäftspartner Zugang zum Angebot. Dadurch ist auch Sicherheit über die Identität des Käufers gegeben.

In Österreich niedergelassene Diensteanbieter haben die Vorschriften des Preisauszeichnungsgesetzes[27]) zu beachten.

Zu Abs. 3:

Neben den Informationsverpflichtungen des § 5 ECG haben Dienste, die auch für Konsumenten zugänglich sind, auch die Informationsverpflichtungen des Fernabsatzgesetzes (§ 5c KSchG) zu beachten. Näheres dazu bei den Anmerkungen zu § 9 Abs. 4 ECG.

---

[26]) ZB für Mitglieder der Wirtschaftskammer Österreich Verlinkung auf den Eintrag des Dienstanbieters im Mitgliederverzeichnis der Wirtschaftskammer, siehe http://firmena-z.wko.at/udbsql/firmena-ztipps.asp

[27]) BGBl 1992/146 idF BGBl I 2000/55.

Informationen über kommerzielle Kommunikation

§ 6. (1) Ein Diensteanbieter hat dafür zu sorgen, dass eine kommerzielle Kommunikation, die Bestandteil eines Dienstes der Informationsgesellschaft ist oder einen solchen Dienst darstellt, klar und eindeutig

1. als solche erkennbar ist,

2. die natürliche oder juristische Person, die die kommerzielle Kommunikation in Auftrag gegeben hat, erkennen lässt,

3. Angebote zur Absatzförderung wie etwa Zugaben und Geschenke als solche erkennen lässt und einen einfachen Zugang zu den Bedingungen für ihre Inanspruchnahme enthält sowie

4. Preisausschreiben und Gewinnspiele als solche erkennen lässt und einen einfachen Zugang zu den Teilnahmebedingungen enthält.

(2) Sonstige Informationspflichten für kommerzielle Kommunikation sowie Rechtsvorschriften über die Zulässigkeit von Angeboten zur Absatzförderung und von Preisausschreiben und Gewinnspielen bleiben unberührt.

RV, 35

1. Mit § 6 soll Art. 6 der Richtlinie über die **Werbe-Informationspflichten** umgesetzt werden. Zu dem besonderen Stellenwert, den die Richtlinie der „kommerziellen Kommunikation" im elektronischen Geschäftsverkehr beimisst, sei auf die Erläuterungen zu Punkt 2.2. im Allgemeinen Teil verwiesen. Art. 6 der Richtlinie berücksichtigt die besonderen Transparenzerfordernisse (siehe den Erwägungsgrund 29) für Werbe- und andere Marketingmethoden. Dabei verfolgt die Richtlinie – ähnlich wie bei den Informationspflichten des Art. 5 – sowohl Verbraucherinteressen als auch das Anliegen, einen fairen und lauteren Geschäftsverkehr zu sichern.

2. § 6 Abs. 1 verpflichtet den **Anbieter**, Werbung und andere Formen der kommerziellen Kommunikation (§ 3 Z 6 ECG), die Bestandteil des Dienstes sind, **klar und transparent** zu gestalten. Die Bestimmung betrifft alle Kommunikationsformen, die der – unmittelbaren oder mittelbaren – Förderung des Absatzes oder des Erscheinungsbildes eines Unternehmens dienen, angefangen mit einer „Banner-Werbung" über von einem Unternehmen gesponserte Testberichte bis hin zu reinen PR-Maßnahmen. In den **Z 1 bis 4 des Abs. 1** werden die in den lit. a bis d des Art. 6 der Richtlinie aufgestellten Kriterien übernommen. Die Abweichungen von der Richtlinie sind – ähnlich wie in § 5 ECG – größtenteils nur redaktioneller Art. Auch werden die Begriffe der Richtlinie an die österreichische Rechtssprache angeglichen.

Verantwortlich für die Einhaltung dieser Verpflichtungen ist jedenfalls jener Diensteanbieter, der die Online-Werbung bereitstellt, also beispielsweise jener Unternehmer, der eine Banner-Werbung schaltet und dafür Einnahmen erzielt. Die Informationspflichten des 5 Abs. 1 Z 1 treffen aber auch den Diensteanbieter, bei dem die kommerzielle Kommunikation Bestandteil des Dienstes ist. Er muss dafür sorgen, dass Werbeeinschaltungen u. dgl. auf seiner Website klar und deutlich vom redaktionellen Inhalt abgegrenzt sind.

Was die **Erkennbarkeit** der kommerziellen Kommunikation (§ 6 Abs. 1 **Z 1**) angeht, so kommt der Diensteanbieter seinen Verpflichtungen nach, wenn er den kommerziellen Charakter der Maßnahme – ähnlich wie dies § 26 Mediengesetz vorsieht – durch ihre Gestaltung und Anordnung herausstreicht. Vor allem ist dabei an eine deutliche Trennung der Werbung vom redaktionellen Teil zu denken. Falls dies nicht der Fall ist, muss der Anbieter die Werbe- oder Absatzförderungsmaßnahme gesondert bezeichnen (etwa durch Hinweise wie „Anzeige", „Werbung", „gesponsert von ..." u. dgl.), sofern der Werbecharakter nicht von vornherein klar und evident ist.

§ 6 Abs. 1 **Z 2** sorgt dafür, dass sich der einzelne Nutzer auch über den **Auftraggeber** der Werbung informieren kann. Dabei wird es ausreichen, wenn in der Werbung oder sonstigen Maßnahme zur Absatzförderung elektronisch auf einen Dienst des Auftraggebers verwiesen wird und der Nutzer dort die in § 5 ECG aufgezählten Informationen erfahren kann. Im Bereich des so genannten „M-Commerce" wird ein entsprechender Hinweis auf die Homepage des Auftraggebers genügen.

§ 6 Abs. 1 **Z 3** soll Art. 6 lit. c der Richtlinie umsetzen. Die in der Richtlinie angeführten Preisnachlässe werden als **Zugaben** im Sinn des § 9a UWG 1984 verstanden, sodass solche Preisnachlässe nicht gesondert angeführt werden. Die in Z 3 genannten Angebote müssen nicht – wie noch im Begutachtungsentwurf vorgesehen – als solche bezeichnet werden. Eine verbale Belehrung oder ein verbaler Hinweis ist also nicht erforderlich, vielmehr genügt es, wenn ihr Zweck optisch oder nach dem Gesamteindruck klar und eindeutig erkennbar ist (etwa die Angabe eines „Stattpreises" oder die Anführung eines Nachlasses).

Die Zulässigkeit von **Preisausschreiben und Gewinnspielen** (§ 6 Abs. 1 **Z 4**) ist anhand der allgemeinen Regelung des § 9a Abs. 2 Z 8 UWG 1984 zu beurteilen. Diese Preisausschreiben und Gewinnspiele unterliegen dem ECG bzw der Richtlinie und vor allem auch dem Herkunftslandprinzip (siehe die Erläuterungen zu § 21 Z 11).

3. § 6 **Abs. 2** stellt klar, dass die in Abs. 1 erwähnten Kriterien die kommerzielle Kommunikation in Diensten der Informationsgesellschaft **nicht abschließend** regeln. Vielmehr sind auch in diesem Bereich die für nicht-elektronische Dienstleistungen geltenden allgemeinen Rechtsvorschriften zu beachten. Das gilt nicht nur für bestimmte gesetzliche Informationspflichten (etwa nach § 54 Arzneimittelgesetz), sondern insbesondere auch für die Wettbewerbsregeln des Lauterkeitsrechts.

Kommentar

Zu Abs. 1:

§ 6 ECG soll dafür sorgen, dass für den Nutzer erkennbar ist, welche Inhalte eines Dienstes redaktioneller Natur sind und welche der kommerziellen Kommunikation dienen. Dieses Trennungsprinzip ist für herkömmliche Medien in

§ 26 MedienG festgelegt. Anders als bei konventionellen Medien ist die Vermischung von Inhalten bei elektronischen Medien mittels Hyperlinks und Inline-Links[28]) besonders leicht möglich. Werden deshalb fremde Inhalte, beispielsweise Bannerwerbung, ins eigene Angebot eingebunden, muss für den Nutzer erkennbar sein, dass es sich um Werbung eines Dritten handelt und wer dieser Dritte ist. Im Begutachtungsverfahren wurde klargestellt, dass keine ausdrückliche Bezeichnung als „kommerzielle Kommunikation" nötig ist, sondern die Erkennbarkeit des fremden Ursprungs ausreicht. Es wird wohl beispielsweise bei WWW-Banner-Inhalten ausreichen, deren kommerzielle Eigenschaft und den Auftraggeber mittels des „On Mouse Over"-Befehls auszuzeichnen, dh sobald der Nutzer den Mauszeiger über den Werbebanner platziert, erscheinen die notwendigen Informationen am Bildschirm. Freilich ist für eine dementsprechend klare räumliche Abgrenzung der kommerziellen Kommunikation gegenüber den anderen Inhalten zu sorgen, im Zweifelsfall wird eine verbale Kennzeichnung („bezahlte Anzeige" oÄ) ratsam sein.

§ 6 ECG erstreckt sich aber nicht nur auf fremde Werbung sondern macht auch eigene Gewinnspiele und Preisausschreiben auszeichnungspflichtig. Auch bei diesen Werbeformen ist auf besondere Transparenz zu achten und die Teilnahmebedingungen in räumlicher Nähe zu veröffentlichen.

Die allgemeine Formulierung wird wohl dahin gehend einschränkend zu verstehen sein, dass der jeweilige Diensteanbieter und Auftraggeber der Trennungspflicht nur hinsichtlich der eigenen Angebote unterliegen.

Zu Abs. 2:

Diese Bestimmung ist im europäischen Kontext zu sehen und lässt die weiter gehenden Bestimmungen der Mitgliedstaaten unberührt. Für in Österreich niedergelassene Diensteanbieter ist dies insbesondere § 9a UWG, der hinsichtlich der Zulässigkeit von Rabatten, Zugaben und Gewinnspielen im elektronischen Bereich ebenfalls seine Anwendung findet. Auch weiter gehende Informationspflichten bleiben unverändert.

Nicht angeforderte kommerzielle Kommunikation

§ 7. (1) Ein Diensteanbieter, der eine kommerzielle Kommunikation zulässigerweise ohne vorherige Zustimmung des Empfängers mittels elektronischer Post versendet, hat dafür zu sorgen, dass die kommerzielle Kommunikation bei ihrem Eingang beim Nutzer klar und eindeutig als solche erkennbar ist.

(2) Die Rundfunk und Telekom Regulierungs-GmbH (RTR-GmbH) hat eine Liste zu führen, in die sich diejenigen Personen und Unternehmen

---

[28]) *Laga*, Internet – Eine Spielwiese für Juristen, JUR-PC Web-Dok. 25/1998, siehe http://www.jurpc.de/aufsatz/19980025.htm.

kostenlos eintragen können, die für sich die Zusendung kommerzieller Kommunikation im Weg der elektronischen Post ausgeschlossen haben. Die in Abs. 1 genannten Diensteanbieter haben diese Liste zu beachten.

(3) Rechtsvorschriften über die Zulässigkeit und Unzulässigkeit der Übermittlung kommerzieller Kommunikation im Wege der elektronischen Post bleiben unberührt.

RV, 37

1. Die Zulässigkeit des Einsatzes der **elektronischen Post für Werbezwecke** ist in den Mitgliedstaaten der Europäischen Gemeinschaft unterschiedlich geregelt (siehe dazu auch die Übersicht unter www.euro.cauce.org/en/countries). In einem Teil der Mitgliedstaaten ist dieses Werbemittel zulässig, sofern ihm der Empfänger der elektronischen Botschaft nicht widerspricht. In anderen Mitgliedstaaten bedarf der Einsatz der elektronischen Post für Werbezwecke dagegen der vorherigen Zustimmung des Empfängers. Art. 12 der Richtlinie 97/66/EG über die Verarbeitung personenbezogener Daten und den Schutz der Privatsphäre im Bereich der Telekommunikation sowie Art. 10 (in Verbindung mit Art. 14) der Fernabsatz-Richtlinie stehen diesen unterschiedlichen Regelungen nicht entgegen, diese Bestimmungen lassen den Mitgliedstaaten die Wahl zwischen einer „Opt-In"- und einer „Opt-Out"-Lösung. Die E-Commerce-Richtlinie will an dieser Rechtslage nichts ändern, sie respektiert die unterschiedliche Bewertung solcher Werbemethoden in den einzelnen Mitgliedstaaten. Im Besonderen verpflichtet sie Mitgliedstaaten, die für solche Werbemitteilungen eine vorherige Zustimmung des Adressaten verlangen, nicht zur Änderung ihrer Rechts- und Verwaltungsvorschriften. Dieser sensible Bereich im Spannungsfeld zwischen dem Recht auf Privatsphäre und den Grundsätzen eines lauteren Geschäftsverkehrs einerseits sowie der Meinungsfreiheit und der Erwerbsfreiheit der Wirtschaftsakteure andererseits ist auch vom Herkunftslandprinzip ausgenommen (siehe den letzten Anstrich des Anhangs der Richtlinie und § 21 Z 8 des Entwurfs).

2. Nach Art. 7 Abs. 1 der Richtlinie haben Mitgliedstaaten, die nicht angeforderte kommerzielle Kommunikationen mittels elektronischer Post zulassen, dafür zu sorgen, dass ein Nutzer solche Nachrichten bei ihrem Eingang klar und *„unzweideutig"* **erkennen** kann. Damit soll es dem Adressaten der Werbebotschaften erleichtert werden, diese aus der Fülle elektronischer Nachrichten herauszusuchen und – wenn er daran nicht interessiert ist – zu löschen. Darüber hinaus soll diese Verpflichtung aber auch die Funktionsfähigkeit von Filtersystemen gewährleisten, die solche Werbenachrichten extrahieren. Solche Filter dienen nicht zuletzt dem reibungslosen Funktionieren der elektronischen Netze, weil sie deren Überlastung hintanhalten. Art. 7 Abs. 2 der Richtlinie verpflichtet zudem Anbieter, die unaufgefordert elektronische kommerzielle Kommunikationen versenden, so genannte **„Robinson-Listen"** zu konsultieren und zu beachten. In diese Listen können sich Personen eintragen, die keine derartigen Nachrichten erhalten wollen.

Nach österreichischem Recht bedarf die Zusendung einer elektronischen Post als Massensendung oder zu Werbezwecken nach § 101 TKG letzter Satz der **vorherigen** und jederzeit widerruflichen **Zustimmung des Empfängers.** Im Allgemeinen gilt damit im österreichischen Recht damit ein „Opt-In"-System. Allerdings sieht § 12 Abs. 3 WAG in der Fassung des Art. III Z 15 FMAG eine Sonderregelung vor, die mit 1. April 2002 in Kraft tritt. Demnach bedarf die Werbung für bestimmte Finanzdienstleistungen mittels der elektronischen Post im Verbrauchergeschäft einer vorherigen Zustimmung des Empfängers. Daraus könnte geschlossen werden, dass bestimmte Unternehmen gemäß § 12 Abs. 3 WAG im Verhältnis zu Kunden, die nicht Verbraucher sind, auch ohne vorherige Zustimmung des Empfängers mittels der elektronischen Post werben können und insoweit für den geschäftlichen Verkehr ein Opt-Out-System gilt. Unter dieser Prämisse bedarf Art. 7 Abs. 1 der E-Commerce-Richtlinie der Umsetzung in das österreichische Recht. Zudem kann aufgrund des grenzüberschreitenden Charakters der modernen Kommunikationsmittel trotz der Bemühungen der österreichischen Provider nicht ausgeschlossen werden, dass österreichische Adressaten unaufgeforderte elektronische Werbemitteilungen von Online-Anbietern aus anderen Mitgliedstaaten, in denen diese Werbe- und Vertriebsmethoden zulässig sind, erhalten. Daher soll auch österreichischen Nutzern die Gelegenheit eröffnet, sich in eine **„Robinson-Liste"** einzutragen. Dabei folgt der Entwurf dem Vorbild des § 268 Abs. 8 GewO 1994: Die Rundfunk und Telekom Regulierungs-GmbH soll zur Führung einer solchen Liste verpflichtet werden. In diese Liste sollen sich Personen und Unternehmen, die keine unaufgeforderte elektronische Werbepost erhalten wollen, eintragen können. Die nähere Gestaltung dieser Liste obliegt der RTR-GmbH. Es wird auch ausreichen, wenn sich die interessierten Nutzer auf einer entsprechenden Website eintragen können.

3. Nach § 7 **Abs.** 3 sollen Rechtsvorschriften über die Zulässigkeit oder Unzulässigkeit der Übermittlung von Werbung im Wege der elektronischen Post **unberührt** bleiben. Eine solche Regelung erscheint zur Vermeidung von Missverständnissen geboten. Sie bezieht sich in erster Linie auf die bereits erwähnten Regelungen des § 101 TKG und des § 12 Abs. 3 WAG. Es soll sich aber auch nichts an der Möglichkeit ändern, eine solche Vertriebsmethode unter Berufung auf das Wettbewerbsrecht (§ 1 UWG 1984) und das Zivilrecht (insbesondere § 16 ABGB) zu untersagen.

Kommentar

Zu Abs. 1:

Wie auch in den EBzRV erwähnt, verfolgen die EU-Mitgliedstaaten unterschiedliche nationale Konzepte beim Umgang mit Werbe-E-Mails. Die EC-RL bringt in diesem Bereich keine Harmonisierung und auch das Herkunftslandprinzip ist in diesem Bereich gem § 21 Z 8 ECG nicht anzuwenden. Der Anwendungsbereich des § 7 ECG ist deshalb eher beschränkt und als „Auffangnorm" zu verstehen, wenn § 101 TKG nicht zur Anwendung kommt. § 101 TKG letzter Satz lautet: *„Die Zusendung einer elektronischen Post als Massen-*

sendung oder zu Werbezwecken bedarf der vorherigen – jederzeit widerruflichen – Zustimmung des Empfängers."[29])

Diese Vorschrift gilt sowohl gegenüber Konsumenten als auch Unternehmern und ist durch § 104 Abs. 3 Z 23 TKG mit einer Sanktion bis zu 36.336 €[30]) bewehrt. In Österreich ist es deshalb auch nach Inkrafttreten des ECG der Regelfall, dass E-Mail-Massensendungen unabhängig vom Inhalt nur nach Zustimmung der Empfänger versendet werden dürfen (so genanntes „Opt-In-System"). Da das Herkunftslandprinzip nicht auf die Zulässigkeit nicht angeforderter Werbung und anderer Maßnahmen zur Absatzförderung im Weg der elektronischen Post anwendbar ist, gilt das Verbot diesbezüglich auch gegenüber Werbe-E-Mails aus dem Ausland, wenn auch die Durchsetzung der Strafsanktion diesen gegenüber kaum möglich sein wird.

In der Praxis wird die Auszeichnungspflicht des § 7 Abs. 1 ECG nur selten zur Anwendung kommen, da die Zustimmung des Empfängers rechtliche Voraussetzung für die Versendung ist. Durch das ECG bilden sich einige Unschärfen zwischen den Begriffen „kommerzielle Kommunikation" und „zu Werbezwecken". Der OGH hat sich in jüngster Zeit mit der Auslegung des Begriffes „zu Werbezwecken" hinsichtlich der Faxwerbung beschäftigt. Nach Analyse des Werbebegriffs der Richtlinie über irreführende Werbung[31]) geht der OGH von einem weiten Werbebegriff aus: „Im weiteren Sinn dient Werbung dazu, auf ein eigenes Bedürfnis und die Möglichkeit seiner Befriedigung hinzuweisen, wobei auch schon die Anregung zur Inanspruchnahme bestimmter Leistungen diesem Begriff unterstellt werden kann."[32]) Das ECG fasst den Begriff „kommerzielle Kommunikation" in § 3 Z 6 aber etwas enger als der OGH und nimmt einerseits Angaben, die einen direkten Zugang zur Tätigkeit eines Unternehmens ermöglichen, etwa ein Domain-Name oder eine elektronische Postadresse, und andererseits unabhängig gemachte Angaben über Waren, Dienstleistungen oder das Erscheinungsbild eines Unternehmens ausdrücklich aus der Definition aus.

Vereinzelte E-Mails mit ausschließlich diesen Inhalten werden vermutlich in Österreich zulässig sein, solange sie nicht das Ausmaß von Massensendungen annehmen.

Abs. 2:

Die Einrichtung und verpflichtende Beachtung einer so genannten „Opt-Out"-Liste war auf europäischer Ebene der kleinste gemeinsame Nenner, auf den man sich bezüglich E-Mail-Werbung einigen konnte.

---

[29]) BGBl I 1999/185.

[30]) Euroumstellungsgesetz Verkehr, Innovation und Technologie, BGBl I 2002/32.

[31]) RL 84/450/EWG, ABl Nr L 250 vom 19. 9. 1984, 17; siehe die Definition im Art 2 der RL.

[32]) OGH 18. 5. 1999, 4 Ob 113/99t, ecolex 1999, 246.

Im Begutachtungsverfahren zum ECG wurde die Einrichtung der Liste vielfach kritisiert, da durch sie der falsche Eindruck erweckt würde, dass sich ein Diensteanbieter durch die Beachtung der Robinson-Liste der Verantwortung für die unerwünschte elektronische Post entziehen könnte. Wie die EBzRV ausführen ist die Einrichtung der Liste aber auch in Österreich nötig, da § 12 Abs. 3 WAG die Zusendung elektronischer Werbung an Kunden, die nicht Verbraucher sind, auch ohne vorherige Zustimmung des Empfängers erlaubt.

Das Gesetz schreibt vor, dass sich Personen und Unternehmen in die Liste eintragen können. Unklar ist, was die Betroffenen eintragen sollen: Die bloße Angabe des Namens sagt nichts über die E-Mail-Adresse aus, an die keine Werbung verschickt werden darf. Andererseits kann jede einzelne Person mehrere E-Mail-Adressen unter den verschiedensten Top-Level-Domains haben und benutzen. Eine Verbindung zwischen Name und Adresse ist deshalb nicht zwangsläufig ableitbar.

Die Veröffentlichung von gültigen, aktiven E-Mail-Adressen wird internationale Anbieter von E-Mail-Adresslisten anziehen. Diese werben nämlich meist mit der Anzahl der von ihnen erhältlichen E-Mail-Adressen, die sie aus frei zugänglichen Inhalten des Internets (beispielsweise der Datenbank der Domaininhaber oder Archiven von Diskussionslisten) gewinnen. Der eigentliche Grund der Veröffentlichung wird von solchen Anbietern meist außer Acht gelassen, sodass die Eintragung in die von der RTR-GmbH geführten Liste statt zu weniger zu mehr E-Mail-Werbung führen könnte. Um dieses Problem zu umgehen, könnte von der RTR-GmbH der automatisierte Abgleich gegen diese Liste angeboten werden, wobei die Liste selbst nicht veröffentlicht werden müsste. Der Diensteanbieter, der zulässigerweise E-Mail-Werbung ohne vorherige Zustimmung des Empfängers versendet, könnte eine Liste der möglichen Empfänger an die RTR-GmbH senden, die nach erfolgtem Abgleich nur mehr jene Adressaten enthält, die sich nicht in die Opt-Out-Liste eingetragen haben. Auf diese Weise wäre gewährleistet, dass die eingetragenen E-Mail-Adressen zwar gegenüber der RTR-GmbH aber nicht gegenüber jedermann bekannt gegeben werden.

Wurde vom Empfänger dem Erhalt von E-Mail-Werbung von einem bestimmten Diensteanbieter zugestimmt, so ist diese Zustimmung weiterhin bindend. Will der Empfänger von diesem Diensteanbieter keine weiteren E-Mails mehr erhalten, muss die Zustimmung gegenüber diesem Diensteanbieter widerrufen werden.

Abs. 3:

§ 7 Abs. 3 ECG stellt klar, dass andere Rechtsvorschriften (vor allem ist an § 101 TKG gedacht) unberührt bleiben. Wie bei den Anmerkungen zu Abs. 1 ausgeführt wird die neue EU-konforme Begrifflichkeit („kommerzielle Kommunikation") zu einer engeren Definition von „Werbung" bzw „zu Werbezwecken" führen.

Kommerzielle Kommunikation für Angehörige geregelter Berufe

§ 8. (1) Für Diensteanbieter, die berufsrechtlichen Vorschriften unterliegen, ist eine kommerzielle Kommunikation, die Bestandteil eines von ihnen bereitgestellten Dienstes der Informationsgesellschaft ist oder einen solchen darstellt, zulässig.

(2) Berufsrechtliche Vorschriften, die kommerzielle Kommunikation für die Angehörigen dieser Berufe insbesondere zur Wahrung der Unabhängigkeit, Würde und Ehre des Berufs, zur Sicherung des Berufsgeheimnisses und zur Einhaltung eines lauteren Verhaltens gegenüber Kunden und anderen Berufsangehörigen einschränken, bleiben unberührt.

RV, 38

1. Mit dieser Bestimmung soll Art. 8 der Richtlinie über **kommerzielle Kommunikationen** der Angehörigen „**reglementierter Berufe**" umgesetzt werden. Solche reglementierten Berufe sind alle Berufe und Gewerbe im Sinn der Richtlinien 89/48/EWG und 92/51/EWG über die Anerkennung von Hochschuldiplomen bzw von beruflichen Befähigungsnachweisen. Diese Begriffsbestimmung der Richtlinie wird aber – siehe die Erläuterungen zu § 3 (Punkt 7.) – nicht übernommen. Stattdessen soll im gegebenen Zusammenhang allgemein von Anbietern, die **berufsrechtlichen Regelungen** unterliegen, die Rede sein. Damit werden die in der Richtlinie geregelten Angehörigen reglementierter Berufe und auch andere Berufe, für die spezifische berufsrechtliche Vorschriften gelten, erfasst. Anders als in § 5 Abs. 1 Z 6 ECG ist es hier nicht erforderlich, auch gewerbliche Tätigkeiten zu erwähnen, zumal die Gewerbeordnung 1994 keine Werbungs-Beschränkungen vorsieht.

Die Richtlinie will – siehe den Erwägungsgrund 32 – Hindernisse für die Entwicklung und Bereithaltung grenzüberschreitender Dienste der Angehörigen reglementierter Berufe abbauen. Dahinter steht die Sorge, dass die in den Mitgliedstaaten der Europäischen Gemeinschaft (des Europäischen Wirtschaftsraums) niedergelassenen Angehörigen solcher Berufe im Wettbewerb mit Berufsvertretern aus anderen Staaten ins Hintertreffen geraten könnten. Zudem sollen die Potentiale dieser Technologien auch den Angehörigen der reglementierten Berufe eröffnet werden. Gewisse Hindernisse für die Entwicklung und Bereithaltung von Diensten der Informationsgesellschaft ortet die Richtlinie in den berufsrechtlichen Regeln über die Zulässigkeit oder Unzulässigkeit von kommerziellen Kommunikationen. Vereinfacht gesagt sind damit **Werbeverbote oder Werbebeschränkungen** im Berufsrecht der Angehörigen reglementierter Berufe gemeint. Daher ist nach Art. 8 Abs. 1 der Richtlinie die Verwendung kommerzieller Kommunikation in Diensten der Informationsgesellschaft von Angehörigen eines reglementierten Berufs grundsätzlich zulässig; allerdings müssen die berufsrechtlichen Regeln, die – beispielsweise – die Wahrung der Unabhängigkeit, Würde und Ehre des Berufs bezwecken, eingehalten werden. Nach Art. 8 Abs. 2 der Richtlinie sollen die Mitgliedstaaten und die Kommission die jeweiligen Berufsvereinigungen und -organisationen *„ermutigen"*, auf Gemeinschaftsebene **Verhaltenskodizes** aufzustellen. Solchen auf Gemeinschaftsebene bestehenden Verhaltenskodizes soll die Kommission bei der Ausarbeitung allenfalls notwendiger Gemeinschaftsinitiativen *„gebührend Rechnung"* tragen (Abs. 3). Mit Art. 8 Abs. 4 der Richtlinie soll schließlich das Verhältnis der E-Commerce-Richtlinie zu anderen Gemeinschaftsrichtlinien über den Zugang zu und die Ausübung von Tätigkeiten im Rahmen der reglementierten Berufe geklärt werden.

2. § 8 ECG setzt Art. 8 Abs. 1 der Richtlinie um. Zur Übernahme der Abs. 2 bis 4 des Art. 8 der Richtlinie besteht kein Bedarf, da sich diese Bestimmungen unmittelbar an die Mitgliedstaaten und die Kommission richten. Zu den Gründen für eine Umsetzung dieser Bestimmung im Rahmen des vorgeschlagenen Entwurfs siehe Punkt **3.1.** des Allgemeinen Teils der Erläuterungen.

Im Einklang mit Art. 8 Abs. 1 der Richtlinie soll für Online-Anbieter, die berufsrechtlichen Vorschriften unterliegen, **kommerzielle Kommunikation** (vgl § 3 Z 6) **zulässig** sein. Dabei ist es unerheblich, ob die kommerzielle Kommunikation ein Teil eines Dienstes der Informationsgesellschaft des Berufsangehörigen (etwa eine Bannerwerbung auf der Website eines Rechtsanwalts) ist oder ob der Dienst der Informationsgesellschaft selbst eine Maßnahme der Werbung oder Absatzförderung dieses Berufsangehörigen darstellt (also – um im Beispiel zu bleiben – eine Website des Rechtsanwalts selbst oder eine von einem Rechtsanwalt in Auftrag gegebene Bannerwerbung auf einer anderen Website). Berufsrechtliche Werbebeschränkungen sind im österreichischen Recht für die verschiedensten Bereiche vorgesehen (vgl etwa § 53 Abs. 1 Ärztegesetz 1998, § 45 RL-BA 1977, § 38 Gesundheits- und Krankenpflegegesetz, § 7 Abs. 6 MTD-Gesetz, § 17 Tierärztegesetz). Soweit ersichtlich, sieht das österreichische Berufsrecht zwar keine Beschränkungen für die Angehörigen solcher Berufe zur Werbung im Internet oder in anderen modernen Kommunikationsmedien vor. Dennoch empfiehlt es sich, die aufgrund der Richtlinie vorgegebene Rechtslage zu klären und allfällige Zweifel, ob der Internet-Werbeauftritt etwa eines Arztes, Apothekers, Rechtsanwalts oder Tierarztes nach dem Standesrecht überhaupt zulässig ist, zu zerstreuen.

3. Nach § 8 Abs. 2 müssen die Angehörigen der jeweiligen Berufe aber ihre berufsrechtlichen Vorschriften über die Werbung und andere Formen der Absatzförderung auch im Online-Verkehr beachten. Diese Bestimmungen dienen vor allem der Wahrung des Ansehens des Berufsstandes sowie dem fairen und lauteren Wettbewerb der jeweiligen Angehörigen des Berufes. Sie sollen **unberührt bleiben.** Handlungen, die im nicht-elektronischen Verkehr standeswidrig sind (etwa – OGH 18.5.1999 NZ 2001, 199 – der Abdruck der „Werbeleiste" einer Bank in der Postwurfsendung eines Notars), sollen dies auch im elektronischen Verkehr sein. Einmal mehr gilt hier der in den Erläuterungen zu § 1 ECG erwähnte „Grundsatz der Medienneutralität des Rechts".

Kommentar

Kommerzielle Kommunikation in Form einer Website soll für alle Diensteanbieter zulässig sein, lediglich deren zulässiger Inhalt („content") ist nach standes- und berufsrechtlichen Regeln[33]) zu beurteilen.

Ein Werbeverbot, das sich nicht aus Gründen der Wahrung der Unabhängigkeit, Würde und Ehre des Berufs, der Sicherung des Berufsgeheimnisses und der Einhaltung eines lauteren Verhaltens oder aus ähnlichen standesrechtlichen Überlegungen rechtfertigen lässt, kommt nicht in Betracht.

Ein solches generelles Werbeverbot findet sich jedoch noch in § 39 Tabakmonopolgesetz 1996 für Tabaktrafikanten – dieses dürfte mit § 8 ECG nicht vereinbar sein.

4. Abschnitt
Abschluss von Verträgen

Informationen für Vertragsabschlüsse

§ 9. (1) **Ein Diensteanbieter hat einen Nutzer vor Abgabe seiner Vertragserklärung (Vertragsanbot oder -annahme) über folgende Belange klar, verständlich und eindeutig zu informieren:**

1. **die einzelnen technischen Schritte, die zu seiner Vertragserklärung und zum Vertragsabschluss führen;**

2. **den Umstand, ob der Vertragstext nach Vertragsabschluss vom Diensteanbieter gespeichert wird sowie gegebenenfalls den Zugang zu einem solchen Vertragstext;**

3. **die technischen Mittel zur Erkennung und Berichtigung von Eingabefehlern vor Abgabe der Vertragserklärung sowie**

4. **die Sprachen, in denen der Vertrag abgeschlossen werden kann.**

(2) **Ein Diensteanbieter hat die freiwilligen Verhaltenskodizes, denen er sich unterwirft, und den elektronischen Zugang zu diesen Kodizes anzugeben.**

(3) **Die Informationspflichten nach den Abs. 1 und 2 können nicht zum Nachteil von Verbrauchern abbedungen werden. Sie gelten nicht für Verträge, die ausschließlich im Weg der elektronischen Post oder eines damit vergleichbaren individuellen Kommunikationsmittels abgeschlossen werden.**

(4) **Sonstige Informationspflichten des Diensteanbieters bleiben unberührt.**

---

[33]) Vgl zB für Rechtsanwälte: Richtlinien für die Ausübung des Rechtsanwaltsberufes, für die Überwachung der Pflichten des Rechtsanwaltes und für die Ausbildung der Rechtsanwaltsanwärter (RL-BA) idgF zuletzt kundgemacht im Amtsblatt zur Wiener Zeitung Nr 237 vom 13. 10. 1998, §§ 45 ff RL-BA.; für Ärzte: „Arzt und Öffentlichkeit", Richtlinie gem § 53 Abs 4 ÄrzteG, veröffentlicht in der Ärztezeitung 12/2000 vom 28. Juni 2000.

RV, 40

1. Die Art. 9, 10 und 11 der Richtlinie behandeln – so die Überschrift zum Abschnitt 3 – den „**Abschluss von Verträgen auf elektronischem Weg**". Die zivilrechtlichen Vorschriften der Mitgliedstaaten sollen der Verwendung der modernen Kommunikationsmedien nicht entgegenstehen, rechtliche Hindernisse für die Verwendung elektronisch geschlossener Verträge sollen beseitigt werden (siehe den Erwägungsgrund 37). Zugleich sieht die Richtlinie aber eine Reihe von Informations- und Aufklärungspflichten vor, die den spezifischen Gefahren und Risiken der Bestellung über eine Website entgegenwirken sollen.

Nach **Art. 9 Abs. 1** der Richtlinie müssen die Rechtssysteme der Mitgliedstaaten den Abschluss **elektronischer Verträge ermöglichen.** Die für den Vertragsabschluss geltenden Rechtsvorschriften dürfen weder Hindernisse für die Verwendung elektronischer Verträge bilden noch dazu führen, dass solche Verträge unwirksam oder ungültig sind. Die Mitgliedstaaten können aber nach Art. 9 Abs. 2 der Richtlinie von diesem Prinzip **bestimmte Vertragskategorien ausnehmen,** nämlich Verträge über Immobilien, Verträge, bei denen Gerichte, Behörden oder Angehörige von öffentliche Befugnisse ausübenden Berufe mitwirken müssen (einschließlich der Verträge, für die eine notarielle Beurkundung oder Beglaubigung vorgeschrieben ist – siehe den Erwägungsgrund 36 am Ende), Verträge über Bürgschaften und andere vergleichbare Sicherheiten sowie Verträge des Familien- und Erbrechts. Die Mitgliedstaaten haben der Kommission nach Art. 9 Abs. 3 der Richtlinie die von ihnen in Anspruch genommenen Ausnahmen mitzuteilen und „*alle fünf Jahre*" einen Bericht über die Anwendung dieser Ausnahmen zu erstatten. In diesem Bericht sind die Gründe für die Aufrechterhaltung der Ausnahmen anzuführen.

Art. 10 der Richtlinie statuiert für den Abschluss von Verträgen besondere **Informationspflichten** eines Online-Anbieters. Bei Verträgen, die nicht ausschließlich im Wege der elektronischen Post zustande kommen (also im Wesentlichen bei allen Verträgen, die über eine **Website** abgeschlossen werden), muss der Anbieter den Nutzer zur Bestellung hinführen und Mittel zur Vermeidung von Eingabefehlern bereitstellen. Zudem muss er ihn über die Speicherung des Vertragstextes und – was bei grenzüberschreitenden Transaktionen besonders wichtig sein kann – über die für den Vertragsabschluss zur Verfügung stehenden Sprachen unterrichten. Letztlich hat der Anbieter den Nutzer auch darüber zu informieren, welchen Verhaltenskodizes er sich unterwirft. Diese Bestimmungen sind im Verbrauchergeschäft zwingend. Sie gelten zusätzlich zu den im Gemeinschaftsrecht bereits maßgeblichen Informationspflichten, insbesondere den Informationspflichten nach den Art. 3 und 4 der Fernabsatz-Richtlinie.

Art. 10 Abs. 3 der E-Commerce-Richtlinie enthält eine Regelung zur Verwendung von Vertragsbestimmungen und **allgemeinen Geschäftsbedingungen.** Diese müssen dem Nutzer so zur Verfügung gestellt werden, dass er sie speichern und wiedergeben kann.

Art. 11 der Richtlinie legt einige Grundsätze für die „**Abgabe einer Bestellung**" auf elektronischem Weg fest. Die Diensteanbieter werden verpflichtet, den Eingang einer Bestellung unverzüglich elektronisch zu **bestätigen**. Zudem wird festgelegt, dass eine Bestellung (und eine Empfangsbestätigung) mit der Abrufbarkeit als eingegangen gilt. Letztlich muss ein Anbieter dem Nutzer Mittel zum Erkennen und zur Korrektur von Eingabefehlern zur Verfügung stellen. Auch diese Regelungen sind im Verbrauchergeschäft zwingend, sie gelten aber nicht für Verträge, die ausschließlich im Weg der elektronischen Post abgeschlossen werden.

2. **Art. 9** der Richtlinie bedarf keiner weiteren Umsetzung in das österreichische Recht. Im österreichischen Zivilrecht herrscht der **Grundsatz der Formfreiheit** (vgl *Rummel* in *Rummel*, ABGB³ Rz 1 zu § 883 ABGB). Soweit nicht gesetzlich oder durch Vereinbarung etwas anderes bestimmt wird, sind privatrechtliche Rechtsgeschäfte an keine besondere Form gebunden. Sie können auch elektronisch getätigt werden, sei es im Wege der elektronischen Post, sei es über die Website eines Anbieters, sei es sowohl über eine Website als auch per E-Mail, sei es elektronisch auf anderen Wegen (etwa in einem Chat-Forum). Die für den Vertragsabschluss maßgeblichen österreichischen Rechtsvorschriften bilden kein Hindernis für die Verwendung elektronischer Verträge. Auch führen sie nicht zur Unwirksamkeit oder Ungültigkeit elektronisch zustande gekommener Verträge. Das gilt auch für die so genannten „Realverträge", bei denen für das Zustandekommen des Vertrags außer dem Konsens der Parteien noch eine tatsächliche Leistung gefordert wird. Dem Gebot der Richtlinie, Hindernisse für elektronische Verträge zu beseitigen, widersprechen diese Realverträge nicht, zumal der Konsens auch in solchen Fällen elektronisch zustande kommen kann und die Leistung gegebenenfalls auch elektronisch erbracht werden kann (etwa die Zuzählung eines Darlehens). Praktische Hindernisse, die dadurch entstehen, dass in manchen Fällen elektronische Mittel nicht genutzt werden können, sind von der Richtlinie nicht erfasst (siehe den Erwägungsgrund 37). Der Forderung, die Realverträge in Konsensualverträge umzuwandeln (*Zankl*, Der Entwurf zum E-Commerce-Gesetz, NZ 2001, 326), soll daher noch nicht nachgekommen werden.

Den spezifischen Anforderungen an elektronische Rechtsgeschäfte trägt § 4 SigG über die **besonderen Rechtswirkungen** sicherer elektronischer Signaturen Rechnung. Nach Abs. 1 dieser Bestimmung erfüllt eine sichere elektronische Signatur (im Sinn des § 3 Z 3 SigG) das rechtliche Erfordernis einer eigenhändigen Unterschrift und insbesondere das Erfordernis der „Unterschriftlichkeit" im Sinn des § 886 ABGB. § 4 Abs. 2 SigG nimmt die in Art. 9 Abs. 2 der Richtlinie genannten Vertragskategorien von diesem Grundsatz aus. Bei der Erstellung dieses Ausnahmekatalogs wurde bereits auf die E-Commerce-Richtlinie Bedacht genommen (siehe die Erläuterungen zur Regierungsvorlage für ein Signaturgesetz, 1999 BlgNR XX. GP 25). Die E-Commerce-Richtlinie lässt die Befugnisse der Mitgliedstaaten, Anforderungen für sichere elektronische Signaturen aufrechtzuerhalten, unberührt (vgl wiederum den Erwägungsgrund 35). Aus diesen Gründen ist eine Umsetzung der Abs. 1 und 2 des Art. 9 der Richtlinie nicht geboten; der Abs. 3 dieser Bestimmung richtet sich unmittelbar an die Mitgliedstaaten, eine gesonderte Regelung ist deshalb ebenfalls entbehrlich. Allerdings hat das Begutachtungsverfahren gezeigt, dass § 4 Abs. 2 Z 4 SigG mit Art. 9 Abs. 2 lit. c der E-Commerce-Richtlinie nicht voll übereinstimmt. Diese Widersprüche sollen durch eine Anpassung der genannten Bestimmung bereinigt werden. Im Einzelnen sei hiezu auf die Erläuterungen zu § 4 Abs. 2 SigG verwiesen.

Die Art. 10 und 11 der Richtlinie werden dagegen durch die **§§ 9 bis 12 ECG** umgesetzt. Dabei regelt § 9 die von Diensteanbietern einzuhaltenden Informationspflichten, § 10 die bei Vertragsabschlüssen über eine Website maßgeblichen Schutzregelungen, § 11 die Verpflichtung zur Speicherbarkeit und Reproduzierbarkeit von allgemeinen Geschäftsbedingungen sowie § 12 die Frage des Zugangs elektronischer Erklärungen.

3. § 9 entspricht Art. 10 der Richtlinie über die **Information des Nutzers vor Abgabe seiner Bestellung**. Aus der Verletzung dieser Informationspflichten können sich Schadenersatz- und andere zivilrechtliche Ansprüche des Nutzers ergeben (vgl § 871 Abs. 2 ABGB). Die Bestimmungen dienen der Aufklärung der Nutzer und damit mittelbar auch der Erleichterung elektronischer Geschäftsabschlüsse. Sie sollen zu überlegten und informierten Vertragsentscheidungen beitragen. Aufgrund der Gestaltung der Angebote und bestimmter Vertriebsmethoden besteht vielfach die Gefahr, dass die Nutzer durch einen einfachen Mouse-Click rechtlich wirksame Erklärungen mit weit reichenden Folgen abgeben. Auch kann die mangelnde Versiertheit mancher Nutzer mit den Techniken und Gewohnheiten im Internet ein Hindernis für die Akzeptanz der elektronischen Dienste bilden. Diesen Problemen soll durch **spezifische Informationspflichten** begegnet werden. Die vorgesehenen Verpflichtungen sind im Verbrauchergeschäft zwingend, entgegenstehende Vereinbarungen der Parteien sind unwirksam. Sie gelten allerdings nur für den Vertragsabschluss über Websites und andere vergleichbare Kommunikationsmedien, nicht aber für Verträge, die ausschließlich im Wege der elektronischen Post oder eines damit vergleichbaren individuellen Kommunikationsmittels abgeschlossen werden.

§ 9 Abs. 1 verpflichtet den Anbieter dazu, den Nutzer **vor Abgabe seiner Vertragserklärung** zu informieren; nach Art. 10 Abs. 1 der Richtlinie muss der Nutzer dagegen vor Abgabe seiner Bestellung informiert werden. Der Entwurf trachtet danach, den dem österreichischen Vertragsrecht nicht geläufigen Ausdruck *„Bestellung"* zu vermeiden. Stattdessen spricht er von der *„Vertragserklärung"* des Nutzers (vgl dazu auch § 5c Abs. 1 KSchG); durch einen Klammerausdruck wird präzisiert, dass damit ein Vertragsanbot oder eine Vertragsannahmeerklärung gemeint ist. Entscheidend ist, dass der Nutzer die ihm vom Anbieter zur Verfügung zu stellenden Informationen **vor** dem Eingehen einer vertragsrechtlichen **Bindung** erhält, sei es, dass er ein bindendes Anbot abgibt, sei es, dass er einen Vertragsantrag des Anbieters annimmt. Im Allgemeinen wird das „Angebot" auf einer Website nach österreichischem Recht nur eine Aufforderung zur Anbotstellung („invitatio ad offerendum") sein. In einem solchen Fall muss bereits die Aufforderung die entsprechenden Informationen enthalten. Es sind aber auch Konstellationen praktisch und denkbar, in denen der Vertrag bereits mit der „Bestellung" durch den Nutzer zustande kommt.

Dann müssen die Informationen dem Nutzer vor der Abgabe seiner bindenden Vertragsannahme-Erklärung zur Verfügung gestellt werden.

Der Anbieter kann bei der Gestaltung seiner Informationen im Allgemeinen **nicht voraussetzen,** dass der Nutzer ein technisches Vorverständnis und eine entsprechende Vorbildung hat. Er hat sich an den Informationsbedürfnissen eines verständigen Durchschnittsverbrauchers zu orientieren. Die Informationen müssen freilich nicht zwingend verbal zur Verfügung gestellt werden. Der Anbieter entspricht dem Gesetz auch, wenn er den Nutzer durch Symbole, deren räumliche Anordnung und die Abfolge einzelner Schritte klar und verständlich aufklärt.

§ 9 Abs. 1 **Z 1** setzt Art. 10 Abs. 1 lit. a der Richtlinie um. Der Anbieter muss dem Nutzer die **einzelnen Schritte** zur Vertragserklärung bzw zum Vertragsabschluss erklären. Der Dienst der Informationsgesellschaft muss so gestaltet sein, dass selbst ein Laie problemlos erkennen kann, dass und wie er seine Erklärung abgibt. Die nähere Ausgestaltung dieser Informationspflicht bleibt dem Anbieter überlassen. Es muss aber *„klar, verständlich und eindeutig"* sein, auf welche Art und Weise der Nutzer seine Vertragserklärung abgibt.

Abs. 1 **Z 2** entspricht Art. 10 Abs. 1 lit. b der Richtlinie. Für den Nutzer kann eine Information über die **Speicherung des Vertragstexts** nach Abschluss des Vertrags und über den **Zugang** zu einem solchen Text wichtig sein. Er kann dann darüber entscheiden, ob er die Details des Vertragsabschlusses selbst dokumentiert oder auf die vom Anbieter angegebenen Informationen zurückgreift.

Abs. 1 **Z 3** übernimmt Art. 10 Abs. 1 lit. c der Richtlinie. Die Informationspflicht soll zusammen mit § 10 Abs. 1 ECG dazu beitragen, dass **Eingabefehler** rechtzeitig **erkannt und korrigiert** werden können. Eingabefehler können aufgrund der Besonderheiten bei der Abgabe einer Vertragserklärung (insbesondere bei der Verwendung einer Tastatur) selbst einem aufmerksamen Nutzer unterlaufen. Sie können vor allem dann, wenn sie dem Vertragspartner des Nutzers nicht offenbar auffallen müssen und nicht rechtzeitig aufgeklärt werden, gravierende Folgen haben (etwa bei der Bestellung von 1000 statt – wie an sich gewollt – von 100 Aktien). Solchen Erklärungsirrtümern soll von vornherein durch entsprechende Informationspflichten des Anbieters und durch dessen Verpflichtung zur Bereithaltung von Korrekturmöglichkeiten vorgebeugt werden.

Abs. 1 **Z 4** setzt Art. 10 Abs. 1 lit. d der Richtlinie um. Der Anbieter hat den Nutzer vorweg darüber zu informieren, in welchen **Sprachen** der Vertrag abgeschlossen werden kann. Diese Information kann für einen Nutzer insbesondere bei grenzüberschreitenden Transaktionen wichtig sein.

3. *[Anm: Redaktionsversehen in RV, zweimal 3.]* § 9 **Abs. 2** ECG entspricht Art. 10 Abs. 2 der Richtlinie. Die Richtlinie ist bestrebt, **freiwillige Verhaltenskodizes** der Handels-, Berufs- und Verbraucherverbände zu fördern (siehe etwa Art. 16). Diese Instrumente sollen zur *„sachgemäßen Anwendung der Artikel 5 bis 15"* beitragen; bei der Ausarbeitung solcher Kodizes sollen Verbraucherverbände beteiligt werden. Damit greift die Richtlinie die im Internet häufigen Bestrebungen auf, missbräuchliche und unfaire Verhaltensweisen durch freiwillige Selbstbeschränkungen der Teilnehmer und Nutzer zu unterbinden. Vielfach sehen solche „Codes of Conduct" auch Mechanismen vor, die einzelne Nutzer zur Schlichtung aufgetretener Probleme in Anspruch nehmen können. Als ein Beispiel für derartige Verhaltensregeln seien die Bedingungen für das vom Institut für angewandte Telekommunikation sowie von den Sozialpartnern, dem Verein für Konsumenteninformation und dem Bundesministerium für Justiz initiierte österreichische **„e-commerce-gütezeichen"** (www.guetezeichen.at) genannt. Unternehmen, denen dieses Gütezeichen verliehen wird, haben sich vertraglich zur Einhaltung strenger Qualitätskriterien und zur Anerkennung eines Streitschlichtungsverfahrens verpflichtet. Auch der Österreichische Handelsverband ist dabei, entsprechende Regeln für Interessenten aufzustellen.

Wenn sich ein Anbieter einem solchen freiwilligen **Verhaltenskodex** unterwirft, soll er den Nutzer darüber und über den Zugang zu diesem **informieren.** Auch damit tragen die Richtlinie und der Entwurf zur Transparenz im elektronischen Geschäftsverkehr bei.

4. Nach dem **ersten Satz** des § 9 Abs. 3 können die Informationspflichten nach den Abs. 1 und 2 im Verbrauchergeschäft zum Nachteil von Verbrauchern nicht abbedungen werden, sie sind insoweit also **zwingend** und können durch eine Vereinbarung weder ausgeschlossen noch beschränkt werden. Der Begriff „Verbraucher" ist im Sinn des § 3 Z 5 ECG zu verstehen und umfasst damit nur natürliche Personen. Im geschäftlichen Verkehr können die Vertragsparteien abweichende Vereinbarungen treffen und die Informationspflichten ganz oder auch nur teilweise ausschließen. Dabei wird auch die Aufnahme einer Klausel in die allgemeinen Geschäftsbedingungen des Online-Anbieters genügen.

5. Mit § 9 Abs. 3 **zweiter Satz** wird Art. 10 Abs. 4 der Richtlinie umgesetzt. Die Informationspflichten gelten **nicht** für Verträge und Vertragserklärungen, die **allein** im Wege **der elektronischen Post** oder mit Hilfe vergleichbarer individueller Kommunikationsmittel zustande kommen bzw abgegeben werden. Sie sind jedoch anzuwenden, wenn ein Vertrag nicht ausschließlich auf diesem Weg abgeschlossen wird, etwa wenn ein Nutzer einem Online-Anbieter aufgrund einer Aufforderung zur Anbotstellung auf einer Website eine Vertragserklärung per E-Mail übermittelt. Auch sind die Informationspflichten zu beachten, wenn mit der elektronischen Post durch entsprechende Abläufe, Formulare und Verweise ein Online-Shop nachgebildet wird. Die Ausnahme des zweiten Satzes kann sich also nur auf eine elektronische Post beziehen, die reinen Text und keine weiteren Funktionalitäten enthält.

Nach der Richtlinie ist offen, welche **individuellen Kommunikationsmittel** mit der elektronischen Post **vergleichbar** sind. Dabei wird es – wie im Begutachtungsverfahren aufgezeigt worden ist – darauf ankommen, ob ein bestimmtes Kommunikationsmittel für die Kommunikation mit einem oder mehreren bestimmten Empfängern oder für eine Kommunikation mit der Allgemeinheit (also mit einem unbestimmten Personenkreis) verwendet wird. Ein solches, der elektronischen Post vergleichbares individuelles Kommunikationsmittel wird beispielsweise ein SMS sein.

6. § 9 **Abs. 4** dient ebenfalls der Klarstellung. Die Informationspflichten der Abs. 1 und 2 legen einen Mindeststandard fest, der allgemein bei Diensten der

Informationsgesellschaft, die zu einem Vertragsabschluss führen können, einzuhalten ist. **Besondere Informationspflichten** werden dadurch nicht berührt, sie sind also **zusätzlich** einzuhalten. Für Vertragsabschlüsse im Fernabsatz ist hier vor allem an die Verpflichtungen der §§ 5c und 5d KSchG zu denken. Die Informationspflichten des ECG gelten auch dann, wenn das „Grundgeschäft" nicht den Fernabsatz-Regeln des Konsumentenschutzgesetzes unterliegt oder von deren Informationspflichten ausgenommen ist (vgl die §§ 5b, 5c Abs. 4 und 5d Abs. 3 KSchG).

Kommentar

Zu Abs. 1:

Für die Umsetzung von Z 1 in die Praxis wird sich die Verfassung einer Bestellhilfe empfehlen, die vom Kunden vor und während des Bestellvorgangs jederzeit aufgerufen werden kann. In dieser Bestellanleitung sollte in einfachen Worten der tatsächliche Bestellvorgang erläutert werden.

Z 2 soll den Kunden darüber informieren, ob er den Text der von ihm abgesandten Bestellung (Vertragserklärung) jederzeit wieder abrufen kann. Vorstellbar ist auch, dass der Text der Bestellung (Vertragserklärung) dem Kunden mit der Empfangsbestätigung nach § 10 Abs. 2 ECG noch einmal übermittelt wird. Der Diensteanbieter ist durch Z 2 jedoch nicht verpflichtet, die Vertragserklärung des Kunden bei sich zu speichern und dem Kunden zugänglich zu machen. In diesem Fall ist jedoch ein Hinweis auf diesen „Umstand" der Nichtspeicherung sinnvoll, etwa durch Aufforderung an den Kunden, die Bestellung selbst abzuspeichern oder auszudrucken.

Auch Z 3 wird sich durch den Hinweis in der Bestellanleitung, dass der Kunde vor dem endgültigen Abschicken seiner Bestellung noch einmal die Möglichkeit erhält, diese auf etwaige Fehler und Irrtümer zu überprüfen, leicht umsetzen lassen.

Z 4 verpflichtet den Anbieter zwar nicht dazu, verschiedene Sprachversionen anzubieten. Tut er dies aber, so muss er auf diese Möglichkeit klar, verständlich und eindeutig hinweisen (neben einem verbalen Hinweis wird insbesondere die übliche Kennzeichnung durch Flaggen des entsprechenden Landes genügen).

Zu Abs. 2:

Abs. 2 soll verhindern, dass ein Anbieter mit einem „Gütesiegel" wirbt, ohne dass der Kunde die Möglichkeit hat, auch die Kriterien für dessen Erlangung einzusehen.

Zu Abs. 3:

Gegenüber Unternehmern können die Informationspflichten nach § 9 Abs. 1 und 2 ECG abbedungen werden, es genügt nach den EBzRV eine entsprechende Klausel in den AGB. Es gilt der leicht abweichende Verbraucherbegriff der

EC-RL (vgl § 3 Z 5 ECG), die Ausschlussmöglichkeit geht daher weiter als nach dem KSchG.

Die Informationspflichten nach § 9 Abs. 1 und 2 ECG (wie auch die Verpflichtungen nach § 10 Abs. 1 und 2 ECG) sollen nicht für Verträge gelten, „die ausschließlich im Wege der elektronischen Post oder eines damit vergleichbaren individuellen Kommunikationsmittels abgeschlossen werden." Was ist darunter zu verstehen?

Art. 10 und Art. 11 EC-RL sprechen im Unterschied zur Umsetzung in Österreich zutreffenderweise nicht von Vertragserklärung oder Vertragsschluss, sondern von Bestellung. Nur wer daher eine Online-Bestellmöglichkeit bietet, unterliegt den Informationspflichten nach § 9 Abs. 1 bis 2 ECG. Wer lediglich sich und sein Unternehmen auf seiner Homepage präsentiert und darauf auch seine E-Mail-Adresse angibt (wozu der Anbieter nach § 5 Abs. 1 ECG sogar verpflichtet ist!), an die ihm der Kunde eine E-Mail schicken kann, unterliegt nicht den Informationspflichten, auch dann nicht, wenn infolge der E-Mail-Korrespondenz mit dem Kunden dann doch ein Vertragsschluss zustande kommen sollte.

Andererseits bedeutet Online-Bestellmöglichkeit nicht unbedingt die Einrichtung eines Webshops mit allen technischen Finessen: Wer zB Waren online vertreibt, kann sich den Informationspflichten nicht dadurch entziehen, dass er den Kunden dazu auffordert, ihm die gewünschte Bestellung per E-Mail an eine E-Mail-Adresse zu schicken.

Zu Abs. 4:

Im Sinne der Medienneutralität des Rechts (vgl § 1 ECG) hat ein Diensteanbieter auch jene Rechtsvorschriften zu beachten, die für dieselbe Tätigkeit im Offline-Bereich maßgebend wären. Besonders wichtig sind die zusätzlichen Informationspflichten nach dem **Fernabsatzgesetz** (§§ 5a bis 5j KSchG)[34]. Diese sind vom Diensteanbieter bei Online-Vertrieb von Waren oder Dienstleistungen an Verbraucher im Sinne des KSchG zu beachten, wobei jedoch einige Ausnahmen bestehen (zB bei Hauslieferungen und Freizeit-Dienstleistungen).

Nach **§ 5c KSchG** muss der Verbraucher **vor Abgabe seiner Vertragserklärung** zusätzlich zu den nach ECG vorgeschriebenen Angaben über folgende Informationen verfügen:

– Name und ladungsfähige Anschrift des Unternehmers (ist durch die Angaben nach § 5 Abs. 1 Z 1 und 2 ECG bereits zu erfüllen – auch gegenüber Unternehmern.)

– die wesentlichsten Eigenschaften der Ware oder Dienstleistung (Produktbeschreibung im Katalog)

– den Preis der Ware oder Dienstleistung einschließlich aller Steuern (nach § 5 ECG auch Hinweis, dass es sich um Bruttopreise handelt (inkl. USt.)!)

– allfällige Lieferkosten (Versandkosten)

---

[34] BGBl I 1999/185.

– die Einzelheiten der Zahlung und der Lieferung oder Erfüllung (sollten sich typischerweise in den AGB wiederfinden)
– das Bestehen eines Rücktrittsrechts, außer in den Fällen des § 5f KSchG (die Rücktrittsbelehrung nach dem Fernabsatzgesetz sollte sich sinnvollerweise auch in den AGB wiederfinden)
– die Kosten für den Einsatz des Fernkommunikationsmittels, sofern sie nicht nach dem Grundtarif berechnet werden (trifft nur auf kostenpflichtige Telefonnummern zu, die Kosten des „Surfens" im Internet sind nicht anzugeben)
– die Gültigkeitsdauer des Angebotes oder des Preises
– die Mindestlaufzeit des Vertrages, wenn dieser eine dauernde oder wiederkehrende Leistung zum Inhalt hat (zB Datenbankzugang, Abonnements etc.)

Für die Erfüllung der Informationspflichten nach § 5c KSchG **vor Vertragsschluss** genügt es, wenn die genannten Informationen **in der Homepage des Diensteanbieters enthalten** sind.

Zusätzlich ist dem Verbraucher gem § **5d KSchG** rechtzeitig während der Erfüllung (bei Warenlieferung spätestens mit der Ware selbst) schriftlich oder auf einem dauerhaften Datenträger eine **Bestätigung** zu übermitteln, die folgende Informationen enthalten muss:

– Name und ladungsfähige Anschrift des Unternehmers und geographische Anschrift der Niederlassung des Unternehmers, bei der der Verbraucher allfällige Reklamationen vorbringen kann
– die wesentlichsten Eigenschaften der bestellten Ware oder Dienstleistung
– den Preis der bestellten Ware oder Dienstleistung einschließlich aller Steuern
– allfällige Lieferkosten (Versandkosten)
– die Einzelheiten der Zahlung und der Lieferung oder Erfüllung
– Belehrung über das Rücktrittsrecht: Informationen über die Bedingungen und die Einzelheiten der Ausübung des Rücktrittsrechts nach § 5e, einschließlich der in § 5f Z 1 genannten Fälle
– Informationen über den Kundendienst und die geltenden Garantiebedingungen
– bei unbestimmter oder mehr als einjähriger Vertragsdauer die Kündigungsbedingungen

Für die Umsetzung dieser Bestätigungspflicht gibt es für den Diensteanbieter mehrere Varianten:

– Sofern der Diensteanbieter die Empfangsbestätigung gem § 10 Abs. 2 ECG bereits als Annahme der Bestellung des Verbrauchers ausgestalten will (vgl Erläuterungen zu § 10 Abs. 2 ECG) könnten die genannten Informationen bereits mit der Empfangsbestätigung übermittelt werden.
– Weiters kann die schriftliche Bestätigung nach § 5d KSchG auch als E-Mail an die vom Verbraucher bei seiner Bestellung angegebene E-Mail-Adresse versandt werden.
– Als dritte Möglichkeit bleibt, die schriftliche Bestätigung in Papierform zu übermitteln; bei Warenlieferung ist dies auch noch im Zeitpunkt der Lieferung, als „Beipackzettel" zur Ware selbst, möglich.

Abgabe einer Vertragserklärung

§ 10. **(1)** **Ein Diensteanbieter hat dem Nutzer angemessene, wirksame und zugängliche technische Mittel zur Verfügung zu stellen, mit denen dieser Eingabefehler vor der Abgabe seiner Vertragserklärung erkennen und berichtigen kann.**

(2) Ein Diensteanbieter hat dem Nutzer den Zugang einer elektronischen Vertragserklärung unverzüglich elektronisch zu bestätigen.

(3) Die Verpflichtungen des Diensteanbieters nach den Abs. 1 und 2 können nicht zum Nachteil von Verbrauchern abbedungen werden. Sie gelten nicht für Verträge, die ausschließlich im Weg der elektronischen Post oder eines damit vergleichbaren individuellen elektronischen Kommunikationsmittels abgeschlossen werden.

RV, 44

1. **Art. 11** der Richtlinie behandelt spezifische **Verhaltenspflichten der Online-Anbieter** zum Schutz der Nutzer. Zum Teil löst die Richtlinie auch Zweifelsfragen im Zusammenhang mit dem Abschluss von Verträgen. Die Bestimmung gilt – ebenso wie Art. 10 der Richtlinie – nur für Verträge, die über eine Website oder einen ähnlichen Dienst angebahnt und abgeschlossen werden, nicht aber für den Abschluss von Verträgen, die allein im Weg der elektronischen Post zustande kommen. Auch ist sie nur im Verbrauchergeschäft zwingend.

2. **§ 10 Abs. 1** ECG entspricht Art. 11 Abs. 2 der Richtlinie. Die Anbieter werden verpflichtet, solche **technischen Mittel** zur Verfügung zu stellen, mit denen die Nutzer **Eingabefehler** rechtzeitig – also vor der Abgabe eines bindenden Vertragsantrags oder einer bindenden Vertragsannahme – erkennen und korrigieren können. Diese Verpflichtung korreliert mit der Informationsverpflichtung der Anbieter nach § 9 Abs. 1 Z 3 ECG. Auch dadurch soll irrtümlichen Vertragserklärungen vorgebeugt werden. § 10 ECG spricht ebenfalls nicht von einer „Bestellung", sondern von der „**Vertragserklärung**" des Nutzers; zur Begründung dieser – im Ergebnis von der Richtlinie nicht abweichenden – Begriffswahl sei auf die Erläuterungen zu § 9 verwiesen.

3. Mit **§ 10 Abs. 2** wird Art. 11 Abs. 1 erster Anstrich der Richtlinie umgesetzt. Die Diensteanbieter werden verpflichtet, ihren Nutzern den **Zugang einer Vertragserklärung** (Bestellung) elektronisch zu **bestätigen**. Diese Bestätigung kann auch automatisch erfolgen. Es wird allerdings nicht immer ausreichen, dass ein Anbieter dem Nutzer den Eingang der Erklärung auf seinem Server bestätigt. Der Entwurf (siehe § 12) geht vielmehr davon aus, dass der Anbieter dem Nutzer die Bestätigung des Zugangs seiner Erklärung erst erteilen darf, wenn er die Erklärung des Nutzers **abrufen** kann. Eine Bestätigung des Zugangs der Erklärung beim Server des Anbieters wird diesem Kriterium jedoch nicht immer genügen.

Im Einklang mit der Richtlinie (siehe den Erwägungsgrund 34 am Ende) wird eine **elektronische Empfangsbestätigung nicht erforderlich** sein, wenn der Anbieter die Dienstleistung online erbringt.

5. Nach § 10 **Abs. 3 erster Satz** kann von den Regelungen der Abs. 1 und 2 zum Nachteil des Verbrauchers nicht abgegangen werden, sie sind im **Verbrauchergeschäft zwingend.** Nach dem **zweiten Satz** sind die Bestimmungen des § 10 auf den Abschluss von Verträgen, die ausschließlich im Wege der **elektronischen Post** oder anderer damit vergleichbarer individueller Kommunikationsmittel zustande kommen, nicht anzuwenden. Auch insoweit entspricht der Entwurf der Richtlinie (siehe Art. 11 Abs. 3 – der Zugang elektronischer Willenserklärungen soll allgemein in § 12 ECG geregelt werden). Auf die Erläuterungen zu § 9 Abs. 3 ECG zur Frage, welche Kommunikationsmittel mit der elektronischen Post vergleichbar sind, sei verwiesen.

Kommentar

Zu Abs. 1:

Korrekturmöglichkeiten, die technisch auf einer Art Plausibilitätskontrolle aufbauen, sind nur in wenigen Fällen denkbar. In den meisten Fällen wird daher § 10 Abs. 1 ECG nur dadurch zu erfüllen sein, dass dem Nutzer vor der endgültigen Absendung seiner Bestellung (dem „finalen Mouseklick") noch einmal die Möglichkeit gegeben wird, die von ihm eingegebenen Daten zu kontrollieren und er auch verbal noch einmal dazu aufgefordert wird, seine Eingaben auf Tippfehler oÄ zu überprüfen.

Zu Abs. 2:

Die elektronische Bestätigung muss nicht gleichzeitig die Annahme der Bestellung sein, sie soll den Nutzer lediglich darüber informieren, dass seine Bestellung (sein Angebot) beim Anbieter eingelangt ist. Vorsicht bei der Formulierung ist somit geboten: „Danke für Ihre Bestellung!" könnte sehr wohl schon als Annahme und damit als Vertragsschluss gewertet werden.

Zwar kann der Diensteanbieter auch unverzüglich eine Bestellung annehmen und somit die Empfangsbestätigung auch als Auftragsbestätigung gestalten, er muss dies jedoch nicht tun. Der Diensteanbieter wird gut beraten sein, den Begriff der „Empfangsbestätigung" beizubehalten und lediglich den Zugang der Bestellung zu bestätigen.

Die EBzRV sprechen davon, dass eine automatische Empfangsbestätigung nicht immer ausreichen wird, da damit nicht die tatsächliche Abrufbarkeit, sondern nur das Einlangen am Server bestätigt wird. Dies kann nur so zu verstehen sein, dass ein Diensteanbieter, der sich einer solchen automatischen Bestätigung bedient, sich die Zugangsbestätigung zurechnen lassen muss, auch wenn er dann in der Folge – aufgrund technischer Störungen in seiner Sphäre oÄ – die eingegangene Bestellung nicht abrufen konnte.

Auch kann der Diensteanbieter eine solche Empfangsbestätigung nur dann an den Nutzer senden, wenn ihm überhaupt die E-Mail-Adresse bekannt ist. Diese ist für die Abwicklung einer Online-Bestellung nicht unbedingt erforderlich, gibt doch der Nutzer eine geographische Anschrift an, an die die Ware versandt werden soll. Zu denken ist dabei auch an Bestellungen von Terminals oder aus Internet-Cafés.

Weiters ist fraglich, wie der Begriff „unverzüglich" zu verstehen ist: Sofern sich der Diensteanbieter eines Autoresponders bedient, wird die Bestätigung in der Sekunde des Einlangens beim Server des Anbieters versandt werden, zwischen Absendung der Bestellung und Eingang der Empfangsbestätigung werden oft sogar nur wenige Minuten liegen. Sofern der Diensteanbieter die eingegangenen Bestellungen jedoch händisch abarbeitet und tatsächlich den Abruf der Bestellung bestätigt, wird das Erfordernis der unverzüglichen Bestätigung auch noch bei Verstreichen eines längeren Zeitraums erfüllt werden: Insbesondere werden die Geschäftszeiten zu beachten sein, die Bestätigung des Empfangs einer am Samstag um 2 Uhr früh getätigten Bestellung wird auch am Montag noch „unverzüglich" erfolgen. Innerhalb der Geschäftszeiten wird von einem Unternehmer jedoch der tägliche Abruf seiner Mailbox jedenfalls verlangt werden können. Da der Diensteanbieter noch nicht die Annahme der Bestellung, sondern lediglich deren Eingang bei ihm bestätigen muss, wird eine längere Reaktionszeit als 24 Stunden nicht mehr rechtzeitig sein.

Fraglich sind die rechtlichen Konsequenzen, wenn die Empfangsbestätigung unterbleibt: Da die Empfangsbestätigung lediglich den Bestellungseingang quittiert, hat deren Fehlen keinen unmittelbaren Einfluss auf Angebot und Annahme, der Vertrag kann dennoch gültig zustande kommen. Denkbar sind jedoch einerseits schadenersatzrechtliche Ansprüche des Nutzers, andererseits könnte das Unterbleiben der Empfangsbestätigung Einfluss darauf haben, wie lange sich der Nutzer an seine Bestellung (Anbot) für gebunden erachten muss.

Zu Abs. 3:

Auch die Verpflichtungen nach § 10 Abs. 1 und 2 ECG können gegenüber Unternehmern abbedungen werden. Zum Entfall der Verpflichtungen bei „ausschließlich im Wege der elektronischen Post oder eines damit vergleichbaren individuellen elektronischen Kommunikationsmittels" vgl den Kommentar zu § 9 Abs. 3 ECG.

Vertragsbestimmungen und Geschäftsbedingungen

§ 11. Ein Diensteanbieter hat die Vertragsbestimmungen und die allgemeinen Geschäftsbedingungen dem Nutzer so zur Verfügung stellen, dass er sie speichern und wiedergeben kann. Diese Verpflichtung kann nicht zum Nachteil des Nutzers abbedungen werden.

RV, 45

1. § 11 setzt Art. 10 Abs. 3 der Richtlinie über die Speicherung und Wiedergabe von **Vertragsbestimmungen** und **allgemeinen Geschäftsbedingungen** um. Diese Bestimmung erlaubt nach der Richtlinie – anders als in den Fällen der Abs. 1 und 2 des Art. 10 – keine abweichenden Vereinbarungen zwischen Parteien, die nicht Verbraucher sind. Art. 10 Abs. 3 der Richtlinie ist also sowohl im geschäftlichen Verkehr zwischen Unternehmen als auch bei Rechtsgeschäften zwischen privaten Vertragspartnern zwingend. Diese Besonderheit der Richtlinie wird zum Anlass genommen, die Möglichkeit zur Speicherung und Wiedergabe der Vertragsbestimmungen und der allgemeinen Geschäftsbedingungen eigens zu regeln.

2. § 11 verpflichtet **im ersten Satz** die Diensteanbieter, die jeweiligen Vertragsbestimmungen und die von ihnen verwendeten allgemeinen Geschäftsbedingungen im elektronischen Rechtsverkehr so verfügbar zu halten, dass der Nutzer sie **speichern** und **wiedergeben** kann. Die Bestimmung gilt vor allem für Verträge, die über eine Website abgeschlossen werden. Der Anbieter muss dem Nutzer einen elektronischen Zugang zu den Vertragsbestimmungen und den Geschäftsbedingungen und die Möglichkeit bieten, die Bedingungen bei sich zu speichern und wiederzugeben. Es genügt nicht, dass der Nutzer die Bedingungen bei Bedarf vom Anbieter in schriftlicher Fassung beziehen kann.

§ 11 setzt voraus, dass der Verwender der allgemeinen Geschäftsbedingungen den Nutzer vor Abgabe seiner Vertragserklärung auf diese **hinweist**, sofern der Nutzer nicht aufgrund allgemeiner geschäftlichen Usancen (etwa im rechtsgeschäftlichen Verkehr mit Versicherungsunternehmen: OGH 5.4.1990 SZ 63/54) damit rechnen muss, dass ein Unternehmen nur zu seinen allgemeinen Geschäftsbedingungen kontrahiert. Diese Verpflichtung zum Hinweis auf die Verwendung von Geschäftsbedingungen ergibt sich aus allgemeinen vertragsrechtlichen Grundsätzen, an denen der Entwurf nicht rütteln will. Einen elektronischen Zugang zu den Vertragsbestimmungen oder den Geschäftsbedingungen muss deren Verwender auch dann eröffnen, wenn der Nutzer mit dem Abschluss von Verträgen unter allgemeinen Geschäftsbedingungen rechnen muss.

Die Verpflichtung, die Vertragsbestimmungen und Geschäftsbedingungen zur Verfügung zu stellen, soll am **Geltungsgrund** der allgemeinen Geschäftsbedingungen **nichts ändern.** Ein Verstoß gegen die Verpflichtung zur Reproduzierbarkeit der Bedingungen soll also nicht dazu führen, dass diese dem Vertrag nicht zugrunde liegen (vgl *Zankl,* Der Entwurf zum E-Commerce-Gesetz, NZ 2001, 326). Auch bleiben die Bestimmungen über die **Inhaltskontrolle** von Geschäftsbedingungen und Vertragsformblättern, insbesondere die §§ 864a und 879 Abs. 3 ABGB, unberührt: Überraschende Klauseln, mit denen der Nutzer nach der Gestaltung des – elektronischen – Dokuments nicht zu rechnen brauchte, sollen auch im elektronischen Verkehr nicht Vertragsbestandteil werden; ebenso sind Vertragsbestimmungen, die unter Berücksichtigung aller Umstände des Falles einen Teil gröblich benachteiligen, im elektronischen Rechtsverkehr nichtig.

Die Verpflichtung des § 11 gilt auch für diejenigen Fälle, in denen allgemeine Geschäftsbedingungen **kraft Gesetzes Vertragsinhalt** werden. Die Richtlinie unterscheidet nicht zwischen solchen Bedingungen, die zwischen den Vertragspartnern aufgrund einer Vereinbarung gelten, und Bedingungen, die schon aufgrund des Gesetzes Geltung beanspruchen können.

Im **zweiten Satz** des § 11 ECG wird klargestellt, dass die Verpflichtung zur Speicherbarkeit und Reproduzierbarkeit der Vertragsbestimmungen und Geschäftsbedingungen zum Nachteil des Nutzers **nicht abbedungen** werden kann. Diese Rechtsfolge ergibt sich – wie erwähnt – aus der Richtlinie, sie gilt nicht nur im Verbrauchergeschäft, sondern auch im geschäftlichen Verkehr zwischen Kaufleuten und Unternehmen.

Kommentar

In der Praxis wird es zweckmäßig sein, gleich auf der Startseite des Webauftrittes einen Punkt „AGB" vorzusehen und auf den Text der Allgemeinen Geschäftsbedingungen zu verlinken. HTML-Format erfüllt die Kriterien der Speicher- und Ausdruckbarkeit und der Diensteanbieter kann davon ausgehen, dass der Nutzer die AGB mit seinem Webbrowser ansehen und herunterladen kann, ohne dass eine zusätzliche Software (wie etwa Acrobat Reader bei pdf-Files) notwendig wäre. Auch ist darauf zu achten, dass die AGB nicht vom Nutzer verändert werden können. Unbedingt angeführt werden sollte das Aktualisierungsdatum der AGB (zB „Stand: 1.1.2002" oder „zuletzt aktualisiert am ..."), um Streitigkeiten darüber, welche Version für den konkreten Vertrag maßgebend ist, zu vermeiden.

Da § 11 ECG keinen Einfluss auf die Geltung von AGB haben soll, ist die Online-Stellung der AGB uU allein noch nicht ausreichend dafür, dass diese auch tatsächlich Vertragsbestandteil werden. Um Beweisschwierigkeiten vorzubeugen, wird es daher sinnvoll sein, im Rahmen der Bestellmöglichkeit noch einmal auf die Geltung der AGB hinzuweisen, und zwar jedenfalls vor Absendung der Bestellung durch den Nutzer (zB „Es gelten unsere Allgemeinen Geschäftsbedingungen, die Sie mit Ihrer Bestellung akzeptieren" mit Verlinkung auf den Text der AGB, allenfalls unter Hinzufügung eines entsprechenden Kontrollkästchens, das der Nutzer ankreuzen muss).

Im Unterschied zu § 9 Abs. 3 und § 10 Abs. 3 ECG kann die Verpflichtung nach § 11 ECG weder gegenüber Unternehmern abbedungen werden, noch besteht eine Ausnahme für Verträge, die lediglich unter Einsatz der individuellen Kommunikation per E-Mail zustande kommen. Daraus ist zu schließen, dass Diensteanbieter ihre Allgemeinen Geschäftsbedingungen jedenfalls online zur Verfügung stellen müssen.

Jedoch besteht einerseits keine Verpflichtung für einen Diensteanbieter, überhaupt AGB zu verwenden, andererseits dürften wohl nur jene AGB zur Verfügung zu stellen sein, die für den angebotenen Dienst der Informationsgesellschaft maßgebend sind.

Zugang elektronischer Erklärungen

§ 12. Elektronische Vertragserklärungen, andere rechtlich erhebliche elektronische Erklärungen und elektronische Empfangsbestätigungen gelten als zugegangen, wenn die Partei, für die sie bestimmt sind, unter gewöhnlichen Umständen abrufen kann. Diese Regelung kann nicht zum Nachteil von Verbrauchern abbedungen werden.

RV, 46

1. § 12 entspricht dem eben erwähnten Art. 11 Abs. 1 zweiter Anstrich der Richtlinie. Die Regelung betrifft die Frage, unter welchen Voraussetzungen eine elektronische Vertragserklärung und die entsprechende Empfangsbestätigung dem jeweiligen Vertragspartner **als zugegangen gelten.** Nach der Richtlinie kommt es hiefür darauf an, dass der Adressat der Erklärung diese oder die Empfangsbestätigung **abrufen** kann. § 12 ECG geht über die Richtlinie insoweit hinaus, als die dort festgelegte Zugangsregel nicht nur für Bestellungen (also für Vertragsanbot- oder -annahmeerklärungen) und Empfangsbestätigungen, sondern auch für alle anderen rechtlich erheblichen elektronischen Erklärungen gilt. § 12 ECG ist ferner auch dann anzuwenden, wenn kein Dienst der Informationsgesellschaft im Sinne des § 3 Z 1 ECG vorliegt, etwa bei einem bloßen Austausch von E-Mail-Erklärungen (siehe dazu die Erläuterungen zu § 3 Punkt **1.**), sei es, dass zwischen Unternehmen kommuniziert wird, sei es, dass in einem Verbrauchergeschäft elektronische Erklärungen ausgetauscht werden, sei es, dass Private untereinander auf solche Art und Weise verkehren.

2. Die Richtlinie und ihre Erwägungsgründe liefern keine Anhaltspunkte dafür, in welchem Verhältnis die Zugangsregel des Art. 11 Abs. 1 zweiter Anstrich zu den allgemeinen zivilrechtlichen Zugangsregeln steht. Offen bleibt vor allem, ob diesen Regeln derogiert wird. Der Entwurf geht aufgrund der Ergebnisse des Begutachtungsverfahrens davon aus, dass die Richtlinie die jeweiligen **nationalen Regelungen nur ergänzen** will. Damit können die für den Zugang von Erklärungen auf der Grundlage der §§ 861 ff ABGB von der Rechtsprechung und der Lehre entwickelten Rechtssätze zum Zugang von Erklärungen auch auf elektronische Erklärungen angewendet werden.

Nach allgemeinem Zivilrecht gilt eine Erklärung als zugegangen, wenn sie derart in den Machtbereich des Empfängers gelangt ist, dass nach **regelmäßigen Umständen mit der Kenntnisnahme durch ihn gerechnet** werden kann und Störungen nur mehr in seiner Sphäre, nicht aber beim Absender oder bei der „Übermittlungsanstalt" möglich sind (vgl *Rummel* in *Rummel*, ABGB[3] Rz 2 zu § 862a ABGB). In § 12 ECG soll für elektronische Erklärungen ausdrücklich festgeschrieben werden, dass es auf den Abruf *„unter gewöhnlichen Umständen"* ankommt (siehe auch § 312e Abs. 1 letzter Satz BGB in der Fassung des deutschen Regierungsentwurfs für ein Schuldrechtsmodernisierungsgesetz). Das hat zum einen zur Folge, dass **technische Störungen** auf der Seite und im Machtbereich des Empfängers nicht dem Absender der Erklärung zur Last fallen können. Zum anderen soll dadurch ausgedrückt werden, dass eine elektronische Erklärung nicht schon dann als zugegangen gilt, wenn sie faktisch abrufbar ist; vielmehr soll sie beim Eingang während der Nachtzeiten oder am Wochenende so wie andere Erklärungen (siehe etwa *Koziol/Welser,* Bürgerliches Recht[11] I 101) erst mit **Beginn der Geschäftszeiten** als zugegangen gelten.

Nach den allgemeinen zivilrechtlichen Zugangsregeln kann auch das Problem gelöst werden, dass ein Absender eine Erklärung an eine elektronische Postadresse sendet, bei der er nicht mit dem Abruf der Erklärung rechnen kann (etwa eine Adresse, die er sich über Dritte beschafft hat und die vom Empfänger nicht oder kaum überprüft und abgefragt wird). In einem solchen Fall kann der Absender nach der nach allgemeinem Zivilrecht maßgeblichen **Empfangstheorie** nicht davon ausgehen, dass die Erklärung abgerufen wird (vgl dazu *Zankl,* NZ 2001, 326). Anders wird es sich dagegen verhalten, wenn der Empfänger der Erklärung dem Absender seine elektronische Adresse bekannt gegeben hat und keine Zweifel darüber bestehen, dass er diese Adresse ständig verwendet und dort eingegangene Mails abruft.

Der Begutachtungsentwurf hat in § 13 Abs. 1 zweiter Satz vorgesehen, dass die Vereinbarung der elektronischen Form im Verbrauchergeschäft im Einzelnen ausgehandelt werden muss. Diese Einschränkung soll im Licht des Begutachtungsverfahrens **nicht übernommen** werden. Der hinter dieser Regelung gestandenen Sorge, dass ein Unternehmer von der einmal (ausdrücklich oder auch nur schlüssig) vereinbarten Form einseitig und zu Lasten des Verbrauchers abgehen könnte, kann auch durch die allgemeinen Regeln begegnet werden. Ein Abgehen von einer zwischen den Parteien vereinbarten Form bedarf einer entsprechenden Vereinbarung. Behält sich ein Unternehmer ein solches Abgehen in den Allgemeinen Geschäftsbedingungen vor, so muss diese Klausel den Anforderungen des § 6 Abs. 1 KSchG (insbesondere der Z 3) und des § 879 Abs. 3 ABGB entsprechen.

3. § 12 **zweiter Satz** stellt schließlich wiederum klar, dass von der Regelung des ersten Satzes **nicht** durch eine Vereinbarung zum Nachteil des Verbrauchers **abgegangen werden kann.** Dies entspricht der Richtlinie (siehe den Einleitungssatz zu Art. 11 Abs. 1).

Kommentar

Die dem allgemeinen Zivilrecht entnommene Zugangsregel des § 12 ECG soll drei Problembereiche regeln[35]):

Technische Probleme haben Empfänger und Absender jeweils in ihrer Sphäre zu vertreten, den Absender trifft auch das Risiko der Übermittlung bis zum Mailserver des Empfängers. Technische Probleme beim Abrufen der E-Mail hat der Empfänger zu vertreten.

---

[35]) Vgl dazu ausführlich *Zankl,* Rechtsqualität und Zugang von Erklärungen im Internet, ecolex 2001, 344; *Tichy,* Zugang elektronischer Willenserklärungen, Verbraucherschutz und E-Commerce-Gesetz, RdW 2001, 548.

Gleichzeitig regelt § 12 ECG auch, wann in zeitlicher Hinsicht mit dem Zugang der E-Mail gerechnet werden darf: E-Mails zur Nachtzeit, an Wochenenden oder feiertags gelten erst mit dem nächsten Werktag als zugegangen. Bei Unternehmern sind die Geschäftszeiten zu beachten, allerdings ist der tägliche Abruf der Mailbox innerhalb der Geschäftszeiten zuzumuten. Bei Verbrauchern wird man davon nicht immer ausgehen können, mit einer E-Mail-Abfrage zumindest mehrmals wöchentlich wird aber gerechnet werden können.

Hinsichtlich seiner Vertragserklärung an den Diensteanbieter hat der Nutzer den Vorteil, dass ihm dieser den Zugang gem § 10 Abs. 2 ECG bestätigen muss; er kann daher jedenfalls davon ausgehen, dass seine Vertragserklärung dem Empfänger zugegangen ist, wenn ihm dieser den Empfang bestätigt hat.

Drittens regelt § 12 ECG auch, zu wessen Lasten Fehler in der Adressierung von E-Mails gehen: Wenn der Absender die E-Mail-Adresse des Empfängers nicht über von diesem bekannt gegebene Kontaktdaten erhalten hat, wird er nicht mit dem Zugang rechnen dürfen. Dieser kann in solchen Fällen nur durch faktische Kenntnisnahme erfolgen.

5. Abschnitt
Verantwortlichkeit von Diensteanbietern

Erläuterungen zur Verantwortlichkeit von Diensteanbietern:

Der 5. Abschnitt des ECG befasst sich mit einem Thema, das bereits seit Mitte der neunziger Jahre weltweit die Gerichte befasst. In den Blickpunkt der deutschsprachigen Öffentlichkeit geriet der Fall des Geschäftsführers der deutschen Tochterfirma von Compuserve USA, der in erster Instanz[36]) für die von Compuservekunden angebotenen Inhalte verantwortlich gemacht wurde. Nachdem das Berufungsgericht[37]) das erstinstanzliche Urteil aufgehoben hatte, legte sich die Aufregung.

Dieses Problem, nämlich die Verantwortlichkeit für die vermittelten Inhalte, versucht die EC-RL zu lösen, indem ein abgestuftes System von Ausnahmen für Verantwortlichkeiten EU-weit eingeführt wird. Die wichtigste Klarstellung in diesem Bereich trifft Art. 15 Abs. 1 EC-RL (entspricht § 18 Abs. 1 ECG), der festlegt, dass Diensteanbieter grundsätzlich nicht verpflichtet sind, die von ihnen gespeicherten, übermittelten oder zugänglich gemachten Informationen allgemein zu überwachen. Diese Überwachungsfreistellung bezieht sich nur auf jene Inhalte, die nicht vom Diensteanbieter selbst inhaltlich gestaltet und angeboten werden.

---

[36]) AG München, Urteil vom 28. 5. 1998, 8340 Ds 465 Js 173158/95; siehe http://www. beck.de/mmr/Materialien/compuserve-urteil.htm.

[37]) LG München I, Urteil vom 17. 11. 1999, 20 Ns 465 Js 173158/95; siehe http://www. netlaw.de/urteile/lgm_12.htm.

Es ist zu betonen, dass dieser Abschnitt des ECG nicht die Haftung für veröffentlichte Inhalte regelt, sondern nur Haftungsprivilegien für manche Diensteanbieter gewährt. Die Begründung der Verantwortlichkeit stammt meist aus der Unterstützung einer fremden Rechtsverletzung. Das ECG regelt nicht die Haftung oder Verantwortlichkeit, sondern setzt eine solche – auf der Grundlage der jeweils anwendbaren Rechtsvorschriften des Zivil- oder Strafrechts – voraus. Wenn schon nach dem Grundtatbestand keine Haftung vorliegt (beispielsweise Vorliegen eines Entschuldigungsgrundes), muss das Privileg gar nicht in Anspruch genommen werden.

Der österreichische Gesetzgeber hat sich entschlossen, diese Privilegien nicht nur den grundsätzlich kommerziellen Diensteanbietern zukommen zu lassen sondern gewährt diese Erleichterungen auch für unentgeltliche Dienste. Wie schon bei den Erläuterungen zu § 3 ECG angeführt, ist die Terminologie etwas verwirrend: Mit unentgeltlichen Diensten sind jene Dienste gemeint, die keinen kommerziellen Hintergrund haben wie etwa wissenschaftliche, soziale oder private Angebote. Freilich ist für diese Dienste zu beachten, dass die Privilegien nur in der österreichischen Umsetzung der EC-RL gewährt werden und nicht vom Herkunftslandprinzip erfasst werden. Das bedeutet, dass die Haftungserleichterungen nur von österreichischen Gerichten und Verwaltungsbehörden anerkannt werden und andere Mitgliedstaaten diese Privilegien nicht anerkennen werden.[38]) Gleiches gilt für die Anbieter von Suchmaschinen (§ 14 ECG) und Hyperlinks (§ 17 ECG), da auch diese beiden Bestimmungen nicht Gegenstand der EC-RL sind.

Ausschluss der Verantwortlichkeit bei Durchleitung

§ 13. (1) Ein Diensteanbieter, der von einem Nutzer eingegebene Informationen in einem Kommunikationsnetz übermittelt oder den Zugang zu einem Kommunikationsnetz vermittelt, ist für die übermittelten Informationen nicht verantwortlich, sofern er

1. die Übermittlung nicht veranlasst,

2. den Empfänger der übermittelten Informationen nicht auswählt und

3. die übermittelten Informationen weder auswählt noch verändert.

(2) Die Übermittlung von Informationen und die Vermittlung des Zugangs im Sinn des Abs. 1 umfassen auch die automatische kurzzeitige Zwischenspeicherung der übermittelten Informationen, soweit diese Zwischenspeicherung nur der Durchführung der Übermittlung im Kommunikationsnetz dient und die Information nicht länger gespeichert wird, als es für die Übermittlung üblicherweise erforderlich ist.

---

[38]) Näheres dazu siehe Anmerkungen zu § 19 ECG.

RV, 48

1. Im 5. Abschnitt des Entwurfs werden in den §§ 13 bis 19 Regelungen über die **Verantwortlichkeit von Online-Anbietern** für bestimmte Informationen und Tätigkeiten vorgesehen. Diese Bestimmungen sollen die Art. 12 bis 15 der Richtlinie über die Verantwortlichkeit von Vermittlern umsetzen. Zum Teil schlägt der Entwurf Bestimmungen vor, die über die unmittelbaren Vorgaben der Richtlinie und deren Anwendungsbereich hinausgehen. Damit sollen – ähnlich wie bei den vertraglichen Bestimmungen des 4. Abschnitts – auch bei der Festlegung der Verantwortlichkeit von Online-Anbietern einige Zweifelsfragen, die sich im elektronischen Geschäfts- und Rechtsverkehr ergeben haben, beantwortet werden.

Der Richtlinie sind klare und einheitliche Regelungen zur Verantwortlichkeit von Online-Anbietern, die als Vermittler handeln, ein zentrales Anliegen. Die bestehenden und sich entwickelnden Unterschiede in den Rechtsvorschriften und in der Rechtsprechung der Mitgliedstaaten sollen beseitigt werden, um das reibungslose **Funktionieren des Binnenmarkts** zu sichern, Wettbewerbsverzerrungen zu unterbinden und die Entwicklung grenzüberschreitender Dienste zu fördern (siehe den Erwägungsgrund 40). Gleichzeitig will die Richtlinie harmonisierte Standards für den Umgang mit rechtswidrigen Tätigkeiten und Informationen in Diensten der Informationsgesellschaft schaffen. Dabei trachtet sie danach, einen Ausgleich und ein Gleichgewicht zwischen den Interessen der Online-Anbieter, der Vermittler und der von allenfalls rechtswidrigen Informationen und Tätigkeiten Betroffenen herzustellen. Auch ist die Richtlinie bemüht, die Grundlagen und Grundsätze für freiwillige Vereinbarungen der Beteiligten zu schaffen (siehe insbesondere den Erwägungsgrund 41).

Die Richtlinie spricht allgemein von der **Verantwortlichkeit** bestimmter Informationsvermittler. Dieser Begriff der Verantwortlichkeit wird in einem umfassenden Sinn verstanden. Er umfasst sowohl die schadenersatzrechtliche Haftung eines Anbieters als auch dessen strafrechtliche Verantwortung, sei es, dass ein Verhalten gerichtlich strafbar ist, sei es, dass es im Recht der Mitgliedstaaten eine Ordnungswidrigkeit oder – im österreichischen Verständnis – eine Verwaltungsübertretung bildet. Für die strafrechtliche Verantwortlichkeit sieht die Richtlinie bestimmte Strafausschließungsgründe vor, die den Providern und ihren Organen bzw Bediensteten zugute kommen. Die Richtlinie regelt auch nicht die Haftung oder Verantwortlichkeit dieser Anbieter, sondern setzt eine solche – auf der Grundlage der jeweils anwendbaren Rechtsvorschriften des Zivil- oder Strafrechts – voraus.

Der Ausschluss der Verantwortung betrifft **sowohl das Schadenersatzrecht als auch das Strafrecht.** Die Art. 12 bis 14 der Richtlinie lassen jedoch *„die Möglichkeit unberührt, dass ein Gericht oder eine Verwaltungsbehörde nach den Rechtssystemen der Mitgliedstaaten vom Diensteanbieter verlangt, die Rechtsverletzung abzustellen oder zu verhindern"* (vgl Art. 12 Abs. 3, 13 Abs. 2 und 14 Abs. 3). Damit soll es insbesondere den Gerichten weiterhin unbenommen bleiben, auf der Grundlage eines entsprechenden Begehrens einem Online-Anbieter einen **Unterlassungsbefehl** wegen einer rechtswidrigen Tätigkeit oder

Information zu erteilen oder ihn mittels einer einstweiligen Verfügung oder eines Urteils zur Entfernung rechtswidriger Informationen oder zur Sperre des Zugangs zu diesen Informationen zu verhalten (siehe den Erwägungsgrund 45).

Die Richtlinie unterscheidet bei ihren Regelungen in Anlehnung an den geltenden § 5 des deutschen Teledienstegesetzes und an die Bestimmungen des Titels II des US-Digital Millennium Copyright Act zwischen Anbietern, die allein den Zugang zu einem Kommunikationsnetz vermitteln (**Access Provider**), und Anbietern, die fremde Informationen speichern (**Host Provider**). Access Provider werden von der Verantwortlichkeit im Wesentlichen dann freigestellt, wenn sie die von ihnen übermittelten Informationen unverändert weitergeben (siehe Art. 12); ähnlich wie die Verantwortlichkeit für die bloße Zugangsvermittlung wird die Haftung für das so genannte „Caching" geregelt, bei dem Informationen automatisch vorübergehend gespeichert werden, um ihre Übermittlung effizienter zu gestalten (Art. 13 der Richtlinie). Online-Anbieter, die fremde Informationen speichern (Host Provider), sind für diese und für rechtswidrige Tätigkeiten nicht verantwortlich, wenn sie davon keine Kenntnis haben und – in Bezug auf Schadenersatzansprüche – haben müssen oder nach Kenntnis unverzüglich tätig werden, um die Informationen zu entfernen oder den Zugang zu sperren (Art. 14). Für Provider, die eigene Informationen oder Informationen ihnen unterstellter Nutzer speichern, gilt dieses Haftungsprivileg nicht. Letztlich befasst sich die Richtlinie auch mit einigen Belangen der staatlichen Überwachung von Providern, die als Vermittler tätig werden: Die Mitgliedstaaten dürfen diesen Unternehmern keine allgemeine Überwachungspflicht in Bezug auf die von ihnen übermittelten oder gespeicherten Informationen auferlegen; unberührt davon bleiben aber Überwachungspflichten in spezifischen Fällen (siehe Art. 15 der Richtlinie).

2. Die Bestimmungen des Abschnitts 4 der Richtlinie über die „Verantwortlichkeit der Vermittler" gelten nur für Diensteanbieter im Sinn des Art. 2 lit. b der Richtlinie. Damit werden im Ergebnis nur solche Unternehmen erfasst, die kommerzielle elektronische Dienstleistungen bereitstellen oder erbringen (siehe die Erläuterungen zu § 3 Z 1 ECG). Darüber hinaus betreffen diese Regelungen nach Art. 1 Abs. 1 und 2 der Richtlinie nur den Verkehr von Diensten der Informationsgesellschaft **im Binnenmarkt**, nicht aber den elektronischen Verkehr mit Providern, die nicht im Europäischen Wirtschaftsraum niedergelassen sind. Letztlich beschränkt sich die Richtlinie auf die Verantwortlichkeit von Vermittlern; andere Haftungsfragen werden dagegen nicht geregelt.

Das ECG soll – wie bereits erwähnt – diese (teilweise kompetenzbedingten) **Lücken** im Regime der Richtlinie **ausfüllen** und insoweit über ihren Anwendungsbereich hinausgehen. Die Verantwortlichkeit von Anbietern, die bloß Vermittlungsdienste erbringen, soll – sofern österreichisches Recht zur Anwendung gelangt – unabhängig vom Ort der Niederlassung des Anbieters und des Aufenthalts des Nutzers ausgeschlossen werden. Die Einschränkung des örtlichen Anwendungsbereichs der Richtlinie soll also nicht übernommen werden. Auch sollen die Haftungsprivilegien für Provider gelten, die unentgeltliche elektronische Dienste anbieten. Letztlich enthält das vorgeschlagene Gesetz einige von der Richtlinie nicht vorgegebene Regelungen zu strittigen Haftungsfragen, nämlich zur Verantwortlichkeit der Betreiber von Suchmaschinen und zur Verantwortlichkeit für so genannte Links. Die Richtlinie hindert die Mitgliedstaaten nicht, in diesen Bereichen Vorschriften zu erlassen.

3. § 13 ECG regelt die Einschränkung der Verantwortlichkeit von Providern, deren Dienst der Informationsgesellschaft in der **Übermittlung** der von einem Nutzer eingegebenen Informationen oder in der **Vermittlung** des Zugangs zu einem Kommunikationsnetz besteht. Zu einem solchen Dienst der Informationsgesellschaft gehört nach Abs. 2 auch eine aus technischen Gründen erforderliche kurzzeitige Zwischenspeicherung der übermittelten Informationen. Mit der Bestimmung wird Art. 12 der Richtlinie über den Ausschluss der Verantwortlichkeit bei einer **reinen Durchleitung** übernommen, die Abweichungen vom Wortlaut der Richtlinie sind nur sprachlicher Art. Die Haftungsfreistellung für **Access Provider** gilt zum einen für Dienste der Informationsgesellschaft, bei denen von einem Nutzer eingegebene – fremde – Informationen in einem Kommunikationsnetz übermittelt werden, zum anderen aber auch für Dienste, die in der Vermittlung des Zugangs eines Nutzers zu einem solchen Kommunikationsnetz bestehen. Im Einklang mit der Richtlinie darf ein Provider, der sich auf den Ausschluss der Verantwortlichkeit beruft, weder auf die Übermittlung noch den Empfänger der vom Nutzer stammenden Informationen Einfluss nehmen; auch darf er die Integrität der von ihm übermittelten Informationen nicht verändern. Eingriffe technischer Art (wie etwa Verschlüsselungen oder Datenkompressionen, die den Inhalt der Informationen und ihren Aussagegehalt nicht beeinträchtigen) sind dabei jedoch zulässig und bewirken nicht den Verlust der Haftungsfreistellung (vgl auch den Erwägungsgrund 43 der Richtlinie).

Der **Ausschluss der Verantwortlichkeit** nach § 13 erfordert, dass der Anbieter mit den von ihm übermittelten Informationen *„in keiner Weise in Verbindung steht"* (siehe wiederum den Erwägungsgrund 43 der Richtlinie). Seine Tätigkeit erschöpft sich in der in aller Regel automatisiert laufenden Weiterleitung der vom Nutzer eingegebenen Informationen, eine Kontrolle der übermittelten Informationen findet dabei üblicherweise nicht statt. Daher wird in Art. 12 der Richtlinie und in § 13 auch nicht darauf abgestellt, ob der Anbieter von einer rechtswidrigen Information oder Tätigkeit Kenntnis hat oder nicht.

Der Ausschluss der Verantwortlichkeit bezieht sich – wie bereits erwähnt – sowohl auf die **schadenersatzrechtliche** als auch auf die **strafrechtliche Verantwortung** eines Access Providers. Liegen die Voraussetzungen des § 13 ECG vor, so haftet er für die übermittelten – rechtswidrigen – Informationen nicht. Er kann – um zwei Beispiele zu nennen – weder von einem durch bestimmte kreditschädigende Informationen in seinem Vermögen Geschädigten auf Schadenersatz im Sinn des § 1330 Abs. 2 ABGB in Anspruch genommen noch für die Verbreitung oder Weiterleitung illegaler Darstellungen (vgl etwa § 207a StGB) strafrechtlich zur Verantwortung gezogen werden. Im Haftpflichtprozess wird die Beweislast für das Vorliegen der Voraussetzungen für den Haftungsausschluss nach den allgemeinen Regeln über die Beweislastverteilung dem Anbieter obliegen. Das erscheint sachgerecht, ist er doch in solchen Fällen „näher am Beweis".

4. § 13 schließt es im Einklang mit Art. 12 Abs. 3 der Richtlinie nicht aus, dass dem reinen Access Provider durch ein Gericht oder eine Behörde die **Unterlassung, Beseitigung oder Verhinderung** einer Rechtsverletzung aufgetragen wird. Insoweit sei auf § 19 ECG und die Erläuterungen zu dieser Bestimmung verwiesen.

Kommentar

Zu Abs. 1:

§ 13 ECG **begrenzt die Verantwortlichkeit** von Diensten, die Zugang zu einem Netzwerk bieten, indem sie beispielsweise mittels Telefoneinwahl, ISDN oder ADSL-Verbindung die Durchleitung der vom Benutzer abgefragten Informationen ermöglichen.

Der Begriff der Verantwortlichkeit ist in einem umfassenden Sinn zu verstehen. Darunter sind laut EBzRV sowohl die schadenersatzrechtliche als auch die strafrechtliche Verantwortlichkeit eines Anbieters zu verstehen. Die Begrenzung der strafrechtlichen Verantwortlichkeit gilt dabei sowohl für gerichtlich (zB: Ehrenbeleidigung, Wiederbetätigung, Betrug) als auch verwaltungsbehördlich (zB: Gewerbeordnung, Glückspielgesetz) strafbares Verhalten der Nutzer des Dienstes.

Ein Anwendungsbereich von § 13 ECG ist beispielsweise die von einem Nutzer angeforderte Übermittlung von Informationen aus dem Internet, deren Innehabung nach § 207a des österreichischen Strafgesetzbuches (BGBl 1974/60 idF BGBl 1996/762) strafbar ist. Der Nutzer, der solche Darstellungen aus dem Internet abfragt (und auf seiner Festplatte speichert), macht sich gem § 207a Abs. 3 StGB strafbar. Der Zugangsvermittler, der diese vom Nutzer angeforderten Daten nur von Dritten weiterleitet und nicht verändert, ist bis zu dem Zeitpunkt einer behördlichen Unterlassungsverfügung nicht für das Übermitteln der Information verantwortlich.

Geht aber bei einem Access-Provider eine Unterlassungsverfügung ein, so muss er den Zugang zu diesen fremden Inhalten, etwa mittels eines URL- oder IP-Adressen-Filters sperren.

Um nicht etwa gegenüber ihren Kunden aus dem Vertrag über die Zugangsdienstleistung in Anspruch genommen zu werden, sollten Zugangsanbieter in ihre Allgemeinen Geschäftsbedingungen einen Passus über gesperrte Inhalte aufnehmen. In diesem sollte darauf hingewiesen werden, dass kein Zugang zu Inhalten vermittelt wird, deren potentielle Illegalität von den zuständigen Aufsichtbehörden angezeigt wurde.

Zu Abs. 2:

Typisches Beispiel für den Anwendungsbereich des § 13 Abs. 2 ECG ist die Speicherung eingehender E-Mail bis zum Abruf durch den bestimmungsgemäßen Nutzer. Der Diensteanbieter ist unter den bereits genannten Voraussetzungen nicht für den Inhalt der zwischengespeicherten E-Mails verantwortlich.

Ausschluss der Verantwortlichkeit bei Suchmaschinen

§ 14. (1) Ein Diensteanbieter, der Nutzern eine Suchmaschine oder andere elektronische Hilfsmittel zur Suche nach fremden Informationen bereitstellt, ist für die abgefragten Informationen nicht verantwortlich, sofern er

1. die Übermittlung der abgefragten Informationen nicht veranlasst,

2. den Empfänger der abgefragten Informationen nicht auswählt und

3. die abgefragten Informationen weder auswählt noch verändert.

(2) Abs. 1 ist nicht anzuwenden, wenn die Person, von der die abgefragten Informationen stammen, dem Diensteanbieter untersteht oder von ihm beaufsichtigt wird.

RV, 51

1. § 14 über den „Ausschluss der Verantwortlichkeit bei **Suchmaschinen**" beschäftigt sich mit Tätigkeiten im elektronischen Verkehr, deren Haftungsfolgen von der Richtlinie selbst nicht geregelt werden. Es handelt sich dabei um Diensteanbieter, die den Nutzern **elektronische Hilfsmittel** zur Auffindung von Informationen bereitstellen. Aufgrund der Fülle von Informationen, die im Internet und in anderen Kommunikationsnetzen abrufbar sind, sind Dienste, die den Interessenten bei der Suche nach bestimmten Inhalten helfen, eine wesentliche Voraussetzung für die rasche und effiziente Nutzung dieser Medien. In der Praxis haben sich verschiedene Dienste entwickelt, die das Auffinden von Informationen erleichtern. Am bekanntesten sind die so genannten „Suchmaschinen", die auf ein bestimmtes Stichwort hin die verfügbaren Informationen anzeigen. Es gibt aber auch elektronische Verzeichnisse, die die Suche nach Informationen ermöglichen oder erleichtern. Dabei verschwimmen die Grenzen zwischen den verschiedenen Suchdiensten. Die Verantwortlichkeit der Betreiber solcher Suchdienste ist in der Richtlinie selbst nicht geregelt. Die Bestimmungen über Host Provider (Art. 14 der Richtlinie) werden im Allgemeinen nicht zur Anwendung kommen, weil die Suchdienste und -maschinen nicht die von einem Nutzer eingegebenen Informationen in dessen Auftrag speichern.

2. Die Verantwortlichkeit von Anbietern, die ihren Nutzern eine **Suchmaschine** oder andere **elektronische Hilfsmittel zur Auffindung von Informationen** bereitstellen, wird in § 14 ähnlich wie die Haftung von Access Providern geregelt. Der Ausschluss der Verantwortlichkeit soll nicht nur den Betreibern von Suchmaschinen zugute kommen, sondern allgemein Diensteanbietern, die die elektronische Suche nach bestimmten Informationen erleichtern. Die vorgeschlagene Regelung gilt damit auch für Diensteanbieter, die auf ihrem Dienst eine Suchmaschinenabfrage ermöglichen. Von der Bestimmung werden ferner elektronische Register und Verzeichnisse, die das Auffinden von Informationen erleichtern, erfasst sein. Eine Liste, die etwa auf einer Homepage steht und bestimmte Informationen enthält, in denen der Nutzer suchen kann, ist dagegen kein derartiges Hilfsmittel. In einem solchen Fall wird die Verantwortlichkeit anhand des § 16 ECG zu beurteilen sein.

Ein Anbieter, der den Nutzern solche elektronischen Hilfsmittel zur Verfügung stellt, soll für die mit der Hilfe seines Dienstes aufgefundenen Informationen **nicht verantwortlich** sein. Die Rechtfertigung für diese Freistellung von der straf- und zivilrechtlichen Haftung liegt darin, dass die Betreiber solcher Dienste im Vorhinein auf die von ihnen vermittelten Daten in der Regel keinen Einfluss nehmen. Die Informationen werden automationsunterstützt gesucht und automationsunterstützt eingegeben. Eine fundierte Kontrolle auf die Rechtswidrigkeit dieser Informationen findet dabei in aller Regel nicht statt, sie wäre aufgrund der Fülle der Informationen auch nicht zumutbar. Das spricht dafür, die Voraussetzungen für die Haftungsfreistellung in Anlehnung an die für die Haftungsfreistellung von Access Providern gegebenen Regelungen zu regeln. Hier wie dort wird vorausgesetzt, dass der Diensteanbieter mit den abgefragten bzw vermittelten Informationen in keiner Weise in Verbindung steht.

Diensteanbieter, die Suchmaschinen oder andere elektronische Hilfsmittel zur Verfügung stellen, sollen in diesem Sinn von der Verantwortlichkeit befreit sein, wenn sie die Übermittlung der abgefragten Informationen **nicht veranlassen,** den Empfänger der abgefragten Informationen **nicht auswählen** und die abgefragten Informationen **weder auswählen noch verändern.** Die Einschränkung der Verantwortlichkeit kann damit einem Anbieter, der seinen Dienst auf das Auffinden rechtswidriger Tätigkeiten oder Informationen ausrichtet, nicht zugute kommen, weil in einem solchen Fall nicht davon gesprochen werden kann, dass er die abgefragte Information nicht auswählt. Dann lässt sich auch nicht sagen, dass der Betreiber mit den bei ihm abgefragten Informationen nicht in Verbindung steht. Auf die tatsächliche Kenntnis einer rechtswidrigen Tätigkeit oder Information wird – aufgrund der Ergebnisse des Begutachtungsverfahrens – dagegen nicht abgestellt. Die Wertungen, die die Richtlinie für Access Provider aufstellt, sind bei der Frage der Haftung der Betreiber von Suchmaschinen ebenso zu berücksichtigen.

3. Die Freistellung von der Haftung soll einem Anbieter, der eine Suchmaschine oder vergleichbare elektronische Hilfsmittel zur Verfügung stellt, nur dann zugute kommen, wenn es um die Suche nach **fremden Informationen** geht, also um Informationen, die von einem anderen Diensteanbieter oder einem Nutzer eingegeben worden sind. Die Einschränkung der Verantwortlichkeit greift in diesem Sinn nicht, wenn der Anbieter eigene Informationen auswirft oder diese Informationen von einer Person stammen, die ihm untersteht oder von ihm beaufsichtigt wird (§ 14 Abs. 2).

4. Der Ausschluss der Verantwortlichkeit für den Betrieb elektronischer Suchmaschinen u. dgl. gilt wiederum sowohl für **zivilrechtliche Schadenersatzansprüche** als auch für die **strafrechtliche Haftung** des Anbieters. Gesetzliche Vorschriften, nach denen ein Gericht oder eine Behörde dem Provider die Unterlassung, Beseitigung oder Verhinderung einer Rechtsverletzung auftragen kann, bleiben aber unberührt (§ 19 des Entwurfs). Auf die Erläuterungen zu dieser Bestimmung sei verwiesen.

Kommentar

Zu Abs. 1:

Die Regelung des § 14 über die Verantwortlichkeit von Suchmaschinen bildet ein EU-weites Novum, da die EC-RL diesbezüglich keine ausdrücklichen Regelungen enthält. Wie die RV aber zutreffend festhält, ist die Tätigkeit von Suchmaschinenbetreibern im Wesentlichen den Access-Providern gleichzuhalten, da meist automatisiert fremde Informationen erfasst und indiziert werden, ohne Einfluss auf den Inhalt zu nehmen.

Freilich ist auch bei dieser Bestimmung darauf hinzuweisen, dass dieses Privileg nur in Österreich ausdrücklich festgehalten wurde und somit nicht automatisch im Binnenmarkt gilt.[39]) Es bleibt zu hoffen, dass entweder der EuGH Suchmaschinen als Access-Provider qualifiziert oder die EU-Kommission in ihrem Bericht gemäß Art. 21 Abs. 2 EC-RL eine EU-weite Regelung vorschlagen wird.

Zu Abs. 2:

In dieser Bestimmung wird festgehalten, dass das Privileg nur für fremde Inhalte gilt. Diesbezüglich wird zu unterscheiden sein, ob die auf einer Website eingebaute Suchmaschine bloß die Inhalte der eigenen Website durchsucht (dann volle Verantwortlichkeit) oder die generelle Suche im Internet ermöglicht.

Ausschluss der Verantwortlichkeit bei Zwischenspeicherungen (Caching)

§ 15. Ein Diensteanbieter, der von einem Nutzer eingegebene Informationen in einem Kommunikationsnetz übermittelt, ist für eine automatische, zeitlich begrenzte Zwischenspeicherung, die nur der effizienteren Gestaltung der auf Abruf anderer Nutzer erfolgenden Informationsübermittlung dient, nicht verantwortlich, sofern er

1. die Information nicht verändert,

2. die Bedingungen für den Zugang zur Information beachtet,

3. die Regeln für die Aktualisierung der Information, die in allgemein anerkannten und verwendeten Industriestandards festgelegt sind, beachtet,

4. die zulässige Anwendung von Technologien zur Sammlung von Daten über die Nutzung der Information, die in allgemein anerkannten und verwendeten Industriestandards festgelegt sind, nicht beeinträchtigt und

5. unverzüglich eine von ihm gespeicherte Information entfernt oder den Zugang zu ihr sperrt, sobald er tatsächlich Kenntnis davon erhalten

---

[39]) Näheres dazu siehe Anmerkungen zu § 19 ECG.

hat, dass die Information am ursprünglichen Ausgangsort der Übertragung aus dem Netz entfernt oder der Zugang zu ihr gesperrt wurde oder dass ein Gericht oder eine Verwaltungsbehörde die Entfernung oder Sperre angeordnet hat.

RV, 52

1. § 15 übernimmt Art. 13 der Richtlinie über den Ausschluss der Verantwortlichkeit für **automatische Zwischenspeicherungen,** die ausschließlich der effizienteren Gestaltung der Übermittlung von fremden Informationen an andere Nutzer dienen. In der Überschrift soll darauf hingewiesen werden, dass es dabei um das so genannte „**Caching**" geht. Gemeint sind damit automatische und zeitlich begrenzte Speicherungen, mit deren Hilfe interessierten Nutzern ein schnellerer Zugriff zu häufiger abgefragten Informationen verschafft wird. Anders als in § 13 Abs. 2 ECG (Art. 12 Abs. 2 der Richtlinie) handelt es sich nicht um kurzzeitige Zwischenspeicherungen, die der Durchführung der Übermittlung im Kommunikationsnetz dienen, sondern um automatische, zeitlich begrenzte Speicherungen zur **Beschleunigung der Informationsübertragung** und damit zur Verbesserung der Effizienz der Kommunikationsnetze. Hier wie dort werden – und darin liegt die gemeinsame Wurzel der §§ 13 und 15 des Entwurfs – Tätigkeiten *„rein technischer, automatischer und passiver Art"* geregelt, auf die der Anbieter des Dienstes keinen Einfluss nimmt. Er hat keine Kenntnis über die gespeicherte Information und kann diese auch nicht kontrollieren (siehe den Erwägungsgrund 42). Aufgrund dieser technischen Gegebenheiten wird die Verantwortlichkeit eines Providers für solche Zwischenspeicherungen ausgeschlossen.

2. Der Ausschluss der Verantwortlichkeit für das „Caching" wird in der Richtlinie und in § 15 an bestimmte Voraussetzungen geknüpft. Der Anbieter kann sich auf dieses Privileg nur berufen, wenn er die gespeicherte Information **nicht verändert** hat (**Z 1**). Ähnlich wie in den Fällen des § 13 Abs. 1 und des § 14 Abs. 1 sind auch hier nur Veränderungen gemeint, die die Integrität der übermittelten Informationen beeinträchtigen, nicht aber Eingriffe technischer Art im Verlauf der Übermittlung oder Zwischenspeicherung (siehe den Erwägungsgrund 43 und die Erläuterungen zu § 13). Zudem muss der Provider die **Bedingungen für den Zugang zur Information** beachten (**Z 2**); die automatische Zwischenspeicherung einer Website darf beispielsweise nicht dazu führen, dass eine Einrichtung zur Zugangskontrolle (etwa zur Sicherung des Entgeltanspruchs des Online-Anbieters, der die Website bereithält) wegfällt. Eine Zugangskontrolle soll also auch dann gewahrt werden, wenn die entsprechende Website „gecacht" wird. Der Provider muss darüber hinaus nach § 15 **Z 3** die in allgemein anerkannten und verwendeten Industriestandards festgelegten Regeln über die **Aktualisierung von Informationen** einhalten. Dadurch sollen Widersprüche zwischen einer zwischengespeicherten Information, die nicht laufend aktualisiert wird, und der Originalversion, bei der dies der Fall ist, vermieden werden. Ferner darf der Anbieter, der sich auf den Ausschluss der Verantwortlichkeit für bloße Zwischenspeicherungen beruft, die zulässige Anwendung von **Technologien zur Sammlung von Daten** über die Nutzung der Information, die in weithin anerkannten und verwendeten Industriestandards festgelegt sind, **nicht beeinträchtigen (Z 4)**. Mit dieser etwas sperrigen, an die lit. d des Art. 13 der Richtlinie angelehnten Formulierung soll sichergestellt werden, dass Zähleinrichtungen und andere für den Anbieter einer Website wichtige Informationen durch das Caching nicht beeinträchtigt werden. Letztlich soll der Diensteanbieter von seiner Verantwortlichkeit für bloße Zwischenspeicherungen nach § 15 Z 5 nur befreit werden, wenn er unverzüglich die von ihm gespeicherten **Informationen entfernt** oder den **Zugang** zu ihnen **sperrt**, sobald er erfährt, dass die Informationen am Ausgangsort der Übertragung aus dem Netz entfernt wurden, dass der Zugang zu ihnen gesperrt wurde oder dass ein Gericht oder eine Behörde die Entfernung oder Sperre angeordnet hat (wobei hier aus technischen Gründen vorausgesetzt wird, dass der verantwortliche Host Provider die entsprechenden Maßnahmen bereits veranlasst hat). Damit soll auch verhindert werden, dass eine Sperre der Original-Information oder eine behördliche (gerichtliche) Anordnung durch „gecachte" Informationen unterlaufen werden. Eine allenfalls vorhandene „tatsächliche Kenntnis" von einer rechtswidrigen Tätigkeit oder Information kann dem Anbieter im Fall der bloß automatischen Zwischenspeicherung – ähnlich wie im Fall der reinen Durchleitung und anders als im Fall des § 16 – noch nicht schaden. Erfährt er aber nachträglich von den in § 15 Z 5 ECG genannten Umständen, so hat er unverzüglich die erforderlichen Schritte einzuleiten, um sich das Haftungsprivileg zu bewahren.

3. Der Ausschluss der Verantwortlichkeit für Zwischenspeicherungen gilt wiederum sowohl für **zivilrechtliche Schadenersatzansprüche** als auch für die **strafrechtliche Haftung** des Anbieters. Gesetzliche Vorschriften, nach denen ein Gericht oder eine Behörde dem Provider die Unterlassung, Beseitigung oder Verhinderung einer Rechtsverletzung auftragen kann, bleiben aber unberührt (§ 19 ECG). Auf die Erläuterungen zu dieser Bestimmung sei zur Vermeidung von Wiederholungen verwiesen.

Kommentar

§ 15 ECG nimmt auf eine Besonderheit der elektronischen Datenverarbeitung in Netzen Rücksicht: Aus Gründen der effizienteren Übermittlung und Darstellung von Inhalten in elektronischen Netzen werden seit Jahren Inhalte automatisiert zwischengespeichert.

Beim Abruf von Inhalten aus dem WWW kann man zwischen zwei Formen der Zwischenspeicherung unterscheiden:

1. Jeder Internetbrowser verwaltet unbemerkt vom Benutzer ein Verzeichnis auf der lokalen Festplatte, meist „Cache" genannt, in dem vorübergehend Kopien der angezeigten Dateien abgespeichert werden. Die Speicherung dient dazu, die Anzeige bereits abgerufener Inhalte zu beschleunigen. Wurde die WWW-Adresse bereits besucht, fordert der Internetbrowser im Regelfall nur mehr jene Dateien aus dem Internet an, deren Änderungsdatum jünger

ist, als die lokal vorhandene zwischengespeicherte Datei. Die Darstellung der gesamten Seite erfolgt deshalb deutlich schneller. Je nach Internetbrowser und Festplattengröße werden bis zu mehreren hundert Megabyte an Daten auf der eigenen Festplatte ohne Zutun des Nutzers abgespeichert. Die Einstellung für diese Zwischenspeicherung ist freilich veränderbar.

2. Die meisten Internetprovider bieten ihren Kunden die Nutzung von so genannten „Proxy-Servern" an. Oft wird diese Nutzung auch beim Einrichten der Internetzugangssoftware automatisch eingestellt. Ein Proxyserver funktioniert wie ein Cache-Speicher für viele Personen. Es handelt sich um einen Dienst des Internetproviders, der alle zuletzt abgefragten Internet-Inhalte der Nutzer dieses Proxyservers lokal beim Internetprovider für eine gewisse Zeitspanne speichert und anderen Proxyserver-Nutzern des gleichen Internetproviders anbietet. Da der Provider die gewünschten Daten direkt liefern kann, ist die Übertragung für Nutzer und Dienstanbieter vorteilhaft: Der Nutzer bekommt die Daten mit optimaler Geschwindigkeit geliefert und der Dienstanbieter spart sich teure Übertragungsbandbreite. Die eigentlichen Inhalte des Proxy-Servers werden zwar auf den Festplatten des Diensteanbieters gespeichert, da er die Inhalte aber nicht auswählt und keinen Einfluss auf deren Auswahl nimmt, ist ein Privileg gerechtfertigt.

§ 15 wird wohl für beide Arten der Speicherung, also sowohl beim Nutzer als auch beim Dienstanbieter gelten.

Ausschluss der Verantwortlichkeit bei Speicherung fremder Inhalte (Hosting)

§ 16. (1) **Ein Diensteanbieter, der von einem Nutzer eingegebene Informationen speichert, ist für die im Auftrag eines Nutzers gespeicherten Informationen nicht verantwortlich, sofern er**

1. **von einer rechtswidrigen Tätigkeit oder Information keine tatsächliche Kenntnis hat und sich in Bezug auf Schadenersatzansprüche auch keiner Tatsachen oder Umstände bewusst ist, aus denen eine rechtswidrige Tätigkeit oder Information offensichtlich wird, oder,**

2. **sobald er diese Kenntnis oder dieses Bewusstsein erhalten hat, unverzüglich tätig wird, um die Information zu entfernen oder den Zugang zu ihr zu sperren.**

(2) Abs. 1 ist nicht anzuwenden, wenn der Nutzer dem Diensteanbieter untersteht oder von ihm beaufsichtigt wird.

RV, 53

1. § **16** setzt Art. 14 der Richtlinie über den Ausschluss der Verantwortlichkeit eines **Host Providers** um. Gemeint sind damit Provider, deren Tätigkeit darin besteht, die von einem Nutzer eingegebenen Informationen zu speichern, die also Speicherplätze für fremde Inhalte zur Verfügung stellen. Das kann bei-

spielsweise ein Anbieter sein, der einem fremden Nutzer die erforderliche Infrastruktur für eine Website zur Verfügung stellt und diese auf seinem Server speichert. Das kann aber auch ein Anbieter sein, der es Nutzern ermöglicht, ihre Informationen auf seinem Dienst der Informationsgesellschaft einzugeben (etwa ein Medienunternehmen, das Kommentare und „Leserbriefe" von Nutzern zu bestimmten Nachrichten oder Artikeln online publiziert). Die Haftungsfreistellung des § 16 betrifft die vom Diensteanbieter im Auftrag des Nutzers gespeicherten Informationen. Dabei muss es sich um **fremde Angaben und Inhalte** handeln, die nicht vom Provider selbst oder – § 16 **Abs. 2** – von einem ihm unterstehenden oder von ihm beaufsichtigten Nutzer stammen. Der Auftrag zur Speicherung der Informationen kann ausdrücklich oder stillschweigend (§ 863 Abs. 1 ABGB) erteilt werden. § 16 Abs. 1 ECG stellt auch nicht darauf ab, ob die Speicherung fremder Informationen gegen Entgelt oder unentgeltlich erfolgt (wie es beispielsweise bei einem elektronischen „Gästebuch" in aller Regel der Fall ist).

2. Das Haftungsprivileg des § 16 Abs. 1 umfasst zwei Fälle: Der Host Provider ist zum einen nicht verantwortlich, wenn er von einer rechtswidrigen Tätigkeit (etwa einer rechtswidrigen Anleitung zur Vervielfältigung von urheberrechtlich geschützten Daten) oder Information (etwa beleidigende oder kreditschädigende Angaben) **keine tatsächliche Kenntnis** hat. Der Provider soll wiederum allgemein von der aufgrund bestehender Vorschriften gegebenen straf-, verwaltungsstraf- und schadenersatzrechtlichen Verantwortlichkeit freigestellt werden. Wenn er von rechtswidrigen Tätigkeiten und Informationen eines fremden Nutzers nicht weiß, kann er für die von ihm gespeicherten Informationen weder nach strafrechtlichen Bestimmungen noch nach dem Verwaltungsstrafrecht noch schadenersatzrechtlich zur Verantwortung gezogen werden. Für **Schadenersatzansprüche** bestimmt § 16 Abs. 1 **Z 1** im Einklang mit Art. 14 Abs. 1 lit. a der Richtlinie, dass dem Host Provider auch keine Tatsachen oder Umstände, aus denen die rechtswidrige Tätigkeit oder Information offensichtlich wird, **bewusst** sein dürfen. Eine vorherige Prüfung der von einem fremden Nutzer eingegebenen Informationen trifft den Anbieter aber nicht (vgl § 18 Abs. 1 ECG und Art. 15 Abs. 1 der Richtlinie). Das spricht freilich nicht dagegen, dass der Provider Mechanismen oder Instrumente anwendet, die die Speicherung von rechtswidrigen Inhalten von vornherein möglichst verhindern.

Zum anderen soll dem Host Provider nach § 16 Abs. 1 **Z 2** die Freistellung von der Verantwortlichkeit dann zugute kommen, wenn er **unverzüglich** (also ohne schuldhaftes Zögern) tätig wird, sobald er tatsächliche Kenntnis von einer rechtswidrigen Tätigkeit oder Information erlangt. In einem solchen Fall ist er verpflichtet, entweder die von ihm gespeicherte Information zu entfernen oder den Zugang zu ihr zu sperren. Stammt die rechtswidrige Tätigkeit oder Information von einem dritten Nutzer, mit dem der Provider nicht in vertraglicher Verbindung steht (etwa dem Schreiber eines „Leserbriefs", der auf einem Online-Dienst publiziert wird), dann muss der Provider den Diensteanbieter veranlassen, diese Information herauszunehmen.

3. Die Richtlinie und ihre Erwägungsgründe setzen sich nicht mit der praktisch relevanten Frage auseinander, unter welchen **Voraussetzungen** der Host

Provider von einer **rechtswidrigen Tätigkeit oder Information** ausgehen muss. Im Besonderen fragt sich, ob einem Anbieter die Kenntnis oder – für Schadenersatzansprüche – das Kennenmüssen rechtswidriger Tätigkeiten oder Informationen schon dann unterstellt wird, wenn er die Sach- und Rechtslage anhand der ihm vorliegenden Informationen nicht abschließend beurteilen kann. Verlangt ein Dritter ein Einschreiten des Providers und die Entfernung der Information bzw die Sperre des Zugangs, so wird der Provider zur Tätigkeit verpflichtet sein, *„wenn die Rechtsverletzung auch für einen juristischen Laien ohne weitere Nachforschungen offenkundig ist"* (vgl OGH 19.3.2000 MR 2000, 328 mit Anm. *Pilz*), wenn die Rechtswidrigkeit für den Anbieter wie für jedermann *„leicht erkennbar"* ist (vgl § 9 Abs. 2 StGB).

Der Ausdruck *„tatsächliche Kenntnis"* wird **eng auszulegen** sein. Eine solche tatsächliche Kenntnis wird nur dann gegeben sein, wenn der Provider Gewissheit über die rechtswidrigen Tätigkeiten oder Informationen hat. Das bloße „Kennenmüssen" schadet ihm in Bezug auf seine straf- und verwaltungsstrafrechtliche Verantwortlichkeit nicht und kann nur eine zivilrechtliche Haftung begründen. Der Begriff der „tatsächlichen Kenntnis" wird in etwa dem Begriff „Wissentlichkeit" im Sinn des § 5 Abs. 3 StGB entsprechen.

Das Bundesministerium für Justiz hat bei der Vorbereitung des Entwurfs erwogen, den Host Provider zu verpflichten, dem **„qualifizierten Hinweis"** eines Dritten auf eine rechtswidrige Tätigkeit oder Information nachzugehen (vgl etwa Sec. 202 c Abs. 3 des US-Digital Millennium Act). Dabei ist daran gedacht worden, die Befugnis zur Abgabe eines solchen „qualifizierten Hinweises" auf die nach dem Verwertungsgesellschaftengesetz befugten Verwertungsgesellschaften und die nach den §§ 28 ff KSchG zur Verbandsklage in Österreich berechtigten Körperschaften zu beschränken. Eine derartige Regelung könnte den Umgang mit (angeblich) rechtswidrigen Tätigkeiten und Informationen durch den Provider erleichtern. Der Entwurf sieht aber davon ab, eine solche, über die Richtlinie hinaus gehende Verpflichtung des Host Providers vorzuschlagen, weil darin – im Vergleich zur Richtlinie – eine Erweiterung seiner Verantwortlichkeit gesehen werden könnte. Es bestehen aber keine Bedenken, wenn zwischen den Interessenverbänden der Provider einerseits und den Verwertungsgesellschaften sowie Verbraucherverbänden andererseits auf freiwilliger Basis Verhaltenskodizes entwickelt werden, die im Ergebnis zu ähnlichen Erleichterungen wie die erwähnte Regelung über einen „qualifizierten Hinweis" führen.

4. Die Haftungsfreistellung des § 16 ECG betrifft wiederum nicht diejenigen Fälle, in denen ein zuständiges **Gericht oder eine zuständige Behörde** dem Provider die Unterlassung, Beseitigung oder Verhinderung einer Rechtsverletzung aufträgt (vgl § 19 ECG). Auf die Erläuterungen zu dieser Bestimmung sei zur Vermeidung von Wiederholungen verwiesen.

Kommentar

Die Frage der Haftung des Internetproviders für gehostete Inhalte war bei der Entstehung der EC-RL heiß diskutiert, im Ergebnis aber nicht gelöst. Da das

Gesetz im Wesentlichen nur den RL-Text wiedergibt, muss ein Internetprovider jedem konkreten, substantiierten Hinweis nachgehen, der seinen Kunden illegale Internet-Inhalte vorwirft.

Den Maßstab, den ein Internetprovider bezüglich der Sperrung der Inhalte seiner eigenen Kunden anzulegen hat, beschreiben die EBzRV mit *„wenn die Rechtsverletzung auch für einen juristischen Laien ohne weitere Nachforschungen offenkundig ist"*. Die EBzRV verweisen damit auf die Entscheidung des OGH[40]), in der über die Verantwortlichkeit der Domainvergabestelle NIC.AT für den Missbrauch der Domain fpo.at abgesprochen wurde. Den EBzRV ist im Prinzip zuzustimmen, obwohl den endgültigen Maßstab der „Offenkundigkeit" erst die weitere Rechtsprechung bieten kann.

Hilfreich ist das Beispiel am Ende des zweiten Absatzes der EBzRV (Leserbrief auf einem Online-Dienst publiziert): Die Verständigung des eigentlichen Dienstbetreibers, der auch technischen Zugriff zum inkriminierten Inhalt hat, erfüllt laut EBzRV auch das Erfordernis des unverzüglichen Tätigwerdens.

Für Diensteanbieter, die Inhalte ihrer Nutzer speichern, ergibt sich aus dieser Vorschrift die Konsequenz, einen entsprechenden Hinweis in ihren Allgemeinen Geschäftsbedingungen aufzunehmen und entsprechende organisatorische Maßnahmen für die Behandlung von Hinweisen vorzusehen.

Ausschluss der Verantwortlichkeit bei Links

§ 17. (1) Ein Diensteanbieter, der mittels eines elektronischen Verweises einen Zugang zu fremden Informationen eröffnet, ist für diese Informationen nicht verantwortlich,

1. sofern er von einer rechtswidrigen Tätigkeit oder Information keine tatsächliche Kenntnis hat und sich in Bezug auf Schadenersatzansprüche auch keiner Tatsachen oder Umstände bewusst ist, aus denen eine rechtswidrige Tätigkeit oder Information offensichtlich wird, oder,

2. sobald er diese Kenntnis oder dieses Bewusstsein erlangt hat, unverzüglich tätig wird, um den elektronischen Verweis zu entfernen.

(2) Abs. 1 ist nicht anzuwenden, wenn die Person, von der die Informationen stammen, dem Diensteanbieter untersteht oder von ihm beaufsichtigt wird oder der Diensteanbieter die fremden Informationen als seine eigenen darstellt.

RV, 55

1. § 17 betrifft die in der Richtlinie ebenfalls nicht geregelte Verantwortlichkeit für **Links**. Solche Links (Verbindungen) erleichtern die Benutzung des Internet und anderer Kommunikationsnetze, weil sich der Nutzer die Suche und

---

[40]) OGH 13. 9. 2000, 4 Ob 166/00s, siehe http://www.rechtsprobleme.at/doks/urteile/fpo-at.html.

die Eingabe einer entsprechenden Adresse erspart und stattdessen rasch und einfach weitere Informationen einsehen oder abrufen kann. Diese Technologie bietet sowohl den Nutzern als auch den Anbietern im Internet und in anderen Kommunikationsnetzen Vorteile: Zum einen erleichtert sie das „Surfen" im Internet, weil ein Nutzer durch einen einfachen Mouse-Click auf andere Inhalte umsteigen kann. Aber auch ein Anbieter kann aus einem auf einer fremden Website gesetzten Link Vorteile ziehen, weil damit sein Angebot einem größeren Nutzerkreis bekannt gemacht werden kann.

Die rechtliche **Verantwortlichkeit** eines Anbieters, der auf seiner Website einen elektronischen Verweis (Link) auf andere Inhalte anbringt oder zulässt, ist freilich **nicht klar**. Die Bestimmungen über die Verantwortlichkeit von Host Providern (Art. 14 der Richtlinie und § 16 ECG) werden im Allgemeinen auf die Verantwortlichkeit eines Link-Setzers nicht unmittelbar anwendbar sein, weil dieser bei der Anbringung eines Links nicht von einem Nutzer eingegebene Informationen speichert. Daher soll auch diese offene Frage – in Anlehnung an die von der Richtlinie für die Verantwortung von Host Providern aufgestellten Grundsätze – geklärt werden (vgl auch *Zankl,* Haftung für Links im Internet, ecolex 2001, 354).

2. § 17 gilt für Anbieter, die mittels eines **Links** den Zugang zu **fremden Inhalten** eröffnen. Keine Anwendung soll die Regelung auf den Fall finden, dass der Anbieter auf von ihm stammende Informationen und Inhalte verweist. Auch soll sich ein Anbieter – siehe § 17 **Abs. 2** ECG – auf den Haftungsausschluss nicht berufen können, wenn die fremden Inhalte von Diensteanbietern stammen, die ihm unterstehen oder von ihm beaufsichtigt werden (siehe auch § 14 Abs. 2 und § 16 Abs. 2 ECG). Darüber hinaus ist die Bestimmung nur für die deliktische Verantwortlichkeit eines Linksetzers anwendbar; seine Schadenersatzpflichten aus Vertrag sollen dadurch aber nicht eingeschränkt werden (vgl *Zankl,* Der Entwurf zum E-Commerce-Gesetz, NZ 2001, 329). Und letztlich soll – in Abs. 2 – ausdrücklich klargestellt werden, dass die Einschränkung der Verantwortlichkeit für Links dann nicht greift, wenn der Linksetzer die fremden Informationen als seine eigenen darstellt. Das Setzen eines Links allein kann zwar – anders als es der OGH in den Erkenntnissen 19. 12. 2000, 4 Ob 225/00t, und 19. 12. 2000, 4 Ob 274/00y, aufgrund des dortigen Sachverhalts aus wettbewerbsrechtlicher Sicht angenommen hat – noch nicht zur Zurechnung der fremden Inhalte führen. Wenn sich der Online-Anbieter aber aufgrund der Umstände des Einzelfalls mit den fremden „gelinkten" Informationen identifiziert oder diese – wie dies auch in den erwähnten Erkenntnissen der Fall war – im Rahmen seines Angebots liegen, kann nicht von der Eröffnung eines Zugangs zu fremden Inhalten eines anderen Nutzers gesprochen werden.

§ 17 ECG regelt so wie die anderen Bestimmungen über den Ausschluss der Verantwortlichkeit von Providern nicht die Haftung eines Linksetzers, sondern schließt dessen Verantwortlichkeit unter bestimmten Voraussetzungen aus. Anders als im Begutachtungsverfahren befürchtet worden ist, kann aus dieser Regelung allein aber **keine Verantwortlichkeit des Diensteanbieters** selbst abgeleitet werden, etwa für ein Link zu rechtswidrigen Informationen, das von einem Anbieter auf seinem Dienst gesetzt wird, um dem Nutzer ein möglichst umfassendes und ausgewogenes Bild zu bieten. Die Zulässigkeit eines solchen Links wird vielmehr nach den anwendbaren allgemeinen Regelungen zu beurteilen sein, wobei auch auf den hohen Stellenwert der Meinungsfreiheit Bedacht genommen werden wird.

3. Der Anbieter darf nach § 17 Abs. 1 **Z 1** ECG **keine tatsächliche Kenntnis** von rechtswidrigen Tätigkeiten oder Informationen haben, die mit den von ihm „gelinkten" fremden Inhalten zusammenhängen. Im Fall von Schadenersatzansprüchen dürfen ihm nach dem Muster des Art. 14 der Richtlinie und des § 16 Abs. 1 auch keine Umstände bewusst sein, aus denen eine rechtswidrige Tätigkeit oder Information offenkundig bewusst wird. In der Regel wird sich die tatsächliche Kenntnis auf die Informationen beschränken, auf die unmittelbar verwiesen wird. Nur in Ausnahmefällen ist es denkbar, dass der Anbieter auch von Informationen Kenntnis hat, auf die weiter verwiesen wird. Es wäre dennoch sachlich nicht gerechtfertigt, die Regelung des § 17 – wie im Begutachtungsverfahren gefordert – auf direkte Links zu beschränken und die Verantwortlichkeit für weiter verweisende Links auf eine andere Website auszuschließen. Eine solche Beschränkung der Verantwortlichkeit wäre beispielsweise dann nicht angemessen, wenn der Linksetzer zur Umgehung seiner Verantwortlichkeit eine Website „zwischenschaltete", um von dort auf rechtswidrige Tätigkeiten oder Informationen zu verweisen.

Ferner soll sich ein Linksetzer auf den Ausschluss seiner straf- und zivilrechtlichen Verantwortlichkeit nur berufen können, wenn er den elektronischen Verweis **unverzüglich nach Erlangung der tatsächlichen Kenntnis** von einer rechtswidrigen Tätigkeit oder Information (nach Erlangung des entsprechenden Bewusstseins) **entfernt hat** (§ 17 Abs. 1 **Z 2**).

§ 17 regelt nur den Ausschluss der straf- oder schadenersatzrechtlichen Verantwortlichkeit von Diensteanbietern, die einen elektronischen Verweis auf fremde Inhalte setzen. Die Haftungsfreistellung betrifft wiederum nicht diejenigen Fälle, in denen ein zuständiges **Gericht oder eine zuständige Behörde** dem Anbieter die Unterlassung, Beseitigung oder Verhinderung einer Rechtsverletzung aufträgt (siehe § 19 ECG). Auf die Erläuterungen zu dieser Bestimmung sei verwiesen.

Kommentar

Die Bestimmung des § 17 ECG richtet sich an jede, auch private Homepage, die mit fremden Inhalten mittels Hyperlink verknüpft ist. Auslösendes Moment für die Aufnahme der Bestimmung über Hyperlinks war das auch in den EBzRV erwähnte OGH-Urteil 4 Ob 274/00y vom 19. Dezember 2000. Das Urteil, dem im Ergebnis zuzustimmen ist, ist in seiner Begründung recht widersprüchlich und vermischt unterschiedliche Arten von Verknüpfungen.[41])

---

[41]) *Laga*, Anmerkung zu OGH 19. 12. 2000, 4 Ob 274/00y, ÖBl 2001, 164.

Leider ist die Terminologie im Gesetz etwas verwirrend: Durch die Verwendung des Wortes „eröffnet" könnte der Anwender denken, dass die fremde Information erst durch den Verweis zugänglich wird. Dies ist aber nicht der Fall: Es kann nur auf bereits veröffentlichte und zugängliche Inhalte verwiesen werden. Gemeint ist, dass mittels des Verweises der Zugang zu fremder Information erleichtert wird.

Wie der OGH unterscheidet auch das Gesetz nicht zwischen den verschiedenen Arten von Verknüpfungen:

Ein *Inline-Link* unterscheidet sich von einem *Hyperlink* dadurch, dass ersterer ohne Wissen des Betrachters direkt Inhalte in eine Seite räumlich und sachlich einbindet, ein Hyperlink hingegen erst vom Besucher „aktiviert" werden muss und die linkende Seite verlassen wird.

Ähnlich wie Inline-Links werden auch die Verknüpfungen bei *Frames* automatisch aktiviert. Bei der Verwendung der Frametechnik bestimmt die *Frameset*-Seite, welche Webseiten der Benutzer in welcher Anordnung gleichzeitig zu Gesicht bekommt. Der Besucher sieht in seinem Browser nur die Internetadresse der *Frameset*-Seite. Die dargestellten Inhalte können aber auf jedem Webserver der Welt abgespeichert sein. Deren Internetadresse bleibt für den Besucher unsichtbar.

Da die EBzRV aber nur auf das Beispiel des normalen Hyperlinks eingehen, ist anzunehmen, dass die Haftungsprivilegien nur auf „einfache" Verknüpfungen mittels Hyperlinks anzuwenden sind.

Der Haftungsmaßstab bzw das Ausmaß des Privilegs ist mit dem von § 15 zu vergleichen. § 17 stellt bezüglich der Haftung auf die allgemeinen Normen ab, dh wenn die Verknüpfung mit fremden Inhalten von Anfang an rechtswidrig war, wird man sich im Nachhinein nicht auf eine Erleichterung berufen können.

Umfang der Pflichten der Diensteanbieter

§ 18. (1) Die in den §§ 13 bis 17 genannten Diensteanbieter sind nicht verpflichtet, die von ihnen gespeicherten, übermittelten oder zugänglich gemachten Informationen allgemein zu überwachen oder von sich aus nach Umständen zu forschen, die auf rechtswidrige Tätigkeiten hinweisen.

(2) Die in den §§ 13 und 16 genannten Diensteanbieter haben aufgrund der Anordnung eines dazu gesetzlich befugten inländischen Gerichtes diesem alle Informationen zu übermitteln, anhand deren die Nutzer ihres Dienstes, mit denen sie Vereinbarungen über die Übermittlung oder Speicherung von Informationen abgeschlossen haben, zur Verhütung, Ermittlung, Aufklärung oder Verfolgung gerichtlich strafbarer Handlungen ermittelt werden können.

(3) Die in § 16 genannten Diensteanbieter haben aufgrund der Anordnung einer Verwaltungsbehörde dieser den Namen und die Adressen der Nutzer ihres Dienstes, mit denen sie Vereinbarungen über die Speicherung von Informationen abgeschlossen haben, zu übermitteln, sofern die Kennt-

nis dieser Informationen eine wesentliche Voraussetzung der Wahrnehmung der der Behörde übertragenen Aufgaben bildet.

(4) Die in § 16 genannten Diensteanbieter haben den Namen und die Adresse eines Nutzers ihres Dienstes, mit dem sie Vereinbarungen über die Speicherung von Informationen abgeschlossen haben, auf Verlangen dritten Personen zu übermitteln, sofern diese ein überwiegendes rechtliches Interesse an der Feststellung der Identität eines Nutzers und eines bestimmten rechtswidrigen Sachverhalts sowie überdies glaubhaft machen, dass die Kenntnis dieser Informationen eine wesentliche Voraussetzung für die Rechtsverfolgung bildet.

(5) Sonstige Auskunfts- und Mitwirkungspflichten der Diensteanbieter gegenüber Behörden oder Gerichten bleiben unberührt.

RV, 57

1. Die Richtlinie hindert die Mitgliedstaaten in Art. 15 Abs. 1 daran, eine **allgemeine Überwachungspflicht** der Access oder Host Provider für die von ihnen übermittelten oder gespeicherten Informationen vorzusehen. Auch können die Mitgliedstaaten diese Provider nicht dazu verpflichten, von sich aus Umstände über eine allenfalls rechtswidrige Tätigkeit zu ermitteln. Die in den Art. 12 bis 14 der Richtlinie (§§ 13, 15 und 16 ECG) genannten Anbieter sind nicht verpflichtet, die von ihnen gespeicherten oder übermittelten Informationen und Inhalte vorweg einer Kontrolle auf deren Rechtskonformität zu unterziehen. Damit sollen sie aber nicht davon abgehalten werden, mit ihren Nutzern Verträge über die von diesen einzuhaltenden Standards zu schließen. In solchen Verträgen können die Provider die Nutzer insbesondere dazu verpflichten, rechtswidrige Tätigkeiten oder Informationen zu unterlassen und sich für den Fall eines Zuwiderhandelns die Entfernung der von ihnen gespeicherten Informationen oder die Sperre des Zugangs vorbehalten. Auch will die Richtlinie – wie schon erwähnt – den Bestrebungen der Anbieter, illegale Inhalte aus dem Internet und anderen Kommunikationsnetzen durch entsprechende technische Vorrichtungen möglichst herauszuhalten, nicht entgegenstehen. Es ist wichtig, dass sich die Provider dieser Fragen annehmen, zumal das Internet und die anderen modernen Kommunikationstechnologien vielfach unter Hinweis auf dort auffindbare Inhalte diskreditiert werden. Effiziente und funktionierende Mechanismen der „Selbstreinigung" können dazu beitragen, das Vertrauen in die modernen Kommunikationstechnologien zu stärken.

Art. 15 Abs. 2 der Richtlinie stellt es den Mitgliedstaaten aber frei, die Diensteanbieter zu verpflichten, die **Behörden oder Gerichte** über mutmaßliche rechtswidrige Tätigkeiten oder Informationen zu unterrichten. Auch können die Mitgliedstaaten die Anbieter dazu verhalten, den zuständigen Behörden auf Verlangen Informationen über die Nutzer ihrer Dienste herauszugeben. Letztlich lässt die Richtlinie die Befugnis der Behörden oder Gerichte unberührt, von den Anbietern zu verlangen, dass eine Rechtsverletzung abgestellt oder verhindert wird (siehe Art. 12 Abs. 3, Art. 13 Abs. 2 und Art. 14 Abs. 3 der Richtlinie).

2. § **18** ECG führt die in Art. 15 Abs. 1 der Richtlinie festgelegten Grundsätze aus. Nach dem **Abs.** 1 sollen die in den §§ 13 bis 17 genannten Anbieter (also Access Provider, Betreiber von Suchdiensten, Betreiber, die ein Caching vornehmen, Host Provider und Linksetzer) **nicht verpflichtet** sein, vorweg die von ihnen gespeicherten, übermittelten oder zugänglich gemachten **Informationen zu überwachen.** Ferner trifft sie keine Verpflichtung, von sich aus einer allenfalls rechtswidrigen Tätigkeit von Nutzern, die ihre Dienste in Anspruch nehmen, nachzugehen. Es bleibt den Providern aber unbenommen, bestimmte mutmaßlich rechtswidrige Inhalte und Informationen durch entsprechende automationsunterstützt ablaufende Verfahren zu identifizieren, zu sperren oder zu entfernen. Entsprechend dem Vorschlag, die Regelungen der Richtlinie über den Ausschluss der straf- und schadenersatzrechtlichen Verantwortlichkeit auch auf die Betreiber von Suchmaschinen und auf Online-Anbieter, die auf fremde Inhalte verweisen, auszudehnen (§§ 14 und 17 ECG), sollen auch solche Provider von einer allgemeinen Überwachungspflicht freigestellt werden.

3. Die Bestimmungen der **Abs. 2 und 3** entsprechen der in Art. 15 Abs. 2 zweiter Teil der Richtlinie erwähnten Ermächtigung der Mitgliedstaaten. Access und Host Provider sollen nach Abs. 2 aufgrund einer gerichtlichen Anordnung (das wird in der Regel ein im Vorverfahren ergangener gerichtlicher Beschluss sein) verpflichtet sein, einem zu dieser Anordnung gesetzlich befugten inländischen Gericht auf Verlangen alle **Informationen zu übermitteln,** anhand deren die Nutzer, mit denen sie Vereinbarungen über die Übermittlung oder Speicherung von Informationen abgeschlossen haben, ermittelt werden können. Die Verpflichtung zur Herausgabe der Daten setzt voraus, dass der Anbieter darüber verfügt. Bei der gerichtlichen Anordnung nach § 18 Abs. 2 wird es sich in der Regel um eine nur unter besonderen Voraussetzungen zulässige Überwachung des Fernmeldeverkehrs im Sinn der §§ 149a ff StPO handeln. Weiter gehende Mitwirkungspflichten des Betreibers (etwa nach § 89 TKG) bleiben – siehe § 18 Abs. 5 ECG – unberührt. Die Verpflichtung zur Herausgabe der Daten setzt voraus, dass das Gericht zu einer solchen Anordnung **gesetzlich befugt** ist. Ferner wird vorausgesetzt, dass das Gericht die Informationen zur Verhütung, Ermittlung, Aufklärung oder Verfolgung gerichtlich strafbarer Handlungen benötigt. Das soll aufgrund der Bemerkungen der Kommission im Notifikationsverfahren ausdrücklich klargestellt werden.

§ 18 Abs. 3 ECG soll auch einer dazu gesetzlich befugten **Behörde Auskunftsrechte** einräumen. Die Auskunftspflicht trifft in einem solchen Fall aber nur Host Provider, auch erstreckt sie sich nur auf den Namen und die Adresse der Nutzer ihrer Dienste. Sie greift ebenfalls nur dann, wenn der Provider über diese Daten verfügt. Das Begutachtungsverfahren hat gezeigt, dass gerade die Gewerbebehörden den Namen und die Anschrift bestimmter Nutzer benötigen, um dem Verdacht einer Gewerbeübertretung oder einer Übertretung sonstiger gewerberechtlicher Vorschriften nachzugehen. Eine entsprechende Auskunftsverpflichtung der Host Provider ist daher geboten. Die Auskunftspflicht setzt voraus, dass die Kenntnis des Namens und der Adresse eines bestimmten Nutzers eine wesentliche Voraussetzung der Wahrnehmung der der Behörde übertragenen Aufgaben bildet. Diese Voraussetzungen wird die Behörde in ihrem Auskunftsersuchen oder -bescheid darzulegen haben. [Letztlich ist eine Behörde nur dann auskunftsbefugt, wenn sie dazu **gesetzlich befugt ist.** § 18 Abs. 3 räumt der Behörde für sich allein noch kein Aufsichtsrecht ein. Dazu bedarf es vielmehr noch einer in dem jeweiligen „Materiengesetz" (etwa in der Gewerbeordnung 1994 oder im Wertpapieraufsichtsgesetz) angesiedelten Regelung.] *Anm: Der in [] gesetzte Absatz wurde durch den im JA angenommenen Abänderungsantrag obsolet.*

JAB

§ 18 Abs. 3 ECG räumt auch Verwaltungsbehörden das Recht ein, einen Host Provider um Auskunft über den Namen und die Adresse eines Nutzers seines Dienstes zu ersuchen. Nach dem Konzept der Regierungsvorlage soll dieses Auskunftsrecht der Behörde aber nur dann zustehen, wenn sie sich zusätzlich noch auf eine im jeweiligen „Materiengesetz" (etwa in der GewO 1994 oder im WAG) angesiedelte Befugnis stützen kann. Diese Voraussetzung erscheint dem Ausschuss jedoch überschießend, zumal in § 18 Abs. 3 ECG ohnehin klargestellt wird, dass die Kenntnis dieser Informationen eine wesentliche Voraussetzung der Wahrnehmung der der Behörde übertragenen Aufgaben bilden muss. Daher ist es – auch unter den Aspekten des Datenschutzes – nicht geboten, eine zusätzliche Auskunftsbefugnis in einem anderen Bundesgesetz zu verlangen. Die Verwaltungsbehörde (also etwa die Gewerbebehörden, die Finanzmarktaufsicht, aber auch andere, zur Aufsicht über einen Anbieter berufenen Stellen) soll vielmehr unmittelbar auf der Grundlage des E-Commerce-Gesetzes den Namen und die Adresse des Nutzers eines Host Providers erfragen können, sofern sie diese Informationen zur Wahrnehmung der ihr übertragenen Aufgaben (etwa zur Gewerbe- oder Finanzaufsicht) benötigt. Eine solche Vereinfachung ist nicht zuletzt im Hinblick auf die Verpflichtung der Richtlinie, geeignete Aufsichts- und Untersuchungsinstrumente zur Verfügung zu stellen, geboten. Ansonsten könnten die Aufsichtsbefugnisse der Verwaltungsbehörden im elektronischen Geschäftsverkehr erst durch eine Anpassung der verschiedenen Materiengesetze „effektuiert" werden.

RV, 59

3. Nach § 18 **Abs. 4** ECG sollen Host Provider bestimmte Informationen über ihre Vertragspartner auch **an dritte Personen,** die daran ein überwiegendes rechtliches Interesse bescheinigen, **übermitteln.** Mit dieser Regelung soll Personen, die durch rechtswidrige Tätigkeiten oder Informationen eines ihnen nicht bekannten Nutzers in ihren Rechten verletzt werden, und Verbänden oder Gesellschaften, die sich der Wahrung der Rechte bestimmter anderer Personen widmen (etwa Verbraucherverbänden oder Verwertungsgesellschaften), die Rechtsverfolgung erleichtert werden. Diese Verpflichtung der Provider ist in der Richtlinie nicht unmittelbar vorgezeichnet. Sie verstößt aber als Überwachungspflicht für den besonderen Fall des Eingriffs in die Rechte dritter Personen nicht gegen den Wortlaut oder den Geist der Richtlinie (vgl wiederum den

Erwägungsgrund 47). Die Bekanntgabe des Namens und der Adresse des Nutzers eines Dienstes, mit dem der Anbieter Vereinbarungen über die Speicherung von Informationen abgeschlossen hat, liegt im Interesse des in seinen Rechten Verletzten. Aber auch dem Provider kann eine solche Regelung entgegenkommen, weil sie dem Betroffenen die unmittelbare Rechtsverfolgung gegen den Urheber einer rechtswidrigen Tätigkeit oder Information erleichtert und damit Verfahren gegen den Provider selbst vermieden werden können.

Voraussetzung der Bekanntgabe des Namens und der Adresse des Nutzers eines Host Providers an einen Dritten ist die Glaubhaftmachung eines **überwiegenden rechtlichen Interesses des Dritten** an der Feststellung der Identität des Nutzers, mit dem der Host Provider Vereinbarungen über die Speicherung abgeschlossen hat. Zudem muss der Auskunftswerber einen bestimmten rechtswidrigen Sachverhalt bescheinigen. Der Auskunftswerber muss letztlich glaubhaft machen, dass die Kenntnis dieser Informationen eine wesentliche Voraussetzung für die von ihm wahrgenommene oder betriebene Rechtsverfolgung bildet. Unter diesen Voraussetzungen werden der Bekanntgabe der Daten des Nutzers auch keine datenschutzrechtlichen Gründe entgegenstehen (vgl auch § 8 Abs. 1 Z 4 Datenschutzgesetz 2000).

Die Frage, unter welchen Voraussetzungen der Provider einen Auskunftsanspruch anerkennen und die verlangten Daten dem Interessenten herausgeben kann, kann **in der Praxis Schwierigkeiten** bereiten. Ähnlich wie bei der Beurteilung der „tatsächlichen Kenntnis" im Sinn des § 16 ECG wird dabei auf die Fähigkeiten und das Wissen eines juristischen Laien abzustellen sein (siehe die Erläuterungen zu § 16). Ist es auch für den Nicht-Fachmann offenkundig, dass eine bestimmte Information gegen die Rechte Dritter verstößt, so steht der Herausgabe der verlangten Daten nichts entgegen. Gleiches gilt, wenn der Auskunftswerber nachvollziehbar und einleuchtend darlegt, dass er die von ihm erwünschten Daten zur Rechtsverfolgung vor den Gerichten benötigt.

Die Auskunftsverpflichtung des Providers erstreckt sich auch im Fall des Abs. 4 nur auf den **Namen und die Adresse eines Nutzers,** mit dem er Vereinbarungen über die Speicherung von Daten abgeschlossen hat. Weiter gehende Informationen, etwa ein User-Profil oder andere Umstände, die zur Rechtsverletzung führen, können dem Auskunftswerber nicht mitgeteilt werden. Der Host Provider wird durch diese Regelung auch nicht verpflichtet, diese Daten zu speichern oder aufzubewahren, er hat auch nur die ihm verfügbaren Daten herauszugeben.

4. § 18 Abs. 5 stellt klar, dass **Auskunfts- und Mitwirkungspflichten** von Online-Anbietern (vor allem nach den §§ 149a ff StPO 1975 in Verbindung mit § 89 TKG sowie nach § 53 SPG) unberührt bleiben.

Kommentar

§ 18 regelt die Pflichten zur Mitwirkung bei Behördentätigkeit. Diese Mitwirkungspflichten betreffen sowohl Gerichts- (Abs. 2) als auch Verwaltungsverfahren (Abs. 3), wobei sich Abs. 3 nur an Hostprovider richtet. Um keine

Verletzung des Datenschutzes zu begehen, sollte sich jeder Dienstanbieter vor Auskunft vergewissern, ob die konkrete Anfrage eine wesentliche Voraussetzung für die Wahrnehmung der Behördenaufgaben bildet bzw zur Verhütung, Ermittlung, Aufklärung oder Verfolgung gerichtlich strafbarer Handlungen dient.

Durch diese Vorschrift ergibt sich allerdings für die Dienstanbieter ein Spannungsfeld zwischen § 91 TKG (Datenschutz) und § 18 ECG. Hier wird zu unterscheiden sein, ob es sich bei den verlangten Auskünften um die Identifizierung eines Verantwortlichen für öffentliche, für jeden zugängliche Informationen handelt oder ob eine Individualkommunikation vorliegt. In letzterem Fall unterliegen die Daten dem Fernmeldegeheimnis (§ 87 TKG) und es muss sich um eine nur unter besonderen Voraussetzungen zulässige Überwachung des Fernmeldeverkehrs im Sinn der §§ 149a ff StPO handeln.

Vergibt ein Diensteanbieter auch anonyme Nutzungsmöglichkeiten an seine Kunden (zB mittels Pre-Paid-Card) oder bietet er das anonyme Anlegen von Gratis-Email-Adressen an, so hat er nur jene Kundendaten herauszugeben, die dem Diensteanbieter bekannt sind. Eine eigene Erkundigungs- oder Identitätsfeststellungspflicht ergibt sich aus § 18 nicht.

Die Auskunftpflichtbestimmung des Hostproviders gegenüber privaten Dritten nach Abs 4 ist nicht von der EC-RL vorgegeben. Sie wurde auf Druck von Verbänden von Rechteinhabern eingeführt und soll der effizienten Bekämpfung von rechtswidrigen bzw rechtswidrig veröffentlichten Inhalten dienen. Voraussetzung für die Geltendmachung eines Auskunftsbegehrens ist die Darlegung eines überwiegenden rechtlichen Interesses genauso wie eines bestimmten rechtswidrigen Sachverhalts. Zusätzlich muss auch noch glaubhaft gemacht werden, dass die Angabe des Namens und der Adresse des beschuldigten Nutzers eine wesentliche Voraussetzung für die Rechtsverfolgung darstellt.

Weitergehende Vorschriften

§ 19. (1) Die §§ 13 bis 18 lassen gesetzliche Vorschriften, nach denen ein Gericht oder eine Behörde dem Diensteanbieter die Unterlassung, Beseitigung oder Verhinderung einer Rechtsverletzung auftragen kann, unberührt.

(2) Abs. 1 sowie die §§ 13 bis 18 sind auch auf Anbieter anzuwenden, die unentgeltlich elektronische Dienste bereitstellen.

RV, 60

1. Die Art. 12 bis 14 der Richtlinie schließen die Verantwortlichkeit von Anbietern für die dort erwähnten Dienste der Informationsgesellschaft (Vermittlung des Zugangs, automatische Zwischenspeicherungen und Speicherung fremder Inhalte) unter bestimmten Voraussetzungen aus. Damit werden sowohl

die strafrechtliche Verantwortung der Provider, ihrer Organe und Mitarbeiter als auch die schadenersatzrechtliche Haftung ausgeschlossen. Die Richtlinie will aber die nach den Rechtssystemen der Mitgliedstaaten den zuständigen Behörden oder Gerichten zustehende Möglichkeit, von einem Provider das **Abstellen** oder **Verhindern einer Rechtsverletzung** zu verlangen, nicht beeinträchtigen (vgl Art. 12 Abs. 3, 13 Abs. 2 und 14 Abs. 3 der Richtlinie). Von den in der Richtlinie festgelegten Haftungsprivilegien werden damit behördliche (gerichtliche) Anordnungen zur Sperre des Zugangs oder zur Entfernung von Inhalten sowie nach dem jeweils anwendbaren Recht bestehende Unterlassungsansprüche ausdrücklich ausgenommen. Auch hindert die Richtlinie die Mitgliedstaaten nicht, Verfahren für die Entfernung einer Information oder die Sperrung des Zugangs zu ihr festzulegen (siehe Art. 14 Abs. 3).

2. **§ 19 Abs. 1 ECG** setzt diese Ausnahmen der Richtlinie um. Der Ausschluss der Verantwortlichkeit der in den §§ 13 bis 17 genannten Anbieter soll an den Befugnissen von Behörden oder Gerichten, von ihnen die **Unterlassung, Beseitigung oder Verhinderung** einer Rechtsverletzung zu verlangen, nichts ändern. Die vorgeschlagene Bestimmung setzt jedoch voraus, dass ein Gericht oder eine Behörde berechtigt ist, einem Anbieter aufgrund einer gesetzlichen Vorschrift unter den dort erwähnten Voraussetzungen die Unterlassung, Beseitigung oder Verhinderung einer Rechtsverletzung aufzutragen. Aus dem vorgeschlagenen § 19 allein kann eine solche Befugnis nicht abgeleitet werden. Soweit sich eine solche Befugnis aus dem österreichischen Sicherheitspolizei- und Strafverfahrensrecht ergibt, steht ihr der Ausschluss der strafrechtlichen Verantwortlichkeit des Diensteanbieters nicht entgegen.

3. **§ 19 Abs. 1** betrifft auch die Rechtsverfolgung auf dem Zivilrechtsweg: Den ordentlichen Gerichten soll es vor allem unbenommen bleiben, gegen einen Provider auf Antrag eines Klägers oder einer gefährdeten Partei einen **Unterlassungsbefehl** (mit einstweiliger Verfügung oder mit Urteil) zu erlassen, sofern die materiell-rechtlichen Voraussetzungen eines Unterlassungsanspruchs (aufgrund allgemeiner zivilrechtlicher Regelungen wie etwa der §§ 16, 43 und 1330 ABGB, aber auch aufgrund besonderer Regelungen wie etwa des § 81 UrhG und anderer vergleichbarer Bestimmungen) vorliegen. Dabei kann es im Einklang mit der Richtlinie nicht darauf ankommen, ob der Diensteanbieter von der von ihm vermittelten Tätigkeit oder Information tatsächlich Kenntnis hat oder diese kennen muss.

Im Begutachtungsverfahren ist von verschiedenen Seiten gefordert worden, die Unterlassungsklage an bestimmte Voraussetzungen zu knüpfen und eine Regelung einzuführen, nach der der Provider zunächst über rechtswidrige Sachverhalte informiert werden muss, ehe eine Unterlassungsklage zulässig ist. Dadurch soll das für den Provider mit einer Unterlassungsklage verbundene **Kostenrisiko minimiert** werden. Diese Forderungen werden nicht aufgegriffen, zumal sie nicht auf den Fall Bedacht nehmen, dass Gefahr im Verzug ist. Eine einstweilige Verfügung könnte durch eine solche Regelung – entgegen Art. 18 Abs. 1 der Richtlinie – verzögert werden. Das Argument mit dem Kostenrisiko lässt sich

durch die auch auf solche Fälle anwendbare Bestimmung des § 45 ZPO widerle-
gen. Eine schadenersatzrechtliche Verantwortung des Providers für außergerichtliche Kosten wird nur dann gegeben sein, wenn er für rechtswidrige Tätigkeiten
oder Informationen im Sinn des §§ 13 ff ECG verantwortlich ist.

4. § 19 Abs. 2 ECG soll eine Lücke in dem von der Richtlinie aufgestellten
System der Verantwortlichkeit von Diensteanbietern schließen. Die Art. 12 bis 14
der Richtlinie beziehen sich nur auf die Anbieter von kommerziellen Online-
Diensten (siehe dazu die Erläuterungen zu § 3 Z 1 und zu § 13). Anbietern, die
ihre Dienste unentgeltlich (also ohne Ertrags- oder Gewinnabsicht) zur Verfügung
stellen, können die in der Richtlinie vorgesehenen Erleichterungen nicht zugute
kommen. Dieses kompetenzbedingte Defizit (die in der Richtlinie ausgeführte
Dienstleistungsfreiheit kann sich aufgrund des Art. 50 EG nur auf „in der Regel
gegen Entgelt" erbrachte Dienstleistungen beziehen) soll bei der Umsetzung der
Richtlinie behoben werden. Es ließe sich sachlich nicht begründen, dass ein Anbieter, der seine **Online-Dienste unentgeltlich** zur Verfügung stellt (etwa der Betreiber einer Datenbank im universitären Bereich oder eine Gebietskörperschaft,
die auf ihrer Website auf fremde Inhalte verweist), die für den kommerziellen
elektronischen Geschäftsverkehr vorgesehenen Einschränkungen der Verantwortlichkeit nicht in Anspruch nehmen könnte. Die §§ 13 bis 18 sowie § 19 Abs. 1
ECG sollen daher auch für solche Anbieter gelten.

Kommentar

Zu Abs. 1:

Zum **Kostenrisiko** der Provider bei Unterlassungsklagen ist anzumerken,
dass § 45 ZPO nicht in allen Fällen Abhilfe schaffen kann: Besonders bedeut-
sam in der Praxis wird sich wohl der Unterlassungsanspruch nach § 14 UWG
erweisen. Nach der Rspr[42]) ist jedoch § 45 ZPO im UWG-Verfahren nicht anzuwenden: Anerkennt der Beklagte den Unterlassungsanspruch, dann wäre auch
die Abweisung der Unterlassungsklage ausgeschlossen, § 45 ZPO kommt nicht
mehr in Betracht.

Auch im UWG-Verfahren ist der Kläger zur vorherigen Abmahnung nicht
verpflichtet[43]). Für Wettbewerbsverstöße eines Dritten hat der Provider einzu-
stehen, und zwar sogar dann, wenn er unentgeltlich tätig wird, da Beihilfe zu einem Wettbewerbsverstoß kein eigenes wirtschaftliches Interesse voraussetzt.
Selbst wenn der Provider also erst mit Zustellung der Klageschrift Kenntnis
vom Wettbewerbsverstoß eines seiner Kunden erlangt und dann unverzüglich
dessen Seite vom Netz nimmt, entgeht er zwar schadenersatzrechtlichen An-
sprüchen, wohl aber könnte der Unterlassungsanspruch gegen ihn geltend ge-

---

[42]) Zuletzt OGH 9. 3. 1999, 4 Ob 15/99f.
[43]) Es sei denn, dies wäre vereinbart worden, vgl OGH 12. 4. 2000, 4 Ob 106/00t.

macht werden. Beachtet man den Streitwert bei derartigen Fällen, ist der Provider einem beträchtlichen Kostenrisiko ausgesetzt, § 45 ZPO kann mangels Anwendbarkeit dieses nicht minimieren.

Allerdings muss der Provider als Gehilfe den Wettbewerbsverstoß des Dritten bewusst fördern. Das für die Gehilfeneigenschaft wesentliche Bewusstsein fehlt nach der Rspr[44]), „wenn jemand die Störungshandlung, deren Förderung ihm vorgeworfen wird, nicht einmal in tatsächlicher Hinsicht gekannt hat und eine Prüfungspflicht auf allfällige Verstöße nicht in Frage kommt." Eine allgemeine Überwachungspflicht trifft den Provider nach § 18 Abs. 1 ECG gerade nicht. Sofern er unverzüglich gegen den Wettbewerbsverstoß einschreitet, wird der Provider mangels bewusster Förderung eines fremden Wettbewerbsverstoßes auch nicht dafür einstehen müssen.

Fraglicher ist wegen der strengen und teilweise uneinheitlichen Rspr, ob nicht überhaupt die Wiederholungsgefahr als materiellrechtliche Voraussetzung des Unterlassungsanspruchs zu verneinen wäre, wenn der Provider sofort nach Kenntnis des Wettbewerbsverstoßes gegen diesen einschreitet.

Zu Abs. 2:

Abs. 2 will gerechtfertigterweise auch Betreiber von privaten Homepages in den Genuss der Haftungsprivilegien kommen lassen. Dazu ist jedoch anzumerken, dass dieses Ziel nur dann erreicht werden kann, wenn überhaupt österreichisches Recht und damit auch die Bestimmungen der §§ 13 bis 19 ECG zur Anwendung kommen.

Unter das Herkunftslandprinzip nach § 20 ECG fallen jedoch nur Diensteanbieter iSd EC-RL, dh Anbieter, die Dienste der Informationsgesellschaft in der Regel gegen Entgelt erbringen. Dieser eingeschränkte Anwendungsbereich der EC-RL ist darin begründet, dass der EU keine Kompetenz zur Regelung von Rechtsbeziehungen unter Privaten zukommt.

In Österreich niedergelassene Anbieter von unentgeltlichen Diensten sind daher keine Diensteanbieter im Sinne der EC-RL bzw des § 3 Z 1 und 2 ECG und können daher auch nicht die Vorteile des Herkunftslandprinzips für sich in Anspruch nehmen. Das auf sie anwendbare Recht bestimmt sich nach den allgemeinen Regeln des IPR: Danach ist gerade im strafrechtlichen und schadenersatzrechtlichen Bereich nicht des Recht des Niederlassungsstaates anzuwenden. Insofern werden daher private Anbieter von unentgeltlichen Online-Diensten (Chat-Foren, Gästebücher etc.) schlechter behandelt. Bleibt nur zu hoffen, dass die anderen EU-Mitgliedstaaten bei der Umsetzung der EC-RL ebenso wie Österreich die Haftungsprivilegien auch auf private Anbieter ausdehnen.

---

[44]) OGH 13. 9. 2000, 4 Ob 166/00s.

6. Abschnitt
Herkunftslandprinzip und Ausnahmen

Herkunftslandprinzip

§ 20. (1) Im koordinierten Bereich (§ 3 Z 8) richten sich die rechtlichen Anforderungen an einen in einem Mitgliedstaat niedergelassenen Diensteanbieter nach dem Recht dieses Staats.

(2) Der freie Verkehr der Dienste der Informationsgesellschaft aus einem anderen Mitgliedstaat darf vorbehaltlich der §§ 21 bis 23 nicht aufgrund inländischer Rechtsvorschriften eingeschränkt werden, die in den koordinierten Bereich fallen.

RV, 61

1. Die §§ 20 bis 23 setzen das **Binnenmarkt- und Herkunftslandprinzip** des Art. 3 der Richtlinie und ihres Anhangs um. Dieses Binnenmarktprinzip hat nach dem Konzept der Richtlinie gleichsam „zwei Seiten". Zum einen sollen die Dienste der Informationsgesellschaft grundsätzlich dem Rechtssystem des Mitgliedstaats unterliegen, in dem der Anbieter niedergelassen ist. Zum anderen soll die Aufsicht über die Dienste der Informationsgesellschaft am Herkunftsort erfolgen (siehe den Erwägungsgrund 22), sie soll quasi „an der Quelle" des jeweiligen Dienstes stattfinden. Wie schon in den Erläuterungen zu § 1 dargelegt, regelt die Richtlinie den freien Verkehr von Diensten der Informationsgesellschaft **zwischen den Mitgliedstaaten** der Europäischen Gemeinschaft (Art. 1 Abs. 1) und des Abkommens über den Europäischen Wirtschaftsraum. Das Binnenmarktprinzip des Art. 3 der Richtlinie und insbesondere ihr Herkunftslandprinzip können daher nur auf den freien Verkehr von Diensten der Informationsgesellschaft im **Binnenmarkt** Anwendung finden. Für Anbieter, die außerhalb der Europäischen Gemeinschaft oder des Europäischen Wirtschaftsraums niedergelassen sind, und für die von ihnen bereitgestellten Dienste der Informationsgesellschaft gilt dieser Grundsatz dagegen nicht (siehe § 1 Abs. 2). Auch gilt das Binnenmarkt- und Herkunftslandprinzip nicht für elektronische Dienstleistungen, die von der Richtlinie nicht geregelt werden (etwa unentgeltlich erbrachte Leistungen – siehe die Erläuterungen zu § 3 Z 1). Die rechtlichen Anforderungen an den Diensteanbieter sind in diesen Fällen nicht nach dem Recht des Herkunftslandes, sondern nach den allgemeinen Regeln des österreichischen Rechts zu beurteilen (soweit dieses überhaupt anwendbar ist).

Die Richtlinie unterscheidet nicht zwischen rechtlichen Anforderungen des öffentlichen Rechts und solchen des Privatrechts. Das Binnenmarkt- und Herkunftslandprinzip der Richtlinie erfasst damit **alle Rechtsvorschriften der Mitgliedstaaten,** die für Diensteanbieter oder für die von diesen bereitgestellten Dienste der Informationsgesellschaft gelten, soweit diese nicht unter die Ausnahmen der Richtlinie (Art. 1 Abs. 5) oder unter die Ausnahmen des Art. 3

Abs. 3 in Verbindung mit dem Anhang der Richtlinie fallen. Das bedeutet, dass auf die Aufnahme und die Ausübung der Tätigkeit eines Anbieters die rechtlichen Anforderungen desjenigen Mitgliedstaats anzuwenden sind, in dem er sich niedergelassen hat. Im Bereich des Verwaltungsrechts und auch im Bereich des Verwaltungsstrafrechts wird dieser Grundsatz im Allgemeinen keine Probleme bereiten, weil er sich weitgehend mit dem dort maßgeblichen **Territorialitätsprinzip** deckt (vgl § 2 Abs. 1 und 2 VStG 1991; siehe auch *Walter/Mayer*, Bundesverfassungsrecht[9] Rz 176; *Thienel* in *Korinek/Holoubek*, Bundesverfassungsrecht, Rz 73 zu den Art. 48 und 49 B-VG). So gelten beispielsweise die Bestimmungen der Gewerbeordnung 1994 für im Ausland niedergelassene Unternehmen und Gewerbetreibende nicht (siehe *Traudtner/Höhne*, Internet und Gewerbeordnung, ecolex 2000, 480 ff). Diesem Territorialitätsprinzip kommt aber auch im Bereich des gerichtlichen Strafrechts besondere Bedeutung zu. Die Fälle, in denen nach den §§ 64 ff StGB auch im Ausland begangene Taten nach den österreichischen Strafgesetzen zu ahnden sind, lassen sich mit der in Art. 3 Abs. 4 lit. a erster Anstrich der Richtlinie (§ 22 Abs. 2 Z 1 ECG) angeordneten Ausnahme vom Herkunftslandprinzip lösen.

Auf die – überaus umstrittene – Frage, welche Auswirkungen das Herkunftslandprinzip auf das **internationale Privatrecht** hat, gehen Art. 1 Abs. 4 und der Erwägungsgrund 23 der Richtlinie ein. Demnach schafft diese zwar keine zusätzlichen Regeln des internationalen Privatrechts; allerdings dürfen – so der Erwägungsgrund – *„Vorschriften des anwendbaren Rechts, die durch Regeln des Internationalen Privatrechts bestimmt sind, die Freiheit zur Erbringung von Diensten der Informationsgesellschaft nicht einschränken"*.

2. § 20 setzt die Vorgaben der Richtlinie in das österreichische Recht um: Zunächst wird bestimmt, dass sich im koordinierten Bereich die rechtlichen Anforderungen an einen in einem Mitgliedstaat niedergelassenen Diensteanbieter nach dem Recht dieses Staates richten (siehe Art. 3 Abs. 1 der Richtlinie). Für die in Österreich niedergelassenen Diensteanbieter sind die Vorschriften des österreichischen Rechts maßgebend; für Diensteanbieter, die in einem anderen Mitgliedstaat niedergelassen sind, sind die rechtlichen Anforderungen nach dem Recht dieses Staates zu beurteilen. Diese Prämisse des Herkunftslandprinzips gilt für alle Bereiche der Rechtsordnung, also sowohl für das öffentliche Recht als auch für das Privatrecht und insbesondere die Kollisionsregeln des internationalen Privatrechts, sie soll aufgrund der Bemerkungen der Kommission im Notifizierungsverfahren im Gesetz selbst klargestellt werden.

§ 20 **Abs. 2** soll Art. 3 Abs. 2 der Richtlinie umsetzen: Die Bestimmung bezieht sich auf den **grenzüberschreitenden Verkehr** von Diensten der Informationsgesellschaft im Binnenmarkt, genauer zwischen Staaten, die der Europäischen Gemeinschaft oder dem Abkommen über den Europäischen Wirtschaftsraum angehören. Der **freie Verkehr** von Diensten der Informationsgesellschaft darf im Binnenmarkt **nicht** aus Gründen **eingeschränkt werden,** die in den koordinierten Bereich fallen. Sofern und soweit die Dienstleistungsfreiheit aufgrund von Rechtsvorschriften des koordinierten Bereichs eingeschränkt wird, sind die rechtlichen Anforderungen nach dem Recht des Herkunftslandes zu beurteilen. Die Regelung gilt für Rechtsvorschriften, die für einen Diensteanbieter unmittelbar relevant sind, etwa für gesetzliche Gebote oder Verbote; sie gilt aber auch für Vollzugsakte, die aufgrund von Rechtsvorschriften gesetzt werden und damit in den freien Verkehr von Dienstleistungen der Informationsgesellschaft eingreifen. Keine Anwendung findet dieses Prinzip in den von der Richtlinie nicht berührten Bereichen (Steuerwesen, Datenschutz und Kartellrecht) sowie in den in den §§ 21 bis 23 geregelten Fällen.

JAB

Anm.: Der ursprünglich in der RV enthaltene § 20 Abs. 3 ECG wurde im JA durch Abänderungsantrag gestrichen und das strenge Herkunftslandprinzip verwirklicht. Die dadurch nicht mehr zutreffenden EBzRV finden sich zum besseren Verständnis im Anschluss in [].

Die Regierungsvorlage versucht in § 20 Abs. 3 ECG, die schwierige Frage der Bedeutung und Rolle des internationalen Privatrechts zu beantworten. Die Regelungen des Kollisionsrechts sollen zwar auch im elektronischen Geschäftsverkehr Anwendung finden, sie sollen aber nicht zur Einschränkung der Dienstleistungsfreiheit beitragen. In einem solchen Fall soll doch wieder das Herkunftslandrecht (§ 20 Abs. 1 ECG) greifen. Die Kommission hat sich dagegen im Notifikationsverfahren 2001/290/A dafür ausgesprochen, die dem § 20 Abs. 3 der Regierungsvorlage im Kern entsprechende Bestimmung des § 21 Abs. 2 des Begutachtungsentwurfs zu streichen und nur die Abs. 1 und 2 des Art. 3 der Richtlinie umzusetzen. Die in der Regierungsvorlage vorgesehene Regelung hat den Vorteil, dass sie die Regelungen des Kollisionsrechts nicht vollständig negiert, auch wenn das internationale Privatrecht durch die Dienstleistungsfreiheit verdrängt werden kann. Sie hat aber den Nachteil, dass das letztlich zur Anwendung gelangende Recht unter Umständen nur schwer vorhergesagt werden kann, weil offen bleibt, ob eine Regelung zur Einschränkung der Dienstleistungsfreiheit führt. Zudem kann der damit implizierte „Günstigkeitsvergleich" im Einzelfall große Schwierigkeiten bereiten.

Der Ausschuss ist daher der Auffassung, dass die Ziele und Intentionen der Richtlinie, die grenzüberschreitenden Dienste der Informationsgesellschaft zu fördern und rechtliche Hindernisse für den elektronischen Geschäftsverkehr abzubauen, eher durch eine Regelung gefördert werden können, die primär auf das Herkunftslandrecht des Anbieters abstellt. Das kann zwar im Einzelfall zu Nachteilen österreichischer Anbieter im Verhältnis zu Anbietern aus anderen Mitgliedstaaten führen, doch werden diese Nachteile in einer Gesamtschau durch die damit verbundenen Vereinfachungen bei weitem aufgewogen. Ein in Österreich niedergelassener Anbieter hat das österreichische Recht zu beachten, ein in einem anderen Mitgliedstaat niedergelassener die Rechtsordnung seines Mitgliedstaats. Den Allgemeininteressen wird dadurch Rechnung getragen, dass bestimmte Bereiche von diesem Prinzip allgemein (§ 21 ECG) oder im Einzelfall (§§ 22 und 23 ECG) ausgenommen werden. Der Entfall des § 20 Abs. 3 der Regierungsvorlage führt damit nicht zwangsläufig dazu, dass in jedem Fall ausschließlich ausländisches Recht zur Anwendung kommt. Es ist vielmehr weiterhin zu prüfen, ob die Anwendung des österreichischen Rechts aus den in den §§ 21 und 22 ECG genannten Gründen geboten ist. Dadurch wird insbesondere sichergestellt, dass das Herkunftslandprinzip nicht zu Nachteilen der österreichischen Verbraucher führt, weil vertragliche Schuldverhältnisse zum Schutz der Verbraucher generell ausgenommen sind und die Gerichte auch im Einzelfall österreichisches Recht anwenden können, wenn dies zum Schutz der Verbraucher einschließlich des Schutzes der Anleger erforderlich ist. Den Befürchtungen, dass damit das österreichische Wettbewerbsrecht im grenzüberschreitenden elektronischen Geschäftsverkehr verdrängt wird, ist entgegenzuhalten, dass dieser Rechtsbereich ohnehin verstärkt harmonisiert werden soll.

[RV, 62

Die Kommission hat sich in ihren Bemerkungen im Notifikationsverfahren dafür ausgesprochen, die in § 21 Abs. 2 des Begutachtungsentwurfs enthaltene kollisionsrechtliche Regelung ersatzlos zu streichen und ausschließlich die Abs. 1 und 2 des Art. 3 der Richtlinie umzusetzen. Der vorliegende Entwurf folgt diesen Bemerkungen aber nur teilweise: Würde man nämlich Art. 1 Abs. 4 der Richtlinie ignorieren und alle Privatrechtsverhältnisse im koordinierten Bereich uneingeschränkt dem **Herkunftslandrecht** unterstellen, so hätte dies vor allem im Wettbewerbsrecht nicht rechtfertigbare Folgen: Auf dem österreichischen Markt würde dann das Wettbewerbsrecht aller EWR-Mitgliedstaaten nebeneinander gelten. Von einer wettbewerbsrechtlichen Ordnung könnte dann keine Rede sein. Auch wäre dann die Durchsetzung eines wettbewerbsrechtlichen Anspruchs wegen der Notwendigkeit zur Ermittlung des Rechts des jeweiligen Herkunftslands erschwert. Da dem Marktteilnehmer nach der Richtlinie mangels einer Ausnahme vom Herkunftslandprinzip nicht die Möglichkeit eingeräumt werden könnte, sich auf ein für ihn günstigeres Marktortrecht zu berufen, hätten Mitbewerber aus Staaten mit einem „strengeren" Wettbewerbsrecht ferner auf allen – den eigenen wie fremden – Märkten Wettbewerbsnachteile zu tragen. Die Dienstleistungsfreiheit solcher Mitbewerber wäre dadurch noch mehr eingeschränkt als die der (ausländischen) Mitbewerber. Diese Erwägungen zeigen die Bedeutung des durch den Erwägungsgrund 23 erklärten Art. 1 Abs. 4 der Richtlinie. Obgleich kein Erwägungsgrund, auch nicht der Erwägungsgrund 23, klar erläutert, was unter *„zusätzlichen"* Bestimmungen im Sinn des Art. 1 Abs. 4 gemeint ist, sollte diese Regelung sinnvollerweise im Einklang mit dem Erwägungsgrund 23 so verstanden werden, dass sie sich „zusätzlich" nicht auf das EVÜ (als einzige einschlägige in Betracht kommende Regelung des internationalen Privatrechts im Gemeinschaftsrecht) und selbstverständlich auch nicht auf das nationale internationale Privatrecht bezieht, sondern **auf die Dienstleistungsfreiheit des primären Gemeinschaftsrechts,** der offenbar auch kollisionsrechtlicher Charakter beigemessen wird. Bei diesem Verständnis kann entweder auf eine besondere international-privatrechtliche Umsetzung der Richtlinie überhaupt verzichtet werden, weil das Primärrecht ohnehin jeder innerstaatlichen Regelung vorgeht, oder das nationale internationale Privatrecht ausdrücklich korrigiert werden. Das vorgeschlagene Gesetz wählt schon der Klarheit wegen die zweite Alternative. Mittel- und längerfristig lassen sich die im Zusammenhang mit dem Binnenmarktprinzip auftretenden Fragen wohl nur im Rahmen einer weiter gehenden Harmonisierung des Wettbewerbsrechts der Mitgliedstaaten der Europäischen Gemeinschaft (und des Abkommens über den Europäischen Wirtschaftsraum) klären.]

[RV, 63

3. § 20 **Abs. 3** betrifft **privatrechtliche Rechtsverhältnisse** des Online-Anbieters sowie privatrechtliche Ansprüche gegen diesen (soweit sie den koordinierten Bereich betreffen). Für diese Rechtsverhältnisse (einschließlich der privatrechtlichen Regelungen über den unlauteren Wettbewerb, über das Vertragsrecht sowie über das Schadenersatzrecht) wird klargestellt, dass im Sinn der Ausführungen zu Punkt 1. das nach den Regeln des internationalen Privatrechts berufene Recht maßgebend ist.

Normativen Charakter hat dagegen der **zweite Satz** des Abs. 3. Wenn das nach den allgemeinen Regeln des österreichischen internationalen Privatrechts maßgebende Recht den freien Dienstleistungsverkehr einschränkt, kommt man zu einem im Sinn der Richtlinie unzulässigen Ergebnis. Es wären dann letztlich (auch) österreichische Vorschriften, nämlich die Bestimmungen des österreichischen internationalen Privatrechts, die dieses Recht zur Anwendung berufen und den freien Dienstleistungsverkehr einschränken. Der zweite Satz des Abs. 3 sieht demgemäß vor, dass an die Stelle des verwiesenen Rechtes das Recht des Herkunftslands als „Ersatzrecht" tritt, soweit das nach dem österreichischen internationalen Privatrecht zur Anwendung berufene Recht zu einer solchen Einschränkung des freien Dienstleistungsverkehrs führt. Da diese Bestimmung eine Vorbehaltsregel und nicht eine eigene Verweisungsnorm ist, muss nicht geprüft werden, ob das internationale Privatrecht des Herkunftslandes zurück- oder weiterverweist. Um dies klar zu stellen, verwendet der Entwurf in Anlehnung an § 6 IPRG den Ausdruck *„entsprechende Regelung"*. Diese Korrektur greift nur zugunsten des Rechtes eines Mitgliedstaats des Abkommens über den Europäischen Wirtschaftsraum ein. Die Richtlinie verlangt eine solche Korrektur – wie erwähnt – nur, wenn der Diensteanbieter im Europäischen Wirtschaftsraum niedergelassen ist, also das Herkunftslandrecht das Recht eines der Vertragsstaaten dieses Abkommens ist. Der zweite Satz des Abs. 3 steht freilich unter dem Vorbehalt, dass die §§ 21 bis 23 ECG nicht etwas anderes bestimmen.

Zu der Frage, was eine **Einschränkung des freien Dienstleistungsverkehrs** ist, gibt es eine lange und bekannte Rechtsprechungslinie des Europäischen Gerichtshofs. Davon ausgehend, dass jede Bestimmung, die Ansprüche gegen den

Diensteanbieter eröffnet, und jede Regelung, die ihm Ansprüche nimmt, seine Geschäftstätigkeit hindert und daher den freien Dienstleistungsverkehr einschränkt, bedeutet der korrigierende Vorbehalt, dass sich der Diensteanbieter bei grenzüberschreitenden Tätigkeiten darauf verlassen kann, nicht auf der Grundlage eines Rechtes in Anspruch genommen zu werden, das einen Anspruch leichter gewährt als das Recht seines Niederlassungsstaats. Umgekehrt kann er Einwendungen aus dem maßgebenden Recht gegen seine Ansprüche entgegenhalten, dass diese nach dem Recht des Herkunftslandes nicht tragfähig sind. Einer Klage auf Unterlassung wegen einer Wettbewerbsverletzung nach dem maßgeblichen österreichischen Recht könnte der ausländische Diensteanbieter etwa entgegenhalten, dass bei dem gegebenen Sachverhalt das Herkunftslandrecht diesen Anspruch nicht gewährt.

Das **Risiko** aus der Anwendung fremden Rechts trägt im Ergebnis der **Gegner des Diensteanbieters**, er muss seine Ansprüche am Maßstab des Rechts des Herkunftslandes prüfen.

Eine der Schwierigkeiten bei der Vollziehung dieser Bestimmung wird darin liegen, einzelne Regelungsbereiche („Regelungen") sinnvoll abzugrenzen. So wird etwa die Verjährungsfrist und der Beginn des Fristenlaufs nicht getrennt beurteilt werden dürfen, eine Gewährleistungsfrist aber mangels eines entsprechenden inneren Regelungszusammenhangs unabhängig von einer Rügepflicht.

Die **sachliche Rechtfertigung** dieser Sonderregel und der Beibehaltung der Bestimmung des § 48 IPRG für andere Bereiche und elektronische Transaktionen, die nicht in den Anwendungsbereich dieses Bundesgesetz fallen (siehe § 1 Abs. 2 ECG), ist in den Besonderheiten des elektronischen Verkehrs zwischen den Mitgliedstaaten der Europäischen Gemeinschaft und des Abkommens über den Europäischen Wirtschaftsraum zu suchen. Wenn sich ein Diensteanbieter nicht an mehreren Rechtsordnungen orientieren muss, können die Potentiale des elektronischen Handels im Binnenmarkt, die nicht zuletzt in der grenzüberschreitenden Reichweite liegen, besser genutzt werden. Die Abweichung von der allgemeinen Regelung des § 48 IPRG und den damit verfolgten Zielen spielt eine umso geringere Rolle, je leichter die in Betracht kommenden fremden Rechte zu ermitteln sind und je weniger sich diese voneinander unterscheiden. Auch ist hier zu beachten, dass die Rechtsordnungen der Mitgliedstaaten sowohl durch die Richtlinie als auch durch andere Rechtsakte aneinander angeglichen worden sind und aller Voraussicht nach weiter harmonisiert werden. Eine Korrektur des Anknüpfungsergebnisses nach § 48 IPRG für den spezifischen Bereich des Verkehrs von Diensten der Informationsgesellschaft zwischen den Mitgliedstaaten fällt damit in einer Gesamtschau nicht so schwer ins Gewicht.

Im konkreten Fall wird der **Rechtsanwender zunächst klären müssen**, welche Rechtsordnung das österreichische internationale Privatrecht für eine bestimmte Frage zur Anwendung beruft. Ergibt diese Prüfung, dass nicht das Niederlassungsrecht anzuwenden ist, so wird in einem weiteren Schritt zu prüfen sein, ob das anzuwendende Recht den freien Verkehr der Dienste der Informationsgesellschaft einschränkt und beeinträchtigt. Wenn Regelungen des österreichischen Rechts, die im Einzelfall anzuwenden sind, für den Diensteanbieter ungünstiger sind, also seine Dienstleistungsfreiheit einschränken, so muss geprüft werden, ob es nach § 22 ECG gerechtfertigt und erforderlich ist, die günstigeren Regelungen des Herkunftslandrechts nicht anzuwenden.]

Kommentar

Das Herkunftslandprinzip gehört wohl zu den wichtigsten aber auch umstrittensten Bestimmungen der EC-RL überhaupt. Insbesondere das Zusammenspiel von IPR und Herkunftslandprinzip war unklar und hat zu zahlreichen Diskussionen geführt.[45])

Auch die RV setzte Art. 3 EC-RL zunächst dahin gehend um, dass zuerst das anwendbare Recht anhand der Regeln des IPR festgestellt werden sollte und erst dann das danach anwendbare Recht im Rahmen eines Günstigkeitsvergleichs unangewendet bleiben sollte, wenn es strenger ist als die Bestimmungen im Heimatstaat des Diensteanbieters (§ 20 Abs. 3 MEntw). Erst im Abänderungsantrag im JA wurde aufgrund der Kritik im Begutachtungsverfahren und besonders aufgrund der Bemerkungen der Kommission im Notifikationsverfahren das strenge Herkunftslandprinzip auch für den Bereich der **privatrechtlichen Ansprüche** verwirklicht.

Der Gesetzgeber hat sich daher für die Umsetzung des Herkunftslandprinzips als IPR-Regel, und zwar als Sachnormverweisung auf das Recht des Niederlassungsstaates entschieden. Damit gilt für Diensteanbieter (§ 3 Z 1 und 2 ECG), die im EWR niedergelassen (§ 3 Z 3 ECG) sind, sowohl im öffentlich-rechtlichen als auch im privatrechtlichen Bereich das Recht ihres Niederlassungsstaates.

Ein Vorteil der Ausgestaltung des Herkunftslandprinzips als eigene IPR-Regel liegt in der Beweispflicht für das anzuwendende fremde Recht: Das Recht des Niederlassungsstaates ist nicht von den Parteien, sondern vom Richter von Amts wegen zu ermitteln (§ 4 IPRG).

Da jedoch hinsichtlich **öffentlich-rechtlicher Bestimmungen** das **Territorialitätsprinzip** gilt und die Mitgliedstaaten für die Anwendbarkeit nationaler **strafrechtlicher Bestimmungen** weitgehend die Ausnahme des § 23 Abs. 2 Z 1 ECG heranziehen können dürften, beschränken sich die Auswirkungen des Herkunftslandprinzips vor allem auf den Bereich der **außervertraglichen Schuldverhältnisse.**

Im Ergebnis dürfte nämlich bei vertraglichen Schuldverhältnissen durch Anwendung des Herkunftslandprinzips dasselbe Ergebnis erreicht werden wie bei einem Umweg über das IPR: Sofern eine Rechtswahl der Parteien vorliegt, geht

---

[45]) Zusammenfassende Darstellung der Diskussion mwN siehe *Fallenböck,* Internet und Internationales Privatrecht I (2001)[1], 171-205.

diese vor (§ 21 Z 5 ECG), Verbraucherverträge sind ohnehin ausgenommen (§ 21 Z 6 ECG) und ansonsten führt die Anknüpfung im Bereich der vertraglichen Schuldverhältnisse an der charakteristischen Leistung wie das Herkunftslandprinzip in den meisten Fällen wohl ebenfalls zur Anwendung des Rechts des Heimatstaates des Anbieters.

Eine wichtige Rolle spielt das strenge Herkunftslandprinzip jedoch im Bereich des **Lauterkeitsrechts**, wo sich IPR (Anknüpfung am Marktort nach Wirkungsprinzip) und Herkunftslandprinzip (Niederlassungsstaat) diametral gegenüberstehen.

Auch hat das strenge Herkunftslandprinzip ohne Umweg über das IPR die Konsequenz, dass jeder Anbieter die Bestimmungen seiner Rechtsordnung „mit sich trägt" – selbst wenn die Rechtsordnung des Zielstaates günstiger ist. In Anbetracht des strengen österreichischen Wettbewerbsrechts würde das eine Benachteiligung der in Österreich niedergelassenen Anbieter bedeuten. So könnte bei dieser strengen Auslegung des Herkunftslandprinzips ein deutscher Diensteanbieter seinen am deutschen Markt tätigen Konkurrenten, der in Österreich niedergelassen ist, in Deutschland wegen Verstoßes gegen das österreichische Zugabenverbot des § 9a UWG in Anspruch nehmen, obwohl in Deutschland nach dem nach IPR maßgebenden Marktortrecht Werbung mit Zugaben zulässig wäre.[46])

Einen Ausweg aus diesem Dilemma bietet möglicherweise die Auslegung des Wortes „einschränken" in der EC-RL und ECG: Sowohl Art. 3 Abs. 2 EC-RL als auch § 20 Abs. 2 ECG bestimmen, dass ein Mitgliedstaat den freien Dienstleistungsverkehr aus einem anderen Mitgliedstaat durch Anwendung seiner nationalen Rechtsvorschriften nur nicht „einschränken" darf: Sofern daher das nationale Recht für den Diensteanbieter nicht nur nicht „einschränkend", sondern sogar günstiger ist als sein Heimatrecht, könnte es bei der Anwendung des Rechts des Bestimmungsstaates bleiben. Damit wäre der im JA gestrichene Günstigkeitsvergleich des § 20 Abs. 3 der RV wiederbelebt, jedoch mit umgekehrten Vorzeichen: Primär würde das Recht des Niederlassungsstaates gelten, der Antragsgegner könnte sich jedoch auf das für ihn günstigere nach IPR maßgebende Marktortrecht berufen.

Von den allgemeinen Ausnahmen vom Herkunftslandprinzip (§ 21 ECG) abgesehen, gilt es nur innerhalb des Anwendungsbereichs des ECG (für im EWR niedergelassene Diensteanbieter) und hier wiederum nur innerhalb des koordinierten Bereichs (§ 3 Z 8 ECG). Zur Bestimmung des anwendbaren Rechts ist daher zuallererst zu fragen, ob es sich überhaupt um einen Anbieter eines Dienstes der Informationsgesellschaft handelt, ob dieser in einem EWR-Staat niedergelassen ist und ob die relevanten Rechtsvorschriften in den koordinierten Bereich nach § 3 Z 8 ECG fallen.

---

[46]) Gerade wegen dieser Problematik wurden in Deutschland Zugabenverordnung und Rabattgesetz aufgehoben.

Graphisch lässt sich für privatrechtliche Ansprüche das Prüfungsschema so darstellen:

Diensteanbieter iSv § 3 Z 1 und 2 ECG?	⇨ nein	
⇩ ja		Nach den Regeln des
Niederlassung im EWR iSv § 3 Z 3 ECG?	⇨ nein	IPR anwendbares Recht ist maßgeblich:
⇩ ja		– für vertragliche
Rechtsvorschrift fällt in den **koordinierten Bereich** gem § 3 Z 8 ECG?	⇨ nein	Schuldverhältnisse: EVÜ
⇩ ja		– für außervertragliche Schuldver-
Ausnahme gem § 21 ECG?	⇨ ja	hältnisse: § 48 IPRG
⇩ nein		
Einzelmaßnahme gem § 22 ECG?	⇨ ja	

⇩ nein

Herkunftslandprinzip: Recht des Niederlassungsstaates ist anzuwenden

Ausnahmen vom Herkunftslandprinzip

§ 21. Das Herkunftslandprinzip ist in folgenden Bereichen nicht anzuwenden:

1. **Belange des Urheberrechts und verwandter Schutzrechte, der gewerblichen Schutzrechte sowie des Datenbank- und Halbleiterschutzes;**

2. **die Ausgabe elektronischen Geldes durch Institute, auf die die Mitgliedstaaten eine der in Art. 8 Abs. 1 der Richtlinie 2000/46/EG, ABl. L 275 vom 27. Oktober 2000, S. 39, vorgesehenen Ausnahmen angewendet haben;**

3. **Rechtsvorschriften über die Werbung für Investmentfonds und andere Organismen für gemeinsame Anlagen von Wertpapieren im Vertriebsstaat;**

4. **die in Art. 30 und in Titel IV der Richtlinie 92/49/EWG, ABl. L 228 vom 11. August 1992, S. 1, zuletzt geändert durch die Richtlinie 95/26/EG, ABl. L 168 vom 18. Juli 1995, S. 7, in Titel IV der Richtlinie 92/96/EWG, ABl. L 360 vom 9. Dezember 1992, S. 1, zuletzt geändert durch die Richtlinie 95/26/EG, in den Art. 7 und 8 der Richtlinie 88/357/EWG, ABl.**

L 172 vom 4. Juli 1988, S. 1, zuletzt geändert durch die Richtlinie 92/49/EG, sowie in Art. 4 der Richtlinie 90/619/EWG, ABl. L 330 vom 29. November 1990, S. 50, zuletzt geändert durch die Richtlinie 92/96/EG, enthaltenen Rechtsvorschriften über die Verpflichtungen von Versicherungsunternehmen zur Vorlage der Bedingungen für eine Pflichtversicherung an die zuständige Aufsichtsbehörde, über die freie Niederlassung und den freien Dienstleistungsverkehr von Versicherungsunternehmen im Europäischen Wirtschaftsraum und über das anwendbare Recht bei Nicht-Lebens- und Lebensversicherungsverträgen, die in einem Mitgliedstaat gelegene Risiken decken;

5. die Freiheit der Parteien eines Vertrags zur Rechtswahl;

6. vertragliche Schuldverhältnisse in Bezug auf Verbraucherverträge einschließlich der gesetzlichen Informationspflichten, die einen bestimmenden Einfluss auf die Entscheidung zum Vertragsabschluss haben;

7. die Rechtswirksamkeit von Verträgen zur Begründung oder Übertragung von Rechten an Immobilien, sofern diese Verträge nach dem Recht des Mitgliedstaats, in dem sich die Immobilie befindet, zwingenden Formvorschriften unterliegen;

8. die Zulässigkeit nicht angeforderter Werbung und anderer Maßnahmen zur Absatzförderung im Weg der elektronischen Post;

9. die Tätigkeit von Notaren und die Tätigkeit von Angehörigen gleichwertiger Berufe, soweit diese öffentlich-rechtliche Befugnisse ausüben;

10. die Vertretung einer Partei und die Verteidigung ihrer Interessen vor den Gerichten, vor unabhängigen Verwaltungssenaten oder vor Behörden im Sinn des Art. 133 Z 4 B-VG;

11. Gewinn- und Glücksspiele, bei denen ein Einsatz, der einen Geldwert darstellt, zu leisten ist, einschließlich von Lotterien und Wetten;

12. Rechtsvorschriften über Waren, wie etwa Sicherheitsnormen, Kennzeichnungspflichten, Verbote und Einschränkungen der Innehabung oder des Besitzes, sowie über die Haftung für fehlerhafte Waren;

13. Rechtsvorschriften über die Lieferung von Waren einschließlich der Lieferung von Arzneimitteln und

14. Rechtsvorschriften über Dienstleistungen, die nicht elektronisch erbracht werden.

RV, 65

Mit § 21 soll der **Anhang** der Richtlinie über die **Ausnahmen vom Herkunftslandprinzip** umgesetzt werden. Vorgeschlagen wird, diesen Anhang in den Text des Gesetzes selbst aufzunehmen, um auf solche Art und Weise den Zusammenhang zwischen dem in § 20 des Entwurfs aufgestellten Grundsatz und den davon gemachten Ausnahmen herauszustreichen. Das soll die Lesbarkeit und Verständlichkeit des Gesetzes fördern. Aus diesen Gründen werden auch die Ausnahmen des Art. 1 Abs. 5 lit. d und die Ausnahmen des Art. 2 lit. h sublit. ii, die jeweils als Ausnahmen vom Herkunftslandprinzip zu verstehen sind, in den Ausnahmekatalog des § 21 überstellt.

Bei den Ausnahmen nach § 21 geht es um Rechtsgebiete und auch um einzelne Tätigkeiten, in denen das Herkunftslandsprinzip von vornherein und **allgemein keine Anwendung** findet. Für die in einem anderen Mitgliedstaat niedergelassenen Online-Anbieter, die ihre Dienste auch in Österreich bereitstellen, wird damit klargestellt, dass in diesen Belangen die österreichischen Rechtsvorschriften – einschließlich der Bestimmungen des internationalen Privatrechts – Anwendung finden. Die im Inland niedergelassenen Anbieter haben die im Inland maßgeblichen Rechtsvorschriften zu beachten. Sie müssen in den in § 21 erwähnten Bereichen aber auch auf die Regelungen anderer Mitgliedstaaten Bedacht nehmen, sofern sie grenzüberschreitende Dienste der Informationsgesellschaft bereitstellen. Aus diesem Grund reicht es nicht aus, in § 21 ECG die Vorschriften des österreichischen Rechts, mit denen die von der Richtlinie im Anhang aufgezählten gemeinschaftsrechtlichen Rechtsakte umgesetzt worden sind, anzuführen. Im Übrigen ist auch § 21 als Ausnahme vom Herkunftslandprinzip auf den Verkehr von Diensten der Informationsgesellschaft mit einem nicht der Europäischen Gemeinschaft oder dem Abkommen über den Europäischen Wirtschaftsraum angehörigen Staat nicht anzuwenden.

1. Mit § 21 **Z 1** wird der erste Anstrich des Anhangs der Richtlinie umgesetzt. Ratio dieser Ausnahme ist der Umstand, dass das **Urheberrecht** und die verwandten **gewerblichen Schutzrechte** in hohem Maß durch internationale Übereinkommen und das Gemeinschaftsrecht geprägt sind. Auch kann in diesen Rechtsbereichen dem „Territorialitätsprinzip" besondere Bedeutung zukommen. Die Ausnahme umfasst – aus österreichischer Sicht – neben dem Urheberrecht insbesondere das Markenschutzgesetz, das Musterschutzgesetz, das Patentgesetz, das Gebrauchsmustergesetz, das Halbleiterschutzgesetz und das Zugangskontrollgesetz samt den auf diesen Bestimmungen beruhenden Verordnungen.

2. § 21 **Z 2** setzt den zweiten Anstrich des Anhangs der Richtlinie um. Art. 8 der Richtlinie 2000/46/EG über die Aufnahme, Ausübung und Beaufsichtigung der Tätigkeit von E-Geld-Instituten ermöglicht es den Mitgliedstaaten, bestimmte „E-Geld-Institute" (ds Unternehmen, die **elektronisches Geld** ausgeben) von den Aufsichtsregeln der Richtlinie sowie von der Anwendung der Richtlinie 2000/12/EG über die Aufnahme und Ausübung der Tätigkeit der Kreditinstitute auszunehmen. Allerdings kann sich ein solches Institut nach Art. 8 Abs. 2 der Richtlinie 2000/46/EG nicht auf das Prinzip der gegenseitigen Anerkennung im Sinn der Richtlinie 2000/12/EG berufen. Die Aufnahme, Ausübung und Beaufsichtigung der Tätigkeit eines solchen Kreditinstituts ist daher auch von dem im Ergebnis eine solche gegenseitige Anerkennung statuierenden Herkunftslandprinzip des Art. 3 der Richtlinie und des § 20 ECG auszunehmen.

3. Die **Z 3** des § 21 setzt den dritten Anstrich des Anhangs der Richtlinie um. Es geht dabei um die – in Österreich mit dem Investmentfondsgesetz 1993 umgesetzte – Richtlinie 85/611/EWG zur Koordinierung der Rechts- und Verwaltungsvorschriften betreffend bestimmte Organismen für gemeinsame Anlagen in

Wertpapieren (OGAW). Nach Art. 44 Abs. 2 kann jeder „OGAW" im Vertriebsstaat **Werbung** betreiben; er hat dabei jedoch die hiefür in diesem Vertriebsstaat geltenden Bestimmungen zu beachten. Diese Verpflichtung soll durch das Herkunftslandprinzip nicht unterlaufen werden. Für das österreichische Recht heißt das, dass die Werbebeschränkung des § 32 InvFG 1993 von einem in einem anderen Mitgliedstaat niedergelassenen Diensteanbieter zu beachten ist.

4. Mit der Z **4** des § 21 soll der vierte Anstrich des Anhangs der Richtlinie umgesetzt werden. In den hier genannten harmonisierten Bereichen des **Versicherungs-** und **Versicherungsaufsichtsrechts** soll das Herkunftslandprinzip ebenfalls keine Anwendung finden. Aufgrund der Bemerkungen der Kommission im Notifizierungsverfahren sollen die im Anhang der Richtlinie angeführten Bestimmungen der Richtlinien 88/357/EWG (Zweite Richtlinie Schadenversicherung), 90/619/EWG (Zweite Richtlinie Lebensversicherung), 92/49/EWG (Dritte Richtlinie Schadenversicherung) und 92/96/EWG (Dritte Richtlinie Lebensversicherung) übernommen werden. Die Ausnahmen werden damit auf genau bestimmte Vorschriften in den aufgeführten Gemeinschaftsrichtlinien beschränkt. Dennoch wird zur Erläuterung und zur besseren Verständlichkeit auch gesagt, um welche Sachbereiche es sich dabei handelt.

5. § 21 Z **5** entspricht dem fünften Anstrich des Anhangs der Richtlinie. Die Ausnahme bedeutet, dass die Frage, ob und unter welchen Voraussetzungen die Parteien für ihren Vertrag ein **Recht wählen können**, sich (weiterhin) nach dem jeweiligen nationalen Recht richtet, selbst wenn ein Fall des § 20 Abs. 3 des Entwurfs gegeben sein sollte. [Da in allen Mitgliedstaaten das Übereinkommen über das auf vertragliche Schuldverhältnisse anzuwendende Recht (EVÜ) gilt und sich daher die Regeln über die Rechtswahl des Herkunftslandes vom sonst maßgebenden Recht nicht unterscheiden, kann die Ausnahme der Z 5 nur in dem schmalen Bereich der vertraglichen Schuldverhältnisse außerhalb des Anwendungsbereichs des EVÜ Bedeutung haben.] *Anm.: Wegen Streichung von § 20 Abs. 3 ECG durch Abänderungsantrag im JA sind die in [] gesetzten Erl zur RV nicht mehr zutreffend.*

Für **außervertragliche Schuldverhältnisse** wie etwa Schadenersatzansprüche gilt diese Ausnahme vom Herkunftslandprinzip **nicht.** Ob etwa Schädiger und Geschädigter (nach Eintritt des Schadens) vereinbaren können, nach welchem Recht allfällige Schadenersatzansprüche zu beurteilen sein sollen, richtet sich nach dem Recht des Herkunftslands [– wenn das Haftungsstatut den freien Verkehr der Dienste der Informationsgesellschaft im Sinn des § 20 Abs. 3 einschränkt]. *Anm.: Wegen Streichung von § 20 Abs. 3 ECG durch Abänderungsantrag im JA sind die in [] gesetzten Erl zur RV nicht mehr zutreffend.*

6. § 21 Z **6** übernimmt den sechsten Anstrich des Anhangs der Richtlinie. Die **vertraglichen Schuldverhältnisse**, an denen ein **Verbraucher** beteiligt ist, sollen auch im elektronischen Geschäftsverkehr nach der Rechtsordnung beurteilt werden, die nach den Regeln des internationalen Privatrechts für das Verbrauchergeschäft maßgebend ist. Auf die meisten der geschäftlichen Transaktionen von Verbrauchern im elektronischen Geschäftsverkehr wird gemäß Art. 5 Abs. 3 EVÜ das Recht des Staates anzuwenden sein, in dem der **Verbraucher seinen gewöhnli-**

chen Aufenthalt hat. In der Regel werden die Voraussetzungen dieser Bestimmung – dass nämlich dem Vertragsabschluss ein ausdrückliches Angebot oder eine Werbung in diesem Staat vorausgegangen ist und der Verbraucher in diesem Staat die zum Abschluss des Vertrags erforderlichen Rechtshandlungen vorgenommen hat (Art. 5 Abs. 2 zweiter Anstrich EVÜ) – erfüllt sein. Der Entwurf geht davon aus, dass im elektronischen Geschäftsverkehr ein nicht auf einen bestimmten Staat beschränktes Angebot oder eine nicht lokalisierte Werbung auch in dem Staat, in dem sich der Verbraucher aufhält, unterbreitet bzw betrieben wird.

Die **Ausnahme** vom Herkunftslandprinzip umfasst **schuld- und verbraucherrechtliche Regelungen** über das Zustandekommen und die Erfüllung solcher Verträge einschließlich der Nebenleistungspflichten und der einen Vertragspartner treffenden Schutz- und Sorgfaltspflichten (vgl dazu *Koziol/Welser*, Bürgerliches Recht II[11], 4 f). Fraglich ist aber, wie es sich mit vorherigen Informationspflichten des Anbieters verhält: Die Richtlinie erläutert dazu im Erwägungsgrund 56, dass die Ausnahme auch Informationen zu den wesentlichen Elementen des Vertrags erfasst; darunter werden auch die *„Verbraucherrechte, die einen bestimmenden Einfluss auf die Entscheidung zum Vertragsabschluss haben"* verstanden. Diese Erwägung soll zur Klarstellung in den Text des Gesetzes aufgenommen werden. Eine Richtlinienwidrigkeit kann darin aufgrund des erwähnten Erwägungsgrundes trotz der Bemerkungen der Kommission im Notifizierungsverfahren nicht erblickt werden.

Gesetzliche Informationspflichten eines Anbieters, die schon vor Abschluss eines Vertrags greifen, werden nicht generell nach dem für den Verbrauchervertrag maßgebenden Recht zu beurteilen sein, sondern nur dann, wenn sie einen **bestimmenden Einfluss** auf die Willenserklärung des Verbrauchers haben. Die Abgrenzung zwischen solchen für den Vertragsabschluss wichtigen Informationen und anderen Marketing- oder Vertriebsangaben, die vor einem Vertragsabschluss dem Verbraucher mitgeteilt werden müssen, kann schwierig sein. Dabei ist einerseits zu beachten, dass es für den Verbraucher wichtig sein kann, dass sich auch die Informationen nach dem Recht seines Aufenthaltsstaats richten. Andererseits können zu weit gehende Informationspflichten, die vor dem Abschluss eines Vertrags einzuhalten sind, ein Hindernis für den Verkehr der Dienste der Informationsgesellschaft im Binnenmarkt bilden, weil der Anbieter auf gesetzliche Verpflichtungen in allen anderen Mitgliedstaaten Bedacht nehmen muss. Dies kann dazu führen, dass der Anbieter den geographischen Geltungsbereich seiner Dienste einschränkt, was weder im Interesse des Binnenmarkts noch im Interesse der Verbraucher liegt. Der Entwurf geht daher davon aus, dass vom Herkunftslandprinzip nur solche Informationspflichten ausgenommen sind, die für den Verbraucher essenziell sind. Dazu werden neben den ohnehin schon nach § 5 Abs. 1 und 2 anzugebenden Umständen vor allem die in § 5c Abs. 1 KSchG genannten Informationen gehören. Damit ist für einen Online-Anbieter keine besondere Erschwernis verbunden, weil sich dieser Informationskatalog eng an den Anforderungen der Fernabsatz-Richtlinie orientiert. Solche gesetzlichen Informationspflichten bestehen aber auch in anderen Bereichen, etwa für den Verkauf von Finanzdienstleistungen.

7. § 21 **Z 7** entspricht dem siebten Anstrich des Richtlinien-Anhangs. Die Ausnahme nimmt auf die jeweiligen Besonderheiten **im Liegenschaftsrecht** der Mitgliedstaaten Bedacht. Der Entwurf verwendet – ähnlich wie § 5b Z 2 KSchG – aber nicht den Ausdruck *„unbewegliche Sachen"*, sondern den Begriff *„Immobilien"*. Damit wird ua klargestellt, dass auch die Regelungen über den Erwerb von Superädifikaten (bei denen es sich nach österreichischem Zivilrecht um bewegliche Sachen handelt) unter die Ausnahme fallen.

Die **Ausnahme** vom Herkunftslandprinzip ist **bedingt;** sie gilt nur, wenn (*„sofern"*) für den „Immobilienvertrag" am Lageort zwingende Formvorschriften bestehen. Gibt es solche, so ist seine Rechtswirksamkeit nach den Regeln zu beurteilen, die nach den Bestimmungen des internationalen Privatrechts maßgebend sind (Vertragsstatut als lex causae oder Formstatut); wenn es um die Übertragung von dinglichen Rechten geht, wird dies regelmäßig nach Art. 4 Abs. 3 EVÜ das Recht des Lageorts sein.

8. Die **Z 8** des § 21 setzt die Ausnahme nach dem letzten Anstrich des Anhangs der Richtlinie um. Die Zulässigkeit des Einsatzes der **elektronischen Post für Werbezwecke** ist in den Mitgliedstaaten der Europäischen Gemeinschaft unterschiedlich geregelt. In einem Teil der Mitgliedstaaten ist dieses Werbemittel so lange zulässig, als dem der Empfänger der elektronischen Botschaft nicht widerspricht. In anderen Mitgliedstaaten bedarf der Einsatz der elektronischen Post für Werbezwecke dagegen der vorherigen Zustimmung des Empfängers; im Allgemeinen gilt das auch für Österreich (siehe dazu näher die Erläuterungen zu § 7). Art. 12 der Richtlinie 97/66/EG über die Verarbeitung personenbezogener Daten und den Schutz der Privatsphäre im Bereich der Telekommunikation sowie Art. 10 (in Verbindung mit Art. 14) der Fernabsatz-Richtlinie stehen diesen unterschiedlichen Regelungen nicht entgegen, weil sie den Mitgliedstaaten die Wahl zwischen einer „Opt-In"- und einer „Opt-Out"-Lösung lassen. Die Richtlinie 2000/31/EG will an dieser Rechtslage nichts ändern, sie respektiert die unterschiedliche Bewertung dieses Werbemittels in den einzelnen Mitgliedstaaten. Daher bedarf es auch in diesem speziellen (und sensiblen) Bereich einer Ausnahme vom Herkunftslandprinzip.

9. Mit den **Z 9** bis **12** sollen die „Tätigkeitsausnahmen" des Art. 1 Abs. 5 lit. d der Richtlinie übernommen werden. Zu den Erwägungen, diese Ausnahmen nur auf das Herkunftslandprinzip zu beziehen und die dort genannten Tätigkeiten im Übrigen dem Anwendungsbereich des Entwurfs zu unterstellen, sei auf die Erläuterungen zu § 2 verwiesen.

§ 21 **Z 9** entspricht der Sache nach dem Art. 1 Abs. 5 lit. d erster Anstrich der Richtlinie: Der Entwurf schlägt vor, die **Notare** hinsichtlich ihrer gesamten, öffentlich- und privatrechtlichen Tätigkeit aus dem Anwendungsbereich des Herkunftslandprinzips auszunehmen. Die Richtlinie ist hier nicht ganz klar, eine grammatikalische Interpretation des deutschen Textes spricht jedenfalls für eine Ausnahme auch der privatrechtlichen Tätigkeiten der Notare, zB als Vertragsverfasser (der Ausdruck *„diese"* kann sich nur auf die Angehörigen gleichwertiger Berufe beziehen); der englische Richtlinientext scheint dagegen in eine andere Richtung zu deuten. Die Ausnahme der gesamten Tätigkeit der Notare ist aber sinnvoll, weil sich in der Praxis die öffentlich-rechtlichen Aufgaben und Tätigkeiten der Notare von ihren privatrechtlichen Aktivitäten nicht trennen lassen. **Angehörige gleichwertiger Berufe** sind beispielsweise die **Ziviltechniker** im Rahmen ihrer öffentlich-rechtlichen Befugnisse nach § 4 Abs. 3 Ziviltechnikergesetz 1993.

10. Mit § 21 **Z 10** soll die **Vertretung** und die **Verteidigung vor den Gerichten** und vor gerichtsähnlichen Tribunalen im Sinn des Art. 6 Abs. 1 EMRK vom Anwendungsbereich des Herkunftslandprinzips ausgenommen werden. Die Regelungen über die Berechtigung der Angehörigen bestimmter Berufe zur Vertretung vor den Gerichten bleiben unberührt. Der Ausdruck *„Gericht"* (Art. 1 Abs. 5 lit. d zweiter Anstrich der Richtlinie) wird hier in einem weiteren Sinn verstanden, er umfasst die ordentlichen Gerichte, die Gerichtshöfe des öffentlichen Rechts und auch die UVS, den Bundesasylsenat sowie Art.-133-Z-4-B-VG-Behörden. Nicht ausgenommen ist die Vertretung vor anderen Behörden (das ließe sich mit der Richtlinie nicht in Einklang bringen). Auch die bloße Rechtsberatung unterliegt dem Anwendungsbereich der Richtlinie und damit auch dem Herkunftslandprinzip.

11. Von der Ausnahme in § 21 **Z 11** für **Gewinn- und Glücksspiele** sind jedenfalls Spiele, die dem Glücksspielgesetz unterliegen, erfasst. Es kommt dabei entscheidend darauf an, dass ein **geldwerter Einsatz** geleistet wird. Bei Preisausschreiben wird dies im Allgemeinen nicht der Fall sein, sie unterliegen daher dem Herkunftslandprinzip. Auch Gewinnspiele im Sinn des § 9a Abs. 2 Z 8 UWG 1984 fallen nicht unter diese Ausnahme. Ist die Teilnahme an einem Preisausschreiben, Gewinnspiel oder Glücksspiel bloß Zugabe nach § 9a Abs. 2 Z 8 UWG 1984, so ist diese Zugabe nicht als geldwerter Einsatz anzusehen. Solche Spiele unterliegen daher dem Herkunftslandprinzip.

12. Die **Z 12 bis 14** des Entwurfs entsprechen dem **Ausnahmetatbestand** des Art. 2 lit. h sublit. ii der Richtlinie, die dort genannten Beispiele werden mit Hilfe des Erwägungsgrundes 21 konkretisiert. Zu den Gründen, diese Ausnahmen in den § 21 zu überführen, sei auf die Erläuterungen zu § 3 (Punkt **8.**) verwiesen. In den koordinierten Bereich im Sinn des § 3 Z 8 ECG fallen Rechtsvorschriften für Online-Tätigkeiten wie etwa Online-Informationsdienste, die Online-Werbung, der Online-Verkauf und der Online-Vertragsabschluss. Nicht zum koordinierten Bereich gehören dagegen Rechtsvorschriften, die sich auf Waren, auf die Lieferung von Waren oder auf nicht elektronisch erbrachte Dienstleistungen beziehen. Solche rechtlichen Anforderungen unterliegen nicht dem Herkunftslandprinzip des Art. 3 der Richtlinie und des § 20 ECG. Für diese Bereiche können damit auch die Bestimmungen des Mitgliedstaats, in dem sich die Ware befindet, in dem sie ausgeliefert wird oder in dem eine Dienstleistung nicht-elektronisch erbracht wird, relevant sein.

§ 21 **Z 12** betrifft **rechtliche Anforderungen an Waren:** Darunter werden nach dem Erwägungsgrund 21 beispielsweise *„Sicherheitsnormen, Kennzeichnungspflichten oder* (Rechtsvorschriften über die) *Haftung für Waren"* verstan-

den. Der Entwurf schlägt vor, diese Erwägungen in den Text des Gesetzes aufzunehmen, die Ausnahmeregelung kann dadurch besser verstanden werden. Zu
den **Sicherheitsnormen** zählen jedenfalls die Bestimmungen des Produktsi-
cherheitsgesetzes 1994 und die auf seiner Grundlage erlassenen Verordnungen
sowie andere Rechtsvorschriften, die der Sicherheit von Waren oder Gegenstän-
den dienen, einschließlich – verbindlicher – ÖNORMEN u. dgl. Auch **Kennzeichnungspflichten** unterliegen nicht dem Herkunftslandprinzip. Dabei kann
es sich um Verpflichtungen handeln, die der Sicherheit der Verbraucher dienen,
wie etwa die Kennzeichnungspflichten nach § 24 Chemikaliengesetz 1996;
doch sind auch Vorschriften, die nur die Information der Erwerber bezwecken,
von dieser Ausnahme umfasst. Ferner sind Bestimmungen, die den **Besitz** bestimmter Sachen **verbieten oder einschränken**, vom Herkunftslandprinzip ausgenommen. Unter diese Ausnahme fallen beispielsweise die Bestimmungen
über den Waffenbesitz nach dem Waffengesetz 1996 ebenso wie die Bestimmungen des Suchtmittelgesetzes, das den Besitz von Suchtmitteln und anderen
Stoffen einschränkt oder verbietet. In diesen – und anderen – Belangen werden
die von den Mitgliedstaaten erlassenen Regelungen durch das Herkunftslandprinzip der Richtlinie nicht berührt. Der von der Richtlinie verwendete Ausdruck „Besitz" kann nicht im spezifischen Sinn des § 309 ABGB verstanden
werden. Auch Verbote und Beschränkungen der bloßen Innehabung sind vom
Herkunftslandprinzip ausgenommen. Das soll in § 21 Z 12 zur Vermeidung von
Missverständnissen ausdrücklich klargestellt werden. Unter den letztlich in dieser Bestimmung erwähnten Vorschriften über die **Haftung für fehlerhafte
Waren** sind jedenfalls die Bestimmungen des Produkthaftungsgesetzes zu verstehen; diese Ausnahme betrifft aber auch andere Regelungen, die zu einer Haftung des Herstellers eines Produktes führen, etwa dessen Verantwortlichkeit
aufgrund eines Vertrags mit Schutzwirkungen zugunsten Dritter (siehe *Kozi-
ol/Welser,* Bürgerliches Recht II¹¹ [2000], 343).

§ 21 **Z 13** betrifft **öffentlich-rechtliche Liefer- und Beförderungsein-
schränkungen**, wie sie etwa in den Versandhandelsverboten des § 50 Abs. 2
GewO 1994 oder des § 59 Abs. 9 Arzneimittelgesetz zum Ausdruck kommen.
Die Frage der Auswirkungen der Richtlinie auf den Arzneimittelhandel war in
den Beratungen im Europäischen Parlament und im Rat außerordentlich um-
stritten, zumal in manchen Mitgliedstaaten wie etwa in Österreich und Deutschland der Versandhandel von Arzneimitteln verboten ist. Andere Mitgliedstaaten
wie etwa die Niederlande kennen derartige Restriktionen nicht (zu den daraus
resultierenden Rechtsstreiten siehe *Hoffmann,* Die Entwicklung des Internet-
Rechts, NJW 2001, Beilage zu Heft 14, 36 m.w.N.). Letztlich wurde dieses
Problem im Erwägungsgrund 21 angesprochen, laut dem ua die rechtlichen Anforderungen der Mitgliedstaaten an die *„Lieferung von Humanarzneimitteln"*
nicht in den koordinierten Bereich fallen. Diese Erwägung soll zur Klarstellung
ausdrücklich im Gesetz verankert werden. Dabei orientiert sich der Entwurf an
der Begriffsbestimmung des § 1 Abs. 1 Arzneimittelgesetz. Die in Österreich
für den **Arzneimittelversand geltenden Einschränkungen** gelten unabhängig
davon, ob die Arzneimittel zur Verabreichung am Menschen oder zur Behand-

lung von Tieren bestimmt sind. Ein Widerspruch zur Richtlinie liegt darin nicht, auch wenn im erwähnten Erwägungsgrund nur von Humanarzneimitteln die Rede ist. Das Versandhandelsverbot des § 59 Abs. 9 Arzneimittelgesetz stellt eine von Art. 2 lit. h sublit. ii der Richtlinie vom koordinierten Bereich ausgenommene Vorschrift über die „Lieferung von Waren" dar.

Beispiele für die in § 21 **Z 14** ausgenommenen **nicht elektronisch erbrachten Dienstleistungen** sind etwa die im Erwägungsgrund 18 am Ende erwähnte gesetzliche Abschlussprüfung von Unternehmen und der ärztliche Rat nach einer notwendigen ärztlichen körperlichen Untersuchung. Auch die Konsultation eines elektronischen Katalogs in einem Geschäft in Anwesenheit des Kunden oder die Buchung einer Flugkarte über ein Computernetz in einem Reisebüro in Anwesenheit des Kunden sind hier zu nennen (vgl zu diesen Beispielen auch die Anlage 1 A zum Notifikationsgesetz 1999). Bestimmungen, die solche Bereiche regeln, unterliegen nicht dem Herkunftslandprinzip.

Kommentar

Zu Z 1:

Die Ausnahme für Immaterialgüterrechte ist von besonders negativer Tragweite für die Diensteanbieter, bestimmt sich doch das anwendbare Recht bei Verletzung von Immaterialgüterrechten nach dem Erfolgsort und/oder nach dem Handlungsort, welche durch die weltweite Abrufbarkeit im Internet potentiell in jedem beliebigen Staat liegen können.

Zu Z 5:

Da alle Mitgliedstaaten der EU Vertragsparteien des EVÜ sind, richtet sich die Zulässigkeit der Rechtswahl nach Art. 3 EVÜ. Versteht man § 20 ECG als Sachnormverweisung und nicht auch als Verweis auf das jeweilige nationale IPR, dann ist außerhalb des Anwendungsbereichs des EVÜ eine Rechtswahl der Parteien unbeachtlich.

Zu Z 6:

Bei Verbraucherverträgen ist davon auszugehen, dass das Recht des Aufenthaltsstaates des Verbrauchers anzuwenden sein wird. Alle Überlegungen zur Auslegung von Art. 5 EVÜ, ob ein Webauftritt auf einen bestimmten Staat gerichtet war oder nicht, sind spätestens dann müßig, wenn es tatsächlich zu einem Vertragsschluss gekommen ist. Ein Diensteanbieter, der Verbraucher aus einem bestimmten Staat als Kunden akzeptiert, muss sich auch die Anwendung dieser Rechtsordnung gefallen lassen. Disclaimer („Dieses Webangebot richtet sich nur an Verbraucher mit Wohnsitz in der Bundesrepublik Deutschland") sind nur dann wirksam, wenn sich der Diensteanbieter selbst an diesen Disclaimer hält. Akzeptiert er trotz entgegenlautendem Disclaimer eine Bestellung eines Kunden mit Wohnsitz in Portugal, so kann er sich auf diesen nicht berufen.

In der Praxis wird es daher sinnvoll sein, im Rahmen der Bestellmöglichkeit eine taxative Liste jener Länder vorzusehen, aus denen Bestellungen entgegengenommen werden. Findet sich der Wohnsitzstaat des Verbrauchers nicht darunter, so kann er keine Bestellung vornehmen. Wahrheitswidrige Angaben gehen zu Lasten des Verbrauchers.

Fraglich ist auch die Reichweite der Ausnahme betreffend „gesetzliche Informationspflichten, die einen bestimmenden Einfluss auf die Entscheidung zum Vertragsabschluss haben". Im Wesentlichen wird es sich dabei um die Informationspflichten nach der Fernabsatzrichtlinie handeln. Wie bei fast allen Verbraucherschutzrichtlinien handelt es sich um eine so genannte Mindestrichtlinie, dh die einzelnen Mitgliedstaaten konnten bei der Umsetzung strengere Bestimmungen zugunsten des Verbrauchers vorsehen.

Hinsichtlich der Ausnahme vom Herkunftslandprinzip stellt sich die Frage, ob es genügt, wenn sich der Diensteanbieter an sein nationales Recht hält und damit jedenfalls das gemeinschaftsrechtliche Schutzniveau der Richtlinie einhält, oder ob der Diensteanbieter die allenfalls strengeren Pflichten jedes einzelnen Staates, an dessen Verbraucher er sein Angebot richtet, beachten muss.

Als konkretes Beispiel sei die unterschiedliche Umsetzung der Fernabsatzrichtlinie in Österreich und in Deutschland genannt. In Österreich beträgt die Rücktrittsfrist sieben Werktage, in Deutschland hingegen 14 Tage. Unbestritten ist, dass auf das konkrete Vertragsverhältnis zum deutschen Verbraucher deutsches Recht anzuwenden ist, der österreichische Diensteanbieter dem deutschen Verbraucher daher 14 Tage Rücktrittsfrist zugestehen muss. Muss er aber auch seine vorvertraglichen Informationspflichten unter Beachtung der deutschen Umsetzung der Fernabsatzrichtlinie gestalten oder genügt die Einhaltung der Informationspflichten nach österreichischem Recht?

Nach den Bemerkungen der Kommission im Notifikationsverfahren dürfte die Einhaltung des Mindeststandards der Verbraucherschutzrichtlinien genügen, in letzter Konsequenz wird diese Frage wohl erst vom EuGH endgültig geklärt werden können.

Zu Z 8:

Die Regelung unaufgeforderter E-Mails bleibt den einzelnen Mitgliedstaaten überlassen. Die Opt-in Lösung von § 101 TKG bleibt auch gegenüber in EWR-Staaten niedergelassenen Diensteanbietern anwendbar, siehe Kommentar zu § 7 ECG.

Zu Z 12 bis Z 14:

Der Online-Vertrieb von Waren und Dienstleistungen ist ein Dienst der Informationsgesellschaft, auch wenn der Versand der Ware oder die Erbringung der Dienstleistung nicht elektronisch erfolgt. Jedoch dürfte hier der koordinierte Bereich, dh der Anwendungsbereich des Herkunftslandprinzips nur so weit reichen, wie der erbrachte Dienst den Kriterien des § 3 Z 1 ECG entspricht. Wer online nur seine Waren präsentiert, ohne auch eine Online-Bestellmöglichkeit zu bieten, unterliegt der EC-RL und damit dem Herkunftslandprinzip nur hinsichtlich seines Webauftrittes (Informationspflichten nach § 5 ECG, Kennzeichnung von Kommerzieller Kommunikation nach § 6 ECG). Wer Waren auch online vertreibt (Bestellmöglichkeit, Vertragsschluss erfolgt online), hat auch die Bestimmungen über Vertragsschlüsse (§§ 9 bis 12 ECG) zu beachten. Hinsichtlich Webauftritt und Bestellmöglichkeit gilt das Recht des Niederlassungsstaates des Diensteanbieters, sofern nicht eine der anderen Ausnahmen nach § 21 ECG vorliegt (zB Rechtswahl, Informationspflichten bei Verbraucherverträgen, Urheberrecht ...).

Was aber die Vertragserfüllung durch physische Übersendung der Ware betrifft, so soll das Herkunftslandprinzip nicht gelten. Betreffend Anforderungen an die Beschaffenheit der Ware, Versandhandelsverbote, Kennzeichnungsvorschriften etc. hat sich der Diensteanbieter nach den Vorschriften des Bestimmungslandes zu richten.

Trotz Ausnahme vom Herkunftslandprinzip der EC-RL können derartige Rechtsvorschriften aber gegen Primärrecht (Warenverkehrs- und Dienstleistungsfreiheit) verstoßen, wenn sie den freien Waren- und Dienstleistungsverkehr beschränken und nicht nach den vom EuGH in der Rechtssache Cassis de Dijon[47]) entwickelten Kriterien gerechtfertigt werden können. So wird beispielsweise das deutsche Versandhandelsverbot für Arzneimittel gerade vom EuGH in einem Vorabentscheidungsverfahren überprüft, Analoges wird für das österreichische Versandhandelsverbot des § 59 AMG gelten[48]).

Abweichungen vom Herkunftslandprinzip

§ 22. (1) Ein Gericht oder eine Verwaltungsbehörde kann im Rahmen seiner bzw ihrer gesetzlichen Befugnisse abweichend vom Herkunftslandprinzip Maßnahmen ergreifen, die den freien Verkehr der Dienste der Informationsgesellschaft aus einem anderen Mitgliedstaat einschränken. Solche Maßnahmen müssen jedoch zum Schutz eines der in Abs. 2 genannten Rechtsgüter erforderlich sein. Sie dürfen sich nur gegen einen Diensteanbieter richten, der eines dieser Rechtsgüter beeinträchtigt oder ernstlich und schwer wiegend zu beeinträchtigen droht. Auch müssen sie in einem angemessenen Verhältnis zu den damit verfolgten Zielen stehen.

(2) Der freie Verkehr der Dienste der Informationsgesellschaft aus einem anderen Mitgliedstaat kann nur aus folgenden Gründen eingeschränkt werden:

---

[47]) EuGH Rs 120/78, Slg 1979, 649.

[48]) Vgl *Thurnherr/Hohensinner*, . . . fragen Sie Ihren Internetapotheker, ecolex 2001, 493.

1. **Schutz der öffentlichen Ordnung, etwa zur Verhütung, Ermittlung, Aufklärung oder Verfolgung strafbarer Handlungen, einschließlich des Jugendschutzes und der Bekämpfung der Hetze aus Gründen der Rasse, des Geschlechts, des Glaubens oder der Nationalität;**
2. **Schutz der Würde einzelner Menschen;**
3. **Schutz der öffentlichen Gesundheit;**
4. **Schutz der öffentlichen Sicherheit einschließlich der Wahrung nationaler Sicherheits- und Verteidigungsinteressen und**
5. **Schutz der Verbraucher einschließlich des Schutzes der Anleger.**

RV, 71

1. Die §§ **22** und **23** entsprechen den Abs. 4 bis 6 des Art. 3 der Richtlinie. Diese Bestimmungen gestatten es, den freien Verkehr von Diensten der Informationsgesellschaft zum **Schutz der Allgemeininteressen** in den einzelnen Mitgliedstaaten einzuschränken. Solche Einschränkungen müssen jedoch erforderlich und verhältnismäßig sein. Zudem verpflichtet die Richtlinie die Mitgliedstaaten, vor der Ergreifung entsprechender Maßnahmen den Herkunftsstaat aufzufordern, selbst tätig zu werden, und die Kommission von der beabsichtigten Maßnahme zu verständigen. Von diesem Procedere kann der Mitgliedstaat dann absehen, wenn Gefahr im Verzug ist. Auch gilt das genannte Aufforderungs- und Notifikationsverfahren **nicht für gerichtliche Verfahren**. Die nach Art. 3 Abs. 4 bis 6 der Richtlinie zulässigen Abweichungen vom Herkunftslandprinzip betreffen vornehmlich Einzelfälle, in denen eine Behörde oder ein Gericht durch eine bestimmte Maßnahme die Dienstleistungsfreiheit einschränkt. Darunter könnten aber auch Beschränkungen verstanden werden, die von einem Mitgliedstaat im Einzelfall durch generelle Maßnahmen angeordnet werden. In den §§ 22 und 23 ECG werden nur Beschränkungen des freien Verkehrs von Diensten der Informationsgesellschaft, die durch eine Behörde oder ein Gericht vorgenommen werden, geregelt. Die Zulässigkeit gesetzlicher Einschränkungen dieses freien Verkehrs wird anhand der insoweit unmittelbar anwendbaren Regelungen der Abs. 4 bis 6 des Art. 3 der Richtlinie zu beurteilen sein.

2. § **22 ECG** umschreibt die Fälle, in denen eine Behörde (der Ausdruck ist weit zu verstehen, er umfasst auch die unabhängigen Verwaltungssenate sowie „Tribunale" im Sinn des Art. 133 Z 4 B-VG) oder ein Gericht einschließlich der Gerichtshöfe des öffentlichen Rechts vom Herkunftslandsprinzip abgehen und den **freien Verkehr der Dienste der Informationsgesellschaft** aus einem anderen Mitgliedstaat **einschränken** kann. Ebenso wie die Richtlinie hat auch die vorgeschlagene Regelung „horizontalen Charakter". Damit werden alle Behörden und Gerichte angesprochen, die durch ihre Maßnahmen die Freiheit der Dienste der Informationsgesellschaft einschränken (können). Unter dem Ausdruck *„Maßnahmen"* sind alle einer Behörde, einem Gericht oder ihren Organen zustehenden Befugnisse zu verstehen, die im Ergebnis auf eine Einschränkung der Dienstleistungsfreiheit hinauslaufen, etwa ein Bescheid, ein Akt un-

mittelbarer verwaltungsbehördlicher Befehls- und Zwangsgewalt, ein gerichtliches Erkenntnis oder eine im Auftrag des Gerichts durchgeführte Handlung (zB Beschlagnahme bei Gefahr im Verzug oder Pfändung).

Eine Behörde oder ein Gericht, die bzw das Maßnahmen erlässt, die die Freiheit des Dienstleistungsverkehrs einschränken, muss dazu **gesetzlich befugt sein**. § 22 kann für sich allein also nicht als Grundlage für eine Beschränkung des freien Verkehrs der Dienste der Informationsgesellschaft herangezogen werden; dazu bedarf es vielmehr einer gesonderten gesetzlichen Grundlage, die die Behörde oder das Gericht zu der im Einzelfall notwendigen Maßnahme ermächtigt. Die von der Behörde oder vom Gericht ergriffenen Maßnahmen müssen zudem zum Schutz eines der in Abs. 2 erwähnten **Rechtsgüter erforderlich** sein. Sie müssen letztlich auch **verhältnismäßig** sein.

3. § 22 **Abs.** 2 ECG umschreibt die **Rechtsgüter**, derentwegen das Herkunftslandprinzip im Einzelfall durchbrochen werden kann. Die Bestimmung folgt im Wesentlichen dem Art. 3 Abs. 4 lit. a der Richtlinie, die Änderungen im Vergleich zu dieser Bestimmung sind nur redaktioneller Natur.

Die **Z 1** behandelt den **Schutz der öffentlichen Ordnung** im weiteren Sinn. Solche Maßnahmen können unter den Voraussetzungen des Abs. 1 (Erforderlichkeit, Verhältnismäßigkeit) in Abweichung vom Herkunftslandprinzip des § 20 des Entwurfs auch den freien Verkehr von Diensten der Informationsgesellschaft einschränken. Die Ausnahme betrifft die Tätigkeit von Verwaltungsbehörden zum Schutz der öffentlichen Ordnung, aber auch die Bekämpfung von Vergehen und Verbrechen durch die und im Dienste der Strafgerichte. Besonders hervorgehoben werden auch der Jugendschutz und – in österreichischer Terminologie – die Bekämpfung verhetzender Umtriebe. Die ausdrückliche Ausnahme von Maßnahmen zur Verhütung, Ermittlung, Aufklärung und Verfolgung von strafbaren Handlungen führt letztlich dazu, dass die Arbeit der Strafgerichte und der Sicherheitsbehörden in Bezug auf grenzüberschreitende Dienste der Informationsgesellschaft im Binnenmarkt durch die Richtlinie und den Entwurf im Ergebnis nicht beeinträchtigt wird. Welche Handlungen strafbar sind, bestimmt sich dabei nach österreichischem Recht.

4. Die **Z 2** des § 22 Abs. 2 des Entwurfs umfasst den **Schutz der Würde** einzelner Menschen, also – privatrechtlich gesprochen – den Schutz bestimmter Persönlichkeitsrechte natürlicher Personen (§ 16 ABGB). Die Regelung betrifft auch „Maßnahmen" zum Schutz der Ehre (vgl die §§ 7 ff Mediengesetz sowie § 1330 ABGB), sofern natürliche Personen geschützt werden sollen. Ein Zivilgericht kann etwa in einem Rechtsstreit wegen Ehrenbeleidigung vom Herkunftslandprinzip abweichen und die Angelegenheit – unter den Voraussetzungen des § 22 Abs. 1 des Entwurfs – nach den Bestimmungen des § 1330 ABGB beurteilen. Die einer juristischen Person zustehenden Ansprüche (insbesondere aus einer Kreditschädigung) werden dagegen nicht unter diese Ausnahme fallen, zumal Art. 3 Abs. 4 lit. a sublit. i der Richtlinie nur „*Verletzungen der Menschenwürde einzelner Personen*" betrifft.

5. Die Ausnahme nach § 22 Abs. 2 **Z 3** des Entwurfs betrifft Einschränkungen im Dienste der **öffentlichen Gesundheit**. Solche Einschränkungen werden auch dann gerechtfertigt sein, wenn sie neben der öffentlichen Gesundheit andere Interessen verfolgen. Als Beispiel dafür seien die Regelungen über das Verbot der Kurpfuscherei genannt (die im Übrigen – soweit die Strafgerichte in Vollziehung des § 184 StGB tätig werden – auch unter die Z 1 fallen).

6. Die **Z 4** des § 22 Abs. 2 des Entwurfs deckt alle Maßnahmen im Dienste der **öffentlichen und der Staatssicherheit** ab, die insbesondere auf dem Sicherheitspolizeigesetz und dem Militärbefugnisgesetz beruhen.

7. § 22 Abs. 2 **Z 5** des Entwurfs lässt schließlich Maßnahmen zum **Schutz der Verbraucher und Anleger**, die den freien Verkehr von Diensten der Informationsgesellschaft aus einem anderen Mitgliedstaat beschränken, zu. Denkbare Fälle sind etwa „Maßnahmen" zum Schutz der Anleger, die auf verwaltungsrechtlicher Grundlage getroffen werden können (etwa aufgrund des § 11 Abs. 3 Wertpapieraufsichtsgesetz). Dem Schutz der Verbraucher dienen zahlreiche Regelungen der österreichischen Rechtsordnung, angefangen mit gewerbe- und preisrechtlichen Vorschriften über versicherungsrechtliche Schutzbestimmungen bis zu den zivilrechtlichen Regelungen im Konsumentenschutzgesetz. Soweit verwaltungsrechtliche Maßnahmen zum Schutz der Verbraucher aufgrund des „Territorialitätsprinzips" (siehe die Erläuterungen zu § 20 des Entwurfs) gegen einen ausländischen Online-Anbieter überhaupt möglich und zulässig sind, können sie eine Einschränkung der Dienstleistungsfreiheit im elektronischen Geschäftsverkehr rechtfertigen.

Im gegebenen Zusammenhang können ferner Eingriffe durch die Zivilgerichte, die im Rahmen des **Lauterkeitsrechts** auch dem Schutz der österreichischen Verbraucher dienen, gerechtfertigt sein. Wenn ein in einem anderen Mitgliedstaat niedergelassener Anbieter beispielsweise im geschäftlichen Verkehr durch eine Vertriebsmethode zur Irreführung der Verbraucher beiträgt, kann ein Gericht ungeachtet des Herkunftslandprinzips die Rechtssache anhand des § 2 UWG 1984 beurteilen. Dabei hat das Gericht freilich zu prüfen, ob die von ihm in Aussicht genommene Maßnahme im Sinn des § 22 Abs. 1 erforderlich und verhältnismäßig ist. Ähnlich wird es sich im Bereich des zivilrechtlichen Konsumentenschutzes verhalten: Gibt beispielsweise ein Diensteanbieter eine Gewinnzusage ab und erweckt er dabei den Eindruck, dass der Verbraucher bereits einen bestimmten Preis gewonnen habe, so wird dieser Sachverhalt anhand des § 5j KSchG zu beurteilen sein.

Kommentar

Ausnahmen vom Herkunftslandprinzip nach § 22 ECG können nur in konkreten Einzelfällen gegenüber einzelnen Diensteanbietern ergriffen werden. Die Mitgliedstaaten dürfen nicht generell unter Berufung auf die Gründe des § 23 Abs. 2 ECG entgegen dem Herkunftslandprinzip die Anwendbarkeit nationaler Rechtsvorschriften vorsehen (Einzelmaßnahmen). Die Maßnahmen müssen erforderlich und angemessen sein. Diese Anforderungen sind bereits aus der Rspr des EuGH zur Warenverkehrsfreiheit bekannt.

Die Eingriffsrechte der Mitgliedstaaten sind eng auszulegen und dürfen nicht als „Einfallstor" für die Umgehung des Herkunftslandprinzips verwendet werden. Dies wird insbesondere für die Ausnahme nach Abs. 2 Z 5 ECG, Schutz der Verbraucher einschließlich der Anleger, zu beachten sein: Gerade im Lauterkeitsrecht dienen zahlreiche Bestimmungen zumindest auch dem Konsumentenschutz (zB § 1 UWG: Kundenfang, § 2 UWG: Irreführung), ebenso im Verwaltungsrecht (zB GewO).

Die eine Einschränkung rechtfertigenden Rechtsgüter in Abs. 2 sind taxativ aufgezählt, weitere Gründe dürfen nicht herangezogen werden.

§ 23. (1) Eine Verwaltungsbehörde hat ihre Absicht zur Ergreifung von Maßnahmen, die den freien Verkehr von Diensten der Informationsgesellschaft aus einem anderen Mitgliedstaat einschränken, der Europäischen Kommission und der zuständigen Stelle des anderen Staates mitzuteilen und diese aufzufordern, geeignete Maßnahmen gegen den Diensteanbieter zu veranlassen. Die Behörde kann die von ihr beabsichtigten Maßnahmen erst durchführen, wenn die zuständige Stelle des anderen Mitgliedstaats dieser Aufforderung nicht innerhalb angemessener Frist Folge geleistet hat oder die von ihr ergriffenen Maßnahmen unzulänglich sind.

(2) Bei Gefahr im Verzug kann die Verwaltungsbehörde die von ihr beabsichtigten Maßnahmen auch ohne Verständigung der Kommission und Aufforderung der zuständigen Stelle des anderen Mitgliedstaats erlassen. In diesem Fall hat sie die von ihr ergriffene Maßnahme unverzüglich der Kommission und der zuständigen Stelle unter Angabe der Gründe für die Annahme von Gefahr im Verzug mitzuteilen.

(3) Die Abs. 1 und 2 sind auf gerichtliche Verfahren nicht anzuwenden.

RV, 73

1. Mit § 23 werden die Abs. 4 lit. b und 5 des Art. 3 der Richtlinie umgesetzt. Diese Bestimmungen statuieren ein „**Notifizierungsverfahren**" für Eingriffe in die Dienstleistungsfreiheit im elektronischen Geschäftsverkehr. Art. 3 Abs. 6 der Richtlinie bedarf dagegen keiner gesonderten Umsetzung, da sich diese Bestimmung an die Kommission richtet.

Eine Behörde, die im Verfahren eine Aufforderung der Kommission erhält, von der betreffenden Maßnahme Abstand zu nehmen, ist an diese Aufforderung **nicht gebunden**. Sie hat aber zu prüfen, ob die Rechtsauffassung der Kommission, wonach die beabsichtigte Maßnahme mit dem Gemeinschaftsrecht nicht vereinbar sei, zutrifft. Teilt sie diese Ansicht, so hat sie nicht zuletzt aufgrund des Anwendungsvorrangs des Gemeinschaftsrechts von der beabsichtigten Maßnahme abzusehen.

Diese Pflicht zur Notifizierung kommt in gerichtlichen Zivil- und Strafverfahren sowie in Verfahren vor den Gerichtshöfen des öffentlichen Rechts **nicht zur Anwendung**, gilt sie nach der Richtlinie – Art. 3 Abs. 4 lit. b – doch nur *„unbeschadet etwaiger Gerichtsverfahren, einschließlich Vorverfahren und Schritten im Rahmen einer strafrechtlichen Ermittlung".* Auch Ermittlungstätigkeiten der Sicherheitsbehörden und -organe sind nicht notifizierungspflichtig (siehe den Erwägungsgrund 26). Die Gerichte und die Sicherheitsbehörden haben sich ungeachtet dessen mit der rechtlichen Zulässigkeit eines Eingriffs in das Herkunftslandprinzip auseinanderzusetzen, weil sie die Schranken des § 22 Abs. 1 und 2 zu beachten haben.

2. **§ 23 Abs. 1** ECG verpflichtet die Behörde, ihre Absicht zur Ergreifung von Maßnahmen, die auf eine Einschränkung der Freiheit zur Erbringung von Diensten der Informationsgesellschaft hinauslaufen, **vorweg** der Kommission und der zuständigen Stelle des Niederlassungsstaats **mitzuteilen** und die zuständige Stelle **aufzufordern**, binnen angemessener Frist Abhilfe zu schaffen. Welche Frist angemessen ist, ist anhand der Umstände des Einzelfalls zu beurteilen. Maßnahmen, die auf eine Einschränkung der Dienstleistungsfreiheit im elektronischen Geschäftsverkehr hinauslaufen, kann die Behörde erst dann durchführen, wenn die zuständige Stelle des anderen Mitgliedstaats der Aufforderung der Behörde nicht oder nicht ausreichend nachgekommen ist.

3. **§ 23 Abs. 2** ermächtigt die Behörde, bei **Gefahr im Verzug** die von ihr in Aussicht genommenen Maßnahmen sogleich zu ergreifen. In einem solchen Fall hat die Behörde jedoch ohne weitere Verzögerungen die zuständige Stelle des anderen Mitgliedstaats und die Kommission von der von ihr vorgenommenen Einschränkung der Dienstleistungsfreiheit im elektronischen Geschäftsverkehr zu verständigen.

4. **§ 23 Abs. 3** enthält schließlich die Ausnahme von der Notifizierungspflicht für **gerichtliche Verfahren**. Die Ausnahme erstreckt sich auch auf gerichtliche Vorverfahren, also – im Bereich des Strafprozesses – auf Vorerhebungen und Voruntersuchungen und – im Bereich des Zivilverfahrens – auf das Verfahren zur Erlassung einstweiliger Verfügungen. Auch die **Gerichtshöfe des öffentlichen Rechts** sind nicht zur Notifizierung verpflichtet. Trotz dieser Ausnahme dürfen die Gerichte vom Herkunftslandprinzip nur zum Schutz der in § 22 Abs. 2 genannten Rechtsgüter und nur dann abweichen, wenn dies im Einzelfall gesetzlich vorgesehen sowie erforderlich und notwendig ist.

Kommentar

Da die Aufsicht über die Diensteanbieter „an der Quelle" im Staat ihrer Niederlassung erfolgt, sollen primär die Behörden des Niederlassungsstaates des Diensteanbieters tätig werden.

Das Mitteilungsverfahren an die Kommission soll sicherstellen, dass die Mitgliedstaaten nicht das Herkunftslandprinzip durch exzessive Ergreifung von Einzelmaßnahmen unterminieren. Der Vollzug der Maßnahmen wird allerdings nicht gehemmt, selbst dann nicht, wenn die Kommission die Maßnahme ausdrücklich untersagt. Der Kommission bleibt dann nur die Möglichkeit, gegen den betreffenden Staat ein Vertragsverletzungsverfahren einzuleiten.

Bei Gefahr im Verzug und bei Gerichtsverfahren gilt diese Informationsverpflichtung nicht. Gerichte können ohne vorherige Konsultation von sich aus Einzelmaßnahmen im Rahmen der Bedingungen des § 22 ECG ergreifen.

7. Abschnitt
Transparenz und Verbindung mit anderen Mitgliedstaaten

Transparenz

§ 24. (1) Der Bundesminister für Justiz hat die ihm bekannt gewordenen wesentlichen gerichtlichen oder verwaltungsbehördlichen Entscheidungen im Zusammenhang mit Diensten der Informationsgesellschaft der Europäischen Kommission bekannt zu geben.

(2) Der Bundesminister für Justiz hat im Internet Informationen über

1. die vertraglichen Rechte und Pflichten der Nutzer sowie über die bei Streitfällen verfügbaren Beschwerde- und Rechtsschutzverfahren einschließlich der praktischen Aspekte dieser Verfahren und

2. die Anschriften von Behörden, Körperschaften öffentlichen Rechts und anderer Stellen, bei denen die Nutzer oder Diensteanbieter weitere Informationen oder praktische Unterstützung erhalten können,

zu veröffentlichen.

RV, 74

1. Die Richtlinie verpflichtet die Mitgliedstaaten in Art. 19 Abs. 1 zur Schaffung geeigneter **Aufsichts-** und **Untersuchungsinstrumente.** Nach Art. 19 Abs. 2 und 4 der Richtlinie müssen ferner eine oder mehrere Verbindungsstellen zur Zusammenarbeit zwischen den Mitgliedstaaten sowie zur Information der Nutzer eingerichtet werden. Amtshilfe- und Auskunftsersuchen anderer Mitgliedstaaten oder Kommission haben die Mitgliedstaaten *„im Einklang mit ihren innerstaatlichen Rechtsvorschriften"* so rasch wie möglich, auch auf elektronischem Weg, nachzukommen (siehe Art. 19 Abs. 3 der Richtlinie).

2. Die **Aufsicht über Dienste der Informationsgesellschaft** soll denjenigen Verwaltungsbehörden zukommen, die zur Wirtschaftsaufsicht über die jeweilige Tätigkeit berufen ist. Fällt beispielsweise eine online erbrachte Tätigkeit unter das Regime des Gewerberechts, so soll die jeweils zuständige Gewerbebehörde zur Aufsicht berufen sein. Unterliegt – um ein anderes Beispiel zu nennen – eine elektronisch erbrachte Dienstleistung den Bestimmungen des Wertpapieraufsichtsgesetzes, so soll hiefür die zur Beaufsichtigung der Finanzmärkte berufene Behörde zuständig sein. In diesen und in anderen Fällen kann es keinen Unterschied machen, ob die jeweilige Dienstleistung elektronisch oder nicht elektronisch erbracht oder angeboten wird. Nach dem in den Erläuterungen zu § 1 dargelegten „Grundsatz der Medienneutralität des Rechts" kann die Form, in der eine bestimmte Tätigkeit ausgeübt wird, im Prinzip nichts an der jeweils gegebenen Zuständigkeit einer Behörde zur Ergreifung verwaltungsrechtlicher Maßnahmen ändern. Ähnlich verhält sich die Rechtslage in den Bereichen, die in die Zuständigkeit der Gerichte fallen: Die allgemeinen vertragsrechtlichen Regelungen sind ebenso wie die Bestimmungen über die Verpflichtung zum Schadenersatz unabhängig davon anzuwenden, ob ein Vertrag elektronisch oder auf herkömmlichem Weg abgeschlossen wird oder ob ein schadenersatzrechtliches Delikt im Internet oder in einem anderen Medium begangen wird. Gleiches gilt auch für die Zuständigkeit der Strafgerichte und der Sicherheitsbehörden in deren Diensten. Insoweit ist also die von der Richtlinie geforderte Aufsicht durch das österreichische Verwaltungs-, Zivil- und Strafrecht und die jeweiligen Verfahrensgesetze bereits gesichert und gewährleistet. Die Errichtung einer eigenen „Internet-Aufsichtsbehörde" oder die Betrauung einer gesonderten Behörde mit Aufsichtsfunktionen ist nicht sinnvoll und widerspricht auch den Grundsätzen der Sparsamkeit, Wirtschaftlichkeit und Zweckmäßigkeit.

§ 24 behandelt verschiedene Aufgaben, die vom Bundesminister für Justiz aufgrund der Vorgaben der Richtlinie wahrzunehmen sind. In **Abs. 1** wird er verpflichtet, die ihm bekannt gewordenen relevanten behördlichen oder gerichtlichen Entscheidungen der **Europäischen Kommission bekannt zu geben**. Mit dieser Regelung wird Art. 19 Abs. 5 der Richtlinie umgesetzt.

Mit § 24 **Abs. 2** soll den Informationsverpflichtungen der Mitgliedstaaten nach Art. 19 Abs. 4 der Richtlinie nachgekommen werden. Der Bundesminister für Justiz – siehe § 25 und die dortigen Erläuterungen – als Verbindungsstelle im Sinn des Art. 19 Abs. 2 und 4 der Richtlinie fungieren. Auch die Informationspflichten dieser Verbindungsstelle sollen von ihm wahrgenommen werden.

Von der noch im Begutachtungsentwurf vorgesehenen Ermächtigung, die **Gepflogenheiten und Gebräuche** im Internet zu erheben und zu analysieren, wird aufgrund der Ergebnisse des Begutachtungsverfahrens abgesehen.

Verbindungsstelle

§ 25. (1) Der Bundesminister für Justiz hat als Verbindungsstelle mit den zuständigen Stellen anderer Mitgliedstaaten und der Europäischen Kommission zusammenzuarbeiten. Er hat den an ihn gelangten Auskunftsbegehren anderer Mitgliedstaaten und der Kommission zu entsprechen und die nicht in seinen Wirkungsbereich fallenden Ersuchen um Amts- oder Rechtshilfe oder Auskünfte an die zuständigen Gerichte oder Verwaltungsbehörden weiterzuleiten.

(2) Der Bundesminister für Justiz hat die Anschriften der ihm bekannt gegebenen Verbindungsstellen anderer Mitgliedstaaten im Internet zu veröffentlichen.

RV, 76

Die Richtlinie verpflichtet die Mitgliedstaaten in Art. 19 Abs. 2 und 4 zur Errichtung und Benennung von **Verbindungsstellen.** Diese Stellen sollen die Zusammenarbeit zwischen den Mitgliedstaaten fördern und erleichtern. Ferner werden die Mitgliedstaaten in Art. 19 Abs. 3 verpflichtet, Amtshilfe- und Auskunftsbegehren anderer Mitgliedstaaten oder der Kommission nach Maßgabe der innerstaatlichen Rechtsvorschriften so rasch wie möglich nachzukommen und dazu auch geeignete elektronische Kommunikationsmittel einzusetzen. Als Verbindungsstelle zur Erfüllung dieser Anforderungen der Richtlinie soll der Bundesminister für Justiz fungieren. Er soll in dieser Eigenschaft mit den zuständigen Stellen anderer Mitgliedstaaten und der Kommission zusammenarbeiten. Nach § 25 **Abs.** 1 soll er den an ihn gelangten Amtshilfe- und Auskunftsbegehren anderer Mitgliedstaaten nachkommen, sofern diese in seinen Wirkungsbereich fallen. Amts- oder Rechtshilfeersuchen anderer Mitgliedstaaten, die nicht in seinen Wirkungsbereich fallen, hat er an die hiefür zuständigen Behörden und Gerichte weiterzuleiten.

Nach § 25 **Abs.** 2 sollen die Verbindungsstellen anderer Mitgliedstaaten im Internet veröffentlicht werden.

8. Abschnitt
Strafbestimmungen

Verwaltungsübertretungen

§ 26. (1) **Ein Diensteanbieter begeht eine Verwaltungsübertretung und ist mit Geldstrafe bis zu 3 000 Euro zu bestrafen, wenn er**

1. **gegen seine allgemeinen Informationspflichten nach § 5 Abs. 1 verstößt,**

2. **gegen seine Informationspflichten für kommerzielle Kommunikation nach § 6 verstößt,**

3. **gegen seine Informationspflichten für Vertragsabschlüsse nach § 9 Abs. 1 verstößt oder entgegen § 9 Abs. 2 keinen elektronischen Zugang zu den freiwilligen Verhaltenskodizes, denen er sich unterwirft, angibt,**

4. **entgegen § 10 Abs. 1 keine technischen Mittel zur Erkennung und Berichtigung von Eingabefehlern zur Verfügung stellt oder**

5. **entgegen § 11 die Vertragsbestimmungen und die allgemeinen Geschäftsbedingungen nicht so zur Verfügung stellt, dass sie der Nutzer speichern und wiedergeben kann.**

(2) **Eine Verwaltungsübertretung nach den Abs. 1 und 2 liegt nicht vor, wenn die Tat den Tatbestand einer gerichtlich strafbaren Handlung bildet oder nach anderen Verwaltungsstrafbestimmungen mit strengerer Strafe bedroht ist.**

Anm: Die §§ 26 bis 30 samt Überschriften wurden durch den JA eingefügt!

JAB

Die Richtlinie verpflichtet die Mitgliedstaaten in Art. 20 dazu, Sanktionen bei Verstößen gegen die einzelstaatlichen Vorschriften zu ihrer Umsetzung vorzusehen. Die Regierungsvorlage sieht keine eigenen Verwaltungsstrafbestimmungen vor, sondern ein zivil- und wettbewerbsrechtliches Sanktionssystem.

Zwar können auch solche zivilrechtlichen Instrumente, insbesondere die Verpflichtung zur Leistung von Schadenersatz, abschreckend wirkend. Dennoch empfiehlt es sich, für einige besonders wichtige Verpflichtungen der Diensteanbieter nach dem Vorbild anderer Verbraucherschutzregelungen (vgl etwa § 32 KSchG und § 12 TNG) Verwaltungsstrafbestimmungen vorzusehen, wie sie im Prinzip schon der Begutachtungsentwurf vorgeschlagen hatte. Die Höhe des Strafrahmens soll sich an diesen Vorbildern orientieren. Damit wird der zwingenden Verpflichtung des Art. 20 der Richtlinie voll entsprochen.

Kommentar

Art. 20 EC-RL verpflichtet die Mitgliedstaaten dazu, wirksame Sanktionen zur Einhaltung der EC-RL vorzusehen. Kraft Herkunftslandprinzip erfolgt die Aufsicht über die Diensteanbieter innerhalb des EWR in deren Heimatstaat, das österreichische ECG und damit die vorgesehenen Verwaltungsstrafbestimmungen gelten nur für in Österreich niedergelassene Diensteanbieter und gegenüber Anbietern aus Drittstaaten, soweit aufgrund des Territorialitätsprinzips derartige Verwaltungsstrafen überhaupt durchsetzbar sind.

Zuständig für die Vollziehung in erster Instanz sind die Bezirksverwaltungsbehörden, es gilt das Verwaltungsstrafgesetz 1991 (VStG). Die Verwaltungsstrafsanktionen stoßen jedoch gegenüber Diensteanbietern aus Drittstaaten mangels Durchsetzbarkeit rasch an ihre Grenzen.

Wesentlich schlagkräftigeres Mittel zur Durchsetzung der Verpflichtungen nach dem ECG wird jedoch die zivilrechtliche Unterlassungsklage nach § 14 iVm § 1 UWG sein. Dies vor allem deshalb, weil nach § 26 ECG nur einige ausgewählte Verpflichtungen des ECG unter Verwaltungsstrafsanktion stehen, während im UWG-Verfahren jede ECG-Verletzung als Schutzgesetzverletzung geltend gemacht werden kann.

Art. 18 EC-RL wurde nicht eigens umgesetzt, die Klagemöglichkeit nach § 14 UWG und die Möglichkeit der Verbandsklagen nach § 28ff KSchG bieten bereits den geforderten effektiven Rechtschutz, auch einstweilige Verfügungen sind möglich.

Art. 18 Abs. 2 EC-RL, wonach die EC-RL in den Anwendungsbereich der Unterlassungsklagenrichtlinie[49]) aufgenommen wird, wurde bereits im Rahmen des Gewährleistungsrechts-Änderungsgesetzes (GewRÄG)[50]) umgesetzt und der Katalog des § 28a KSchG um Verstöße gegen die EC-RL erweitert. Bei Verstößen gegen die Ge- und Verbote des ECG kann bei Verletzung von Allgemeininteressen der Verbraucher daher Verbandsklage erhoben werden, diese

---

[49]) Richtlinie 98/27/EG über Unterlassungsklagen zum Schutz der Verbraucherinteressen, ABl L Nr 166 vom 11. 6. 1998, 51.
[50]) BGBl I 2001/48.

Voraussetzung wird jedenfalls auf alle Informationspflichten des ECG zutreffen. Die Klagslegitimation kommt neben österreichischen Verbänden[51]) auch ausländischen Verbraucherschutzverbänden zu, wenn der Ursprung des Verstoßes in Österreich liegt.

Interessant ist das Zusammenspiel von Gerichtsstand für die Unterlassungsklage, Herkunftslandprinzip und anwendbarem Recht:

Nach Art. 5 Z 3 EuGVÜ[52]), ab 1. März 2002 nach der VO über die gerichtliche Zuständigkeit und Vollstreckung in Zivil und Handelssachen[53]) sind bei UWG-Verstößen, die sich am österreichischen Markt auswirken, die österreichischen Zivilgerichte zuständig. Ein ausländischer Diensteanbieter kann also in Österreich geklagt werden. Zur Frage, ob dies auch für Verbandsklagen nach §§ 28ff KSchG gilt, ist ein Vorabentscheidungsverfahren beim EuGH anhängig[54]).

Das anwendbare Recht ist jedoch gegenüber im EWR niedergelassenen Diensteanbietern nach dem Herkunftslandprinzip des § 20 ECG das Recht des Niederlassungsstaates des Anbieters, somit die jeweilige nationale Umsetzung der EC-RL.

Tätige Reue

§ 27. (1) Die Behörde kann einen Diensteanbieter, der die Verpflichtungen nach diesem Bundesgesetz verletzt, darauf hinweisen und ihm auftragen, den gesetzmäßigen Zustand innerhalb einer von ihr festgelegten angemessenen Frist herzustellen. Dabei hat sie ihn auf die mit einer solchen Aufforderung verbundenen Rechtsfolgen hinzuweisen.

(2) Ein Diensteanbieter ist wegen einer Verwaltungsübertretung nach § 26 Abs. 1 nicht zu bestrafen, wenn er den gesetzmäßigen Zustand innerhalb der von der Behörde gesetzten Frist herstellt.

Kommentar

Die Kann-Bestimmung in Abs. 1 wird wohl als rechtliches Müssen zu interpretieren sein: Die Bezirksverwaltungsbehörde wird daher einem Diensteanbieter zuerst eine Frist zur Behebung des gesetzwidrigen Zustandes setzen müssen, bevor eine Verwaltungsstrafe verhängt werden kann. Gleichzeitig ist der Diensteanbieter auf die Rechtsfolgen (Entfall der Strafe bei Befolgung der Aufforderung, ansonsten Verhängung einer Verwaltungsstrafe nach § 26 Abs. 1 ECG) hinzuweisen.

---

[51]) Wirtschaftskammer, Bundesarbeitskammer, Landarbeiterkammertag, Präsidentenkonferenz der Landwirtschaftskammern, ÖGB, VKI, Österreichischer Seniorenrat.

[52]) BGBl III 1998/167 idF BGBl III 2000/53.

[53]) VO 44/2001/EG, Abl L Nr 12 vom 16.1.2001, 1-23.

[54]) Rs C-167/00, Henkel.

Aus verfahrensrechtlicher Sicht stellt sich die Frage nach der rechtlichen Qualität dieser Aufforderung. Aus pragmatischen Gründen sollte der Bescheidcharakter eher verneint werden, entsprechend wäre die verpflichtende Ermahnung durch die Bezirksverwaltungsbehörde nur als Voraussetzung und Verfahrensschritt für den später ergehenden Strafbescheid anzusehen[55]).

Zu verweisen ist noch auf § 21 VStG, wonach die Behörde überhaupt bei geringem Verschulden und unbedeutenden Folgen[56]) von der Verhängung einer Strafe absehen kann.

9. Abschnitt
Vollzugs- und Schlussbestimmungen

In-Kraft-Treten

§ 28. Dieses Bundesgesetz tritt mit 1. Jänner 2002 in Kraft.

Verweise auf andere Bundesgesetze

§ 29. Soweit in diesem Bundesgesetz auf Bestimmungen anderer Bundesgesetze verwiesen wird, sind diese in ihrer jeweils geltenden Fassung anzuwenden.

Vollzug

§ 30. Mit der Vollziehung dieses Bundesgesetzes sind hinsichtlich des § 7 der Bundesminister für Verkehr, Innovation und Technologie, hinsichtlich der §§ 24 und 25 der Bundesminister für Justiz sowie hinsichtlich der übrigen Bestimmungen der Bundesminister für Justiz und der Bundesminister für Wirtschaft und Arbeit betraut.

Hinweise auf Notifikation und Umsetzung

§ 31. (1) Dieses Bundesgesetz wurde unter Einhaltung der Bestimmungen der Richtlinie 98/34/EG, ABl. L 204 vom 21. Juli 1998, S. 37, in der Fassung der Richtlinie 98/48/EG, ABl. L 217 vom 5. August 1998, S. 18, der Europäischen Kommission notifiziert (Notifikationsnummer 2001/290/A).

(2) Mit diesem Bundesgesetz wird die Richtlinie 2000/31/EG über bestimmte Aspekte des elektronischen Geschäftsverkehrs im Binnenmarkt (Richtlinie über den elektronischen Geschäftsverkehr), ABl. L 178 vom 17. Juli 2000, S. 1, umgesetzt.

---

[55]) Vgl VfGH vom 19. 9. 1999, B 1652/98.

[56]) Wenn etwa die Informationspflichten nach § 5 ECG im Grunde alle erfüllt sind und zB lediglich die Angabe des Firmenbuchgerichtes vergessen wurde.

2. Artikel II
Änderungen des Signaturgesetzes

Das Signaturgesetz BGBl I Nr. 190/1999, zuletzt geändert durch das Bundesgesetz BGBl I Nr. 32/2001, wird wie folgt geändert:

1. § 4 Abs. 2 Z 4 hat zu lauten:

„4. einer Bürgschaftserklärung (§ 1346 Abs. 2 ABGB), die von Personen außerhalb ihrer gewerblichen, geschäftlichen oder beruflichen Tätigkeit abgegeben wird."

2. Dem § 27 wird folgender Abs. 6 angefügt:

„(6) § 4 in der Fassung des Bundesgesetzes BGBl I Nr. XXX/2001 tritt mit 1. Jänner 2002 in Kraft."

RV, 78

Zu den §§ 4 und 27 Signaturgesetz:

Im Begutachtungsverfahren ist darauf hingewiesen worden, dass der Anwendungsbereich des § 4 Abs. 1 Z 4 SigG zum Teil dem Art. 9 Abs. 2 lit. c der E-Commerce-Richtlinie widerspricht. Nach § 4 Abs. 1 Z 4 SigG entfaltet eine sichere elektronische Signatur ua bei einer Bürgschaftserklärung im Sinn des § 1346 Abs. 2 ABGB nicht die Rechtswirkungen der Schriftlichkeit im Sinn des § 886 ABGB. Die Richtlinie nimmt dagegen *„Bürgschaftsverträge und Verträge über Sicherheiten, die von Personen außerhalb ihrer gewerblichen, geschäftlichen oder beruflichen Tätigkeit eingegangen werden"*, vom Gleichstellungsgebot des Art. 9 Abs. 1 aus. § 4 Abs. 1 Z 4 SigG schützt derzeit auch Bürgschaftserklärungen von Personen, die zwar nicht Vollkaufleute sind, aber doch gewerblich, geschäftlich oder beruflich handeln. Dieser Widerspruch zur Richtlinie soll beseitigt werden.

3. Artikel III
Änderungen der Zivilprozeßordnung

Die Zivilprozeßordnung vom 1. August 1895, RGBl Nr. 113, zuletzt geändert durch das Bundesgesetz BGBl. I Nr. 98/2001, wird wie folgt geändert:

1. § 577 Abs. 3 hat zu lauten:

„(3) Der Schiedsvertrag muss schriftlich errichtet werden oder in Telegrammen, Fernschreiben oder elektronischen Erklärungen enthalten sein, die die Parteien gewechselt haben."

2. § 592 Abs. 1 hat zu lauten:

„(1) Den Parteien sind Ausfertigungen des Schiedsspruchs, und zwar, falls sie dieselben nicht vor dem Schiedsgericht persönlich in Empfang nehmen, durch die Post, einen Notar oder im Weg der elektronischen Post zuzustellen."

RV, 78

Zu den §§ 577 und 592 ZPO:

Mit diesen Regelungen soll den Anforderungen des Art. 17 Abs. 1 der Richtlinie Rechnung getragen werden. Die Mitgliedstaaten haben sicherzustellen, dass ihre Rechtsvorschriften die Inanspruchnahme von Verfahren zur **außergerichtlichen Beilegung von Streitigkeiten** nicht erschweren. Dem soll durch die vorgeschlagene Anpassung des **Schiedsverfahrens** entsprochen werden.

III. Vorblatt und allgemeine Erläuterungen zur RV

Problem:

Die Richtlinie 2000/31/EG über den elektronischen Geschäftsverkehr muss bis 17. Jänner 2002 umgesetzt werden. Die Richtlinie behandelt eine Reihe von rechtlichen Fragen im Zusammenhang mit „Diensten der Informationsgesellschaft", also mit kommerziellen Online-Angeboten und -Diensten. Sie greift vor allem in das Zivil- und Wirtschaftsrecht ein, berührt aber auch andere wichtige Rechtsgebiete, wie etwa das gerichtliche Strafrecht.

Inhalt und Ziel:

Die Richtlinie soll zu ihrem größten Teil in einem eigenen Bundesgesetz umgesetzt werden. In diesem Gesetz werden auch einige in der Richtlinie offen gebliebene Fragen geregelt, die bei der Verwendung elektronischer Kommunikationsmedien auftreten können. Ganz allgemein werden im Interesse der Rechtssicherheit klare und stringente Lösungen für strittige Rechtsfragen vorgesehen. Das vorgeschlagene Gesetz dient aber auch dem Schutz der Verbraucher. In diesem Zusammenhang geht es nicht zuletzt darum, Hindernisse und Barrieren, die sich der Anwendung der neuen Medien entgegenstellen, abzubauen, um weiteren Bevölkerungskreisen die Teilnahme an den modernen Kommunikationsmitteln zu ermöglichen.

Online-Dienste, die dem Entwurf unterliegen, sollen keine besonderen Zulassung, Bewilligung, Konzession oder Genehmigung benötigen. Für die Anbieter dieser Dienste werden spezifische Informationspflichten vorgesehen, durch die den Informationsbedürfnissen der Nutzer entsprochen werden soll. Im Vertragsrecht sollen die Anbieter ebenfalls transparente Verhältnisse schaffen. Sie sollen die Nutzer zum Vertragsabschluss hinführen und Mittel zur Korrektur unrichtiger Eingaben zur Verfügung stellen. Wichtig sind ferner die Regelungen über den Ausschluss der Verantwortlichkeit bestimmter Anbieter, die – zum Teil über die Vorgaben der Richtlinie hinaus – der Rechtssicherheit dienen. Letztlich soll auch das „Herkunftslandprinzip" der Richtlinie umgesetzt werden. Demnach richten sich die rechtlichen Anforderungen an elektronisch erbrachte Dienste im grenzüberschreitenden Verkehr zwischen Mitgliedstaaten des Europäischen Wirtschaftsraums im Wesentlichen nach dem Heimatrecht des Anbieters. Den Mitgliedstaaten obliegt die Aufsicht über die in ihrem Gebiet niedergelassenen Anbieter. Diese Aufsicht soll im Rahmen der allgemeinen Wirtschaftsaufsicht wahrgenommen werden.

Alternativen:

Zur Umsetzung der Richtlinie besteht aufgrund der gemeinschaftsrechtlichen Verpflichtungen keine Alternative. Zwar könnten bestimmte Teile der Richtlinie nicht in einem eigenen Gesetz, sondern in den hiefür maßgeblichen Rechtsvorschriften umgesetzt werden (etwa die vertragsrechtlichen Bestimmungen im ABGB). Der Entwurf schlägt dennoch die Umsetzung in einem möglichst der Richtlinie entsprechenden Bundesgesetz vor.

Zuständigkeit:

Die Zuständigkeit des Bundes zur Umsetzung der Richtlinie ergibt sich aus verschiedenen Kompetenztatbeständen, insbesondere aus den Z 6, 8 und 9 des Art. 10 Abs. 1 B-VG.

Kosten:

Für die Verwaltungsbehörden und die Gerichte wird der Entwurf keine nennenswerten Mehrbelastungen nach sich ziehen.

Auswirkungen auf die Beschäftigung und den Wirtschaftsstandort:

Das E-Commerce-Gesetz soll zur Rechtssicherheit im Internet und in anderen elektronischen Kommunikationsmedien beitragen. Auch wenn sich nicht alle in diesem Zusammenhang auftretenden Rechtsfragen abschließend klären lassen, trägt die Anpassung der geltenden Rechtsordnung an die Gegebenheiten im elektronischen Bereich doch zur weiteren Entwicklung der Informations- und Kommunikationsmedien bei. Das liegt sowohl im Interesse der Beschäftigungssituation als auch im Interesse des Wirtschaftsstandorts.

Besonderheiten des Normerzeugungsverfahrens:

Der Begutachtungsentwurf ist in einigen Bereichen (vor allem im Vertragsrecht und bei der Regelung der Verantwortlichkeit bestimmter Provider) über die Vorgaben der Richtlinie hinaus gegangen. Daher ist das Vorhaben nach dem Notifikationsgesetz 1999 der Europäischen Kommission und den anderen Mitgliedstaaten notifiziert worden. Die Kommission hat fristgerecht Bemerkungen zu dem Begutachtungsentwurf abgegeben, auf die zum Teil Bedacht genommen wird.

EU-Konformität:

Ist gegeben.

1. Allgemeiner Teil

Einleitung

Das **Internet** und seine Dienste haben sich in wenigen Jahren als ein neues Medium etabliert. Die Veränderungen in der Arbeits- und Wirtschaftswelt, im Alltag und selbst im privaten Leben der Bürger, die die modernen Kommunikationstechnologien nach sich gezogen haben, sind mit den umwälzenden Änderungen bei der Einführung des Rundfunks und der Etablierung des Fernsehens vergleichbar und gehen zum Teil sogar über diese hinaus. Die neuen Medien erlauben den Zugriff zu weltweit verfügbaren Informationen, sie erleichtern und beschleunigen die Kommunikation über alle Grenzen hinweg und sie eröffnen neue, bislang unbekannte und ungeahnte Möglichkeiten und Aktivitäten im beruflichen, geschäftlichen und privaten Bereich. Das Internet und die anderen modernen Kommunikationsmittel haben freilich – so wie andere Medien – auch Schattenseiten, von der Nutzung für kriminelle Belange angefangen bis hin zu einigen bedenklichen Entwicklungen aus der Sicht der Verbraucher.

Die IT-Wirtschaft ist global, in Europa und in Österreich einer der **wichtigsten Wirtschaftszweige.** Derzeit bewegen sich ca. 150 Millionen Menschen weltweit täglich im Internet. Etwa ein Drittel der erwachsenen Europäer benützt das Internet. In Österreich haben mehr als drei Millionen Menschen einen Internet-Zugang, 2,4 Millionen können auch von zu Hause aus surfen, chatten, mailen etc. Die Informations- und Telekommunikationsindustrie beschäftigt in Österreich ca. 100.000 Mitarbeiter und erwirtschaftet etwa vier Prozent des Bruttosozialprodukts (mit jeweils steigender Tendenz). Die modernen Kommunikationstechnologien und -medien sind wirtschaftlich per se von hoher Bedeutung. Die dadurch eröffneten Möglichkeiten sind aber auch für alle anderen Wirtschaftszweige essenziell. Kein Unternehmen kann die Potentiale des Internet außer Acht lassen: Quasi mit einem Knopfdruck kann es seine Leistungen weltweit anbieten. Auch muss es sich der Konkurrenz, die zunehmend elektronisch operiert, stellen. Die Unternehmer stehen auch unter dem Druck, die Rationalisierungsmöglichkeiten, die ihnen die neuen Technologien bieten, effizient zu nutzen.

Auch die modernen Kommunikationsmedien und -dienste unterliegen **rechtlichen Anforderungen.** Die Parole vom „Internet als rechtsfreier Raum" ist das Wunschdenken einiger Pioniere dieser Technologien geblieben. Rechtsfragen, die sich in der elektronischen Welt stellen, sind im Prinzip anhand der Regeln zu beurteilen, die für herkömmliche Transaktionen und Tätigkeiten entwickelt wurden und gelten. Das gilt für alle Bereiche der Rechtsordnung, vom Gewerbe- und Wirtschaftsrecht angefangen über das Strafrecht bis hin zum Zivilrecht. Das **Recht ist** also **medienneutral.** Was fehlt, sind spezifische Regelungen für Probleme, die sich nur in der virtuellen Welt stellen, beispielsweise für Details des Zustandekommens von Verträgen im Internet.

Bei der Regelung solcher „elektronischer Rechtsfragen" müssen die **besonderen Eigenheiten** der modernen Kommunikationsmittel beachtet werden: Sie sind grenzüberschreitend, weil sie den raschen und einfachen Nachrichten- und

Informationsaustausch mit Partnern überall auf der Welt ermöglichen. Das nationale Recht kann in diesem Sinn im wahrsten Sinn des Wortes an seine Grenzen stoßen. Die modernen Medien sind ferner interaktiv und ermöglichen – anders als etwa Fernsehen, Radio oder Druckwerke – die gleichzeitige Kommunikation zwischen zwei oder mehreren Teilnehmern. Es genügt damit nicht, nur das Verhalten einer Seite zu regeln, wie dies etwa grundsätzlich im Medienrecht der Fall ist. Und letztlich ist gerade in der elektronischen Welt der Zugang (access) zu den Technologien entscheidend. In diesem Zusammenhang sind auch klare und transparente Regelungen erforderlich, die möglichst breiten Bevölkerungskreisen die Teilhabe am Internet und anderen Diensten eröffnen. Die „digitale Kluft" zwischen Personen, die über die entsprechende Ausstattung und das entsprechende Wissen verfügen, und anderen, bei denen dies nicht der Fall ist, muss auch mit Hilfe der Rechtsordnung geschlossen werden. Das ist ein substanzielles Gebot einer modernen Verbraucherpolitik.

2. Richtlinie über den elektronischen Geschäftsverkehr

2.1. Die Europäische Gemeinschaft hat sich verhältnismäßig früh der **Entwicklung der „Informationsgesellschaft"** angenommen. Dahinter standen und stehen vornehmlich wirtschaftspolitische Überlegungen und die Sorge, dass die europäische Wirtschaft auf dem Gebiet der Informationstechnologien gegenüber den USA und anderen Konkurrenten ins Hintertreffen geraten könnte. Die modernen Informationsdienste können aber auch zur Vertiefung und zum weiteren Ausbau der wirtschaftlichen Beziehungen im Binnenmarkt beitragen, weil sie grenzüberschreitende Transaktionen wesentlich erleichtern.

Neben zahlreichen wirtschaftspolitischen Programmen hat die Europäische Gemeinschaft mittlerweile auch einen **Rechtsrahmen für „Dienste der Informationsgesellschaft"** geschaffen. Erster Kernpunkt war die Richtlinie 97/7/EG über den Verbraucherschutz bei Vertragsabschlüssen im Fernabsatz (im Folgenden: Fernabsatz-Richtlinie), mit der für den Versandhandel und das Verbrauchergeschäft im Internet ein Mindeststandard geschaffen worden ist. Die Richtlinie ist in Österreich durch das Fernabsatz-Gesetz, BGBl I Nr. 185/1999, umgesetzt worden. Die Richtlinie 1999/93/EG über gemeinschaftliche Rahmenbedingungen für elektronische Signaturen (Signaturrichtlinie) gibt europaweit einheitliche Rechtsvorschriften für „elektronische Unterschriften" vor. Diese Richtlinie ist in Österreich durch das Signaturgesetz, BGBl I Nr. 190/1999 (in der Fassung des Bundesgesetzes BGBl I Nr. 32/2001), umgesetzt worden. Die Richtlinie 98/84/EG über den rechtlichen Schutz von zugangskontrollierten Diensten und von Zugangskontrolldiensten (in Österreich umgesetzt durch das Zugangskontrollgesetz, BGBl I Nr. 60/2000), schützt Decoder und andere Kontrolleinrichtungen (zB für die Inanspruchnahme von Online-Informationsdiensten) vor gewerbsmäßigen Raubkopien. Die Richtlinie 2000/46/EG über die Aufnahme, Ausübung und Beaufsichtigung der Tätigkeit von E-Geld-Instituten sieht gemeinschaftsweit einheitliche Aufsichtsregelungen für Unternehmen, die elektronisches Geld ausgeben, vor; ihre Umsetzung in Österreich ist im Gang.

Die Richtlinie 2000/31/EG über bestimmte rechtliche Aspekte der Dienste der Informationsgesellschaft, insbesondere des elektronischen Geschäftsverkehrs, im Binnenmarkt („Richtlinie über den elektronischen Geschäftsverkehr" – im Folgenden auch Richtlinie oder E-Commerce-Richtlinie) regelt einige wichtige allgemeine Rechtsfragen im Online-Verkehr. Die jüngst kundgemachte, besonders für das Urheberrecht wichtige Richtlinie 2001/29/EG zur Harmonisierung bestimmter Aspekte des Urheberrechts und der verwandten Schutzrechte in der Informationsgesellschaft muss noch umgesetzt werden.

Der rechtliche Rahmen für die modernen Kommunikationsdienste ist aber **nicht komplett**, einige wichtige Teilbereiche harren noch einer Regelung. Das gilt vor allem für den Vorschlag einer Richtlinie über den Fernabsatz von Finanzdienstleistungen an Verbraucher, den das Europäische Parlament nach der Verabschiedung eines gemeinsamen Standpunktes auf dem Binnenmarkt- und Verbraucher-Ministerrat vom 27. September 2001 noch in zweiter Lesung behandeln muss.

2.2. Die Richtlinie über den elektronischen Geschäftsverkehr (zum Richtlinienvorschlag der Kommission siehe *Brenn*, Der elektronische Geschäftsverkehr, ÖJZ 1999, 481 ff) enthält einheitliche Regelungen für Geschäfte, die im Binnenmarkt zwischen Unternehmen („B2B") sowie zwischen Unternehmen und Verbrauchern („B2C") elektronisch abgeschlossen werden. Ziel der Richtlinie ist es, den Verkehr von Online-Dienstleistungen zwischen den Mitgliedstaaten der Europäischen Gemeinschaft zu erleichtern und zu fördern. Sie will zur weiteren Entwicklung der Informationswirtschaft, zum Abbau von Wettbewerbsverzerrungen und zum Ausbau des Binnenmarkts beitragen, aber auch die Wettbewerbsfähigkeit der europäischen Wirtschaft im Verhältnis zu den USA sicherstellen (vgl *Blume*, Neuerungen beim Verbraucherschutz im Internet, in *Mayer*, Konsumentenpolitisches Jahrbuch 1998 – 1999 [2000], 31, 40). Der Richtlinie ist es ferner ein besonderes Anliegen, einheitliche und harmonisierte Regelungen für die Online-Werbung und für andere Formen der „kommerziellen Kommunikation" vorzusehen. Dabei hat sie nicht nur die Verwirklichung der Dienstleistungsfreiheit in diesem Bereich im Auge. Vielmehr sollen rechtliche Hindernisse für solche Maßnahmen auch vor dem Hintergrund beseitigt werden, dass die modernen Kommunikationsmedien in weiten Bereichen durch Werbe- und Sponsorgelder finanziert werden.

Die Richtlinie lässt sich – grob gesagt – in zwei Bereiche gliedern: Zum einen schafft sie einen **„koordinierten Bereich"**. Damit sind alle Rechtsvorschriften über die Aufnahme und die Ausübung der Tätigkeiten von Online-Anbietern gemeint. In diesem Bereich gilt das „Herkunftslandprinzip". Demnach richten sich die jeweiligen rechtlichen Anforderungen im koordinierten Bereich nach dem Recht des Mitgliedstaats, in dem sich der Anbieter niedergelassen hat. Dieser Mitgliedstaat hat die in seinem Gebiet niedergelassenen Anbieter zu überwachen. Das Herkunftslandprinzip soll es den Anbietern erleichtern, unter Verwendung der elektronischen Medien tätig zu werden, weil sie primär ihr Heimatrecht einhalten müssen, aber nicht auf die Rechtsvorschriften in allen anderen Mitgliedstaaten Bedacht nehmen müssen. Die E-Commerce-Richtlinie orientiert

sich dabei an der Richtlinie 89/552/EWG zur Koordinierung bestimmter Rechts-
und Verwaltungsvorschriften der Mitgliedstaaten über die Ausübung der Fernsehtätigkeit („Fernsehen ohne Grenzen"), die ebenfalls ein derartiges Grundprinzip vorsieht. Das Herkunftslandprinzip gilt im elektronischen Geschäftsverkehr
aber nicht uneingeschränkt, in manchen Rechtsbereichen (zB im Urheber- und
Versicherungsrecht, aber auch für Verbraucherverträge) ist es nicht anzuwenden.
Auch können die Behörden der Mitgliedstaaten nach ihrem Recht im Einzelfall
gegen fremde Anbieter vorgehen, wenn diese gegen bestimmte Schutzgüter verstoßen (zB bei strafbaren Handlungen im Internet).

Zum anderen werden von der Richtlinie **bestimmte Rechtsbereiche harmonisiert.** Dabei handelt es sich im Wesentlichen um Informationsverpflichtungen
von Online-Anbietern, um die Zulässigkeit und die Gestaltung der elektronischen Werbung, um bestimmte Aspekte des elektronischen Vertragsabschlusses
und um Fragen der schadenersatz- und strafrechtlichen Verantwortlichkeit bestimmter Anbieter.

Die E-Commerce-Richtlinie ist um einheitliche und klare Regeln im Bereich
des elektronischen Geschäftsverkehrs bemüht. In weiten Bereichen hat sie dieses
Ziel auch erreicht. **Manche Fragen** bleiben dagegen trotz der Bemühungen der
Kommission, des Rates und des Europäischen Parlaments noch **strittig.** Vor allem gilt das für die Auswirkungen des Herkunftslandprinzips, dessen Einfluss
auf das internationale Privatrecht letztlich wohl nur der Europäische Gerichtshof
klären kann (siehe auch *Lurger,* Zivilrechtliche Aspekte des E-Commerce unter
Einschluss des Verbraucherrechts und den Kollisionsrechts, VR 2001, 14). Auch
muss das Verhältnis der Richtlinie zu einzelnen Verbraucher- und Anleger-
schutz-Richtlinien der Europäischen Gemeinschaft und zu den von den Mitgliedstaaten auf diesen Grundlagen erlassenen Regelungen ausjudiziert werden.

3. Wesentliche Ziele und Inhalte des Entwurfs

3.1. Der Entwurf enthält nahezu alle für die Umsetzung der Richtlinie erforderlichen Regelungen. Die Richtlinie soll möglichst in einem **einheitlichen
Rechtsakt** in das österreichische Recht transformiert werden. Bei der Vorbereitung des Vorhabens hat das Bundesministerium für Justiz überlegt, zumindest
einzelne Teile der Richtlinie in die jeweiligen „Stammgesetze" einzubauen,
etwa die vertragsrechtlichen Regelungen in die allgemeinen Bestimmungen der
§§ 859 ff ABGB, die Bestimmungen über die Verantwortlichkeit bestimmter
Anbieter in das Dreißigste Hauptstück (§§ 1293 ff) des ABGB, in das StGB und
in das VStG 1991, die für „reglementierte Berufe" geltenden Regelungen der
Richtlinie in die jeweiligen gewerbe- und berufsrechtlichen Regelungen und die
der Sache nach preisrechtlichen Bestimmungen der Richtlinie in das Preisauszeichnungsgesetz. Den Anliegen der Rechtsklarheit und Transparenz, der
Pflicht zur Umsetzung der Richtlinie und dem Erfordernis der Vermeidung
schwieriger und letztlich kaum lösbarer Abgrenzungsfragen kann aber besser
durch ein einheitliches, im Wesentlichen der Richtlinie entsprechendes Bundesgesetz nachgekommen werden. Zur Lösung von Rechtsfragen im elektroni-

schen Verkehr mit kommerziellen Dienstleistungen muss nach diesem Konzept auch das vorgeschlagene E-Commerce-Gesetz konsultiert werden. Die für bestimmte Transaktionen und Anbieter geltenden Regelungen (etwa des Wirtschaftsrechts, des Zivilrechts und des Verwaltungsrechts) sollen durch die vorgesehenen Bestimmungen aber nicht verdrängt, sondern ergänzt werden. Diese Methode der Umsetzung dürfte den Bedürfnissen und Interessen der „Nutzer" weitgehend entgegenkommen, auch erleichtert sie den Vergleich mit den Vorgaben der Richtlinie. Dabei muss in Kauf genommen werden, dass der gerade im Zivil- und Strafrecht maßgebliche Kodifizierungsgedanke aufgeweicht wird. Das erscheint umso erträglicher, als sich in den elektronischen Medien die Verhältnisse rasant ändern. Es ist zu erwarten, dass künftige Technologien neue Rechtsprobleme aufwerfen, die uU neue Regelungen erfordern, etwa – um ein Beispiel aus dem Vertragsrecht zu nennen – die Zurechnung automatischer Erklärungen (zB zur Auffüllung des Kühlschranks durch „Bestellungen", die automatisch über das Internet aufgegeben werden). Dieser technologisch bedingte Anpassungsbedarf lässt sich mit der den Kodifikationen zugrunde liegenden Gedanken der Allgemeinheit und der Stetigkeit bestimmter Rechtsfragen nicht recht in Einklang bringen. Trotz einiger Gegenstimmen ist diesem Umsetzungskonzept im Begutachtungsverfahren überwiegend zugestimmt worden.

Nur **einzelne Bestimmungen** der Richtlinie sollen **gesondert** in das österreichische Recht eingeführt werden. Das betrifft etwa die in Art. 18 Abs. 2 enthaltene Änderung der Unterlassungsklagen-Richtlinie, die zweckmäßigerweise durch eine Anpassung des § 28a KSchG umgesetzt werden kann (siehe dazu Art. II Z 4 Gewährleistungsrechts-Änderungsgesetz, BGBl I Nr. 48/2001). Die aufgrund des Art. 18 Abs. 1 der Richtlinie erforderliche Anpassung des schiedsgerichtlichen Verfahrens soll zwar im Rahmen des gegenständlichen Gesetzgebungsvorhabens, aber ausnahmsweise doch durch einen Eingriff in ein „Materiengesetz", nämlich eine Novelle der Zivilprozeßordnung, gesondert vorgenommen werden.

Bestimmte Teile der Richtlinie müssen **nicht eigens umgesetzt werden.** Das gilt vor allem für die in den Art. 16, 17 Abs. 2 und 3 und 18 vorgesehenen Verpflichtungen. Die Verpflichtung der Mitgliedstaaten, die Ausarbeitung von **Verhaltenskodizes** zu fördern (Art. 16), kann auch durch entsprechende privatwirtschaftliche Tätigkeiten erfüllt werden. Das Bundesministerium für Justiz hat sich bereits an der Ausarbeitung solcher Verhaltenskodizes beteiligt und steht den Handelsverbänden bei der Aufstellung solcher Kodizes auch mit Rat und Tat zur Seite. Die Regelungen des Art. 17 Abs. 2 und 3 der Richtlinie über die **außergerichtliche Beilegung von Streitigkeiten** bedürfen ebenfalls keiner gesonderten Regelung. Den Anforderungen des Art. 17 Abs. 1 wird durch die in Art. III vorgesehenen Anpassungen des Schiedsverfahrens der Zivilprozeßordnung Rechnung getragen. Der in Art. 18 Abs. 1 der Richtlinie genannten Verpflichtung der Mitgliedstaaten, einen effektiven Rechtsschutz einschließlich vorläufiger Maßnahmen sicherzustellen, wird das österreichische Zivilverfahrensrecht schon gerecht. Art. 18 Abs. 2 der Richtlinie ist dagegen – wie erwähnt – schon umgesetzt worden. Der Verpflichtung der Richtlinie, geeignete **Aufsichts- und Untersuchungsinstrumente** für die wirksame Umsetzung dieser

Richtlinie zur Verfügung zu stellen (Art. 19 Abs. 1) wird das österreichische Recht ebenfalls gerecht. Die einzelnen Diensteanbieter unterliegen nämlich den für die zuständigen Aufsichtsbehörden, deren Zuständigkeit nicht danach differenziert, ob eine Tätigkeit elektronisch oder nicht elektronisch erbracht wird (Gewerbebehörden, Kammern, Finanzmarktaufsicht uÄ). Es erscheint vor diesem Hintergrund nicht notwendig, für die Verletzung der Informationspflichten der Richtlinie ein gesondertes Aufsichtsregime vorzusehen.

3.2. Inhaltlich folgt der vorgeschlagene Entwurf weitgehend den **Vorgaben der Richtlinie.** Nur zu einzelnen Fragen werden Regelungen vorgeschlagen, die über die Richtlinie hinausgehen. Das gilt vor allem für die Bestimmungen über die Verantwortlichkeit der Betreiber von Suchmaschinen und der Anbieter, die mittels eines Links auf fremde Inhalte verweisen.

Im Einklang mit der Richtlinie wird zunächst vorgesehen, dass ein Online-Anbieter für die Aufnahme und die Ausübung seiner Tätigkeit **keine besondere Zulassung** benötigt. Das bedeutet aber nicht, dass im Internet und in anderen Kommunikationsmedien bestimmte Aktivitäten, für die sonst eine Genehmigung, Bewilligung, Zulassung oder Konzession erforderlich ist, künftig frei ausgeübt werden können. Der Entwurf geht im Gegenteil davon aus, dass Rechtsvorschriften, die für eine bestimmte Tätigkeit eine behördliche Autorisierung vorsehen und die nicht speziell für Online-Anbieter gelten, unberührt bleiben (also weiterhin anzuwenden sind).

Die Anbieter von kommerziellen Online-Diensten sollen ferner verpflichtet werden, ihren Nutzern eine Reihe von **Informationen** zur Verfügung zu stellen. Sie sollen beispielsweise Auskunft darüber geben, unter welchen Adressen sie postalisch und elektronisch erreicht werden können. Sie müssen ferner Werbeeinschaltungen und andere Maßnahmen zur Absatzförderung besonders kennzeichnen und sie haben für den Fall eines Vertragsabschlusses technische Mittel zur Verfügung zu stellen, mit denen Eingabefehler und Irrtümer bei einer Bestellung leicht und problemlos korrigiert werden können. Diese Regelungen sind vom **Transparenzgebot** getragen, sie sollen es dem Nutzer erleichtern, sich im Internet zu bewegen und dort Bestellungen abzugeben. Sie dienen damit der **Verbesserung des Zugangs** einzelner Nutzer zu den modernen Kommunikationsmedien.

Ähnliche Ziele verfolgen die vorgeschlagenen Regelungen über die **Online-Bestellung:** Die Anbieter sollen ihre Nutzer zum Vertragsabschluss gleichsam „hinführen" und ihnen die einzelnen Schritte, die zur Bestellung führen, erklären. Auch werden sie verpflichtet, einen elektronischen Zugang zu den von ihnen verwendeten Geschäftsbedingungen und zu den Vertragstexten zu bieten. Im Vertragsrecht werden weitere Zweifelsfragen (insbesondere über den Zugang einer elektronischen Vertragserklärung) gelöst.

Die Bestimmungen über den **Ausschluss der Verantwortlichkeit** bestimmter Provider für rechtswidrige Tätigkeiten und Inhalte tragen wichtigen Anliegen der Informationswirtschaft Rechnung. Access Provider (sie eröffnen den Nutzern den Zugang zum Internet und anderen Netzen) und Host Provider (sie speichern fremde Informationen und stellen sie anderen Nutzern zur Verfügung) werden unter bestimmten Voraussetzungen von der zivil- und strafrechtlichen Haftung freigestellt. Diese Regelungen folgen internationalen Vorbildern wie dem § 5 des deutschen Teledienstgesetzes und dem US-Digital Millennium Act. Ähnlich wird die Haftung der Betreiber von Suchmaschinen und von Anbietern, die einen Link (eine elektronische Verbindung) auf fremde Inhalte setzen, geregelt. Im Einklang mit der Richtlinie sieht der Entwurf letztlich davon ab, den Providern allgemeine Überwachungspflichten vorzuschreiben.

Auch das **Herkunftslandprinzip** der Richtlinie wird mit dem E-Commerce-Gesetz umgesetzt. Grundsätzlich soll ein Anbieter im grenzüberschreitenden Verkehr innerhalb des Europäischen Wirtschaftsraums die Rechtsvorschriften seines „Heimatstaats" beachten. Diesem Mitgliedstaat obliegt die Kontrolle und die Aufsicht über „seine" Anbieter. Von diesem Grundsatz wird aber eine Reihe von Ausnahmen vorgesehen, die sowohl einzelne Rechtsgebiete als auch bestimmte Tätigkeiten betreffen. Im Besonderen werden Verbraucher davor geschützt, dass sie beim Abschluss und bei der Erfüllung von Verträgen mit einem für sie fremden Recht konfrontiert werden. Auch sorgen diese Ausnahmen dafür, dass die Strafgerichte und die Sicherheitsbehörden bei der Verfolgung strafbarer Handlungen im Internet nicht behindert werden.

3.3. Der Entwurf beschränkt sich im Wesentlichen auf die **Umsetzung der Richtlinie.** Er behandelt nur einige rechtliche Aspekte des elektronischen Geschäfts- und Rechtsverkehrs. Andere Rechtsfragen, die das Internet und andere Kommunikationsmedien aufwerfen, müssen gesondert gelöst und beantwortet werden. Das gilt beispielsweise für strafrechtliche Belange, die tunlichst im internationalen Gleichklang – hier sind sowohl im Rahmen des Europarats mit der so genannten „Cybercrime Convention" als auch in der Dritten Säule der Europäischen Union Arbeiten im Gange – geregelt werden sollten. Das gilt aber auch für die Belange des Datenschutzes in der Informationsgesellschaft, die jüngst auch auf der Tagung der Österreichischen Juristenkommission im Mai 2001 erörtert worden sind.

4. Kompetenz

Die **Zuständigkeit des Bundes** zur Umsetzung der Richtlinie gründet sich auf verschiedene Kompetenzbestimmungen: In erster Linie kommen hierbei die Z 6 (Zivil- und Strafrechtswesen) und 9 (Fernmeldewesen) des Art. 10 Abs. 1 B-VG in Betracht. Teile des Gesetzesentwurfs behandeln das Wettbewerbsrecht (Art. 10 Abs. 1 Z 8 B-VG).

5. Kosten

Der Entwurf wird aller Voraussicht nach nicht zu einer spürbaren Erhöhung des Anfalls von Rechtsstreitigkeiten bei den Gerichten und zu einem Mehranfall bei den Verwaltungsbehörden führen. Insoweit sind die vorgesehenen Regelungen also **kostenneutral.**

6. Auswirkungen auf die Beschäftigung und den Wirtschaftsstandort

Das E-Commerce-Gesetz soll dazu beitragen, für das Internet und andere moderne Kommunikationsmedien klare und europaweit einheitliche rechtliche Rahmenbedingungen zu schaffen. Auch wenn es nicht alle im Zusammenhang mit den modernen Technologien auftretenden Rechtsfragen lösen kann, dient es doch der **Rechtssicherheit.** Die insbesondere für Service Provider vorgesehenen Regelungen über die Beschränkung der Verantwortlichkeit sollen rechtliche Unwägbarkeiten sowohl im Bereich des Strafrechts als auch in der zivilrechtlichen Haftung klären, sie haben nicht zuletzt den Zweck, rechtliche Risiken und die damit verbundenen Kosten zu minimieren. Aber auch anderen Online-Anbietern werden mit dem Gesetz klare und einheitliche Vorgaben für die Aufnahme und die Ausübung ihrer Tätigkeit gegeben. Das Gesetz liegt damit im Interesse des Wirtschaftsstandorts Österreich und der hier Beschäftigen, weil es kommerzielle Online-Aktivitäten erleichtert, ohne die Interessen der Nutzer und Verbraucher zu vernachlässigen.

7. Besonderheiten des Normerzeugungsverfahrens

Es bestehen **keine besonderen Beschlusserfordernisse** im Nationalrat und im Bundesrat. Auch unterliegt das Vorhaben **nicht dem Konsultationsmechanismus,** da zwingende Vorschriften des Gemeinschaftsrechts umgesetzt werden und die Länder und Gemeinden – als Träger von Privatrechten – nicht gesondert belastet werden. Der Begutachtungsentwurf ist der Kommission nach dem Notifikationsgesetz 1999 **notifiziert** worden, weil er in wenigen Punkten über die Vorgaben der Richtlinie hinausgeht und damit die Ausnahme des § 5 Z 1 NotifG 1999 nicht vollständig in Anspruch genommen werden kann. Auf die von der Kommission abgegebenen Bemerkungen nimmt das vorgeschlagene Gesetz teilweise Bedacht.

8. EU-Konformität

Der Entwurf entspricht weitgehend der E-Commerce-Richtlinie, deren Vorgaben möglichst **exakt umgesetzt** werden sollen. Dabei wird auf die Besonderheiten des österreichischen Rechts Bedacht genommen. Auch werden die eine oder andere nach der Richtlinie offene Zweifelsfrage geklärt und für die zum Teil schwierigen Rechtsprobleme klare und einfache Regelungen geschaffen. In Teilbereichen soll das vorgeschlagene Gesetz über die Richtlinie hinausgehen, ohne aber gegen deren Buchstaben oder deren Geist zu verstoßen. Das gilt vor allem für die Einschränkung der Verantwortlichkeit der Betreiber von Suchmaschinen und der Anbieter, die mit einem Link auf fremde Inhalte verweisen.

IV. Richtlinie über den elektronischen Geschäftsverkehr

Richtlinie 2000/31/EG des Europäischen Parlaments und des Rates vom 8. Juni 2000 über bestimmte rechtliche Aspekte der Dienste der Informationsgesellschaft, insbesondere des elektronischen Geschäftsverkehrs, im Binnenmarkt („Richtlinie über den elektronischen Geschäftsverkehr")
Amtsblatt Nr. L 178 vom 17.7.2000, 1 – 16

DAS EUROPÄISCHE PARLAMENT UND DER RAT DER EUROPÄISCHEN UNION –

gestützt auf den Vertrag zur Gründung der Europäischen Gemeinschaft, insbesondere auf Artikel 47 Absatz 2 und die Artikel 55 und 95,

auf Vorschlag der Kommission (1),

nach Stellungnahme des Wirtschafts- und Sozialausschusses (2),

gemäß dem Verfahren des Artikels 251 des Vertrags (3)

in Erwägung nachstehender Gründe:

(1) Ziel der Europäischen Union ist es, einen immer engeren Zusammenschluss der europäischen Staaten und Völker zu schaffen, um den wirtschaftlichen und sozialen Fortschritt zu sichern. Der Binnenmarkt umfasst nach Artikel 14 Absatz 2 des Vertrags einen Raum ohne Binnengrenzen, in dem der freie Verkehr von Waren und Dienstleistungen sowie die Niederlassungsfreiheit gewährleistet sind. Die Weiterentwicklung der Dienste der Informationsgesellschaft in dem Raum ohne Binnengrenzen ist ein wichtiges Mittel, um die Schranken, die die europäischen Völker trennen, zu beseitigen.

(2) Die Entwicklung des elektronischen Geschäftsverkehrs in der Informationsgesellschaft bietet erhebliche Beschäftigungsmöglichkeiten in der Gemeinschaft, insbesondere in kleinen und mittleren Unternehmen, und wird das Wirtschaftswachstum sowie die Investitionen in Innovationen der europäischen Unternehmen anregen; diese Entwicklung kann auch die Wettbewerbsfähigkeit der europäischen Wirtschaft stärken, vorausgesetzt, dass das Internet allen zugänglich ist.

(3) Das Gemeinschaftsrecht und die charakteristischen Merkmale der gemeinschaftlichen Rechtsordnung sind ein wichtiges Instrument, damit die europäischen Bürger und Unternehmen uneingeschränkt und ohne Behinderung durch Grenzen Nutzen aus den Möglichkeiten des elektronischen Geschäftsverkehrs ziehen können. Diese Richtlinie zielt daher darauf ab, ein hohes Niveau der rechtlichen Integration in der Gemeinschaft sicherzustellen, um einen wirklichen Raum ohne Binnengrenzen für die Dienste der Informationsgesellschaft zu verwirklichen.

(4) Es ist wichtig zu gewährleisten, dass der elektronische Geschäftsverkehr die Chancen des Binnenmarktes voll nutzen kann und dass somit ebenso wie mit der Richtlinie 89/552/EWG des Rates vom 3. Oktober 1989 zur Koordinierung bestimmter Rechts- und Verwaltungsvorschriften der Mitgliedstaaten über die Ausübung der Fernsehtätigkeit (4) ein hohes Niveau der gemeinschaftlichen Integration erzielt wird.

(5) Die Weiterentwicklung der Dienste der Informationsgesellschaft in der Gemeinschaft wird durch eine Reihe von rechtlichen Hemmnissen für das reibungslose Funktionieren des Binnenmarktes behindert, die die Ausübung der Niederlassungsfreiheit und des freien Dienstleistungsverkehrs weniger attraktiv machen. Die Hemmnisse bestehen in Unterschieden der innerstaatlichen Rechtsvorschriften sowie in der Rechtsunsicherheit hinsichtlich der auf Dienste der Informationsgesellschaft jeweils anzuwendenden nationalen Regelungen. Solange die innerstaatlichen Rechtsvorschriften in den betreffenden Bereichen nicht koordiniert und angepasst sind, können diese Hemmnisse gemäß der Rechtsprechung des Gerichtshofes der Europäischen Gemeinschaften gerechtfertigt sein. Rechtsunsicherheit besteht im Hinblick darauf, in welchem Ausmaß die Mitgliedstaaten über Dienste aus einem anderen Mitgliedstaat Kontrolle ausüben dürfen.

(6) In Anbetracht der Ziele der Gemeinschaft, der Artikel 43 und 49 des Vertrags und des abgeleiteten Gemeinschaftsrechts gilt es, die genannten Hemmnisse durch Koordinierung bestimmter innerstaatlicher Rechtsvorschriften und durch Klarstellung von Rechtsbegriffen auf Gemeinschaftsebene zu beseitigen, soweit dies für das reibungslose Funktionieren des Binnenmarktes erforderlich ist. Diese Richtlinie befasst sich nur mit bestimmten Fragen, die Probleme für das Funktionieren des Binnenmarktes aufwerfen, und wird damit in jeder Hinsicht dem Subsidiaritätsgebot gemäß Artikel 5 des Vertrags gerecht.

(7) Um Rechtssicherheit zu erreichen und das Vertrauen der Verbraucher zu gewinnen, muss diese Richtlinie einen klaren allgemeinen Rahmen für den Binnenmarkt bezüglich bestimmter rechtlicher Aspekte des elektronischen Geschäftsverkehrs festlegen.

(8) Ziel dieser Richtlinie ist es, einen rechtlichen Rahmen zur Sicherstellung des freien Verkehrs von Diensten der Informationsgesellschaft zwischen den Mitgliedstaaten zu schaffen, nicht aber, den Bereich des Strafrechts als solchen zu harmonisieren.

(9) In vieler Hinsicht kann der freie Verkehr von Diensten der Informationsgesellschaft die besondere gemeinschaftsrechtliche Ausprägung eines allgemeineren Grundsatzes darstellen, nämlich des Rechts auf freie Meinungsäußerung im Sinne des Artikels 10 Absatz 1 der von allen Mitgliedstaaten ratifizierten Konvention zum Schutze der Menschenrechte und Grundfreiheiten. Richtlinien, die das Angebot von Diensten der Informationsgesellschaft betreffen, müssen daher sicherstellen, dass diese Tätigkeit gemäß jenem Artikel frei ausgeübt werden kann und nur den Einschränkungen unterliegt, die in Absatz 2 des genannten Artikels und in Artikel 46 Absatz 1 des Vertrages niedergelegt sind. Die grundlegenden Regeln und Prinzipien des einzelstaatlichen Rechts, die die freie Meinungsäußerung betreffen, sollen von dieser Richtlinie unberührt bleiben.

(10) Gemäß dem Grundsatz der Verhältnismäßigkeit sind in dieser Richtlinie nur diejenigen Maßnahmen vorgesehen, die zur Gewährleistung des reibungslosen Funktionierens des Binnenmarktes unerlässlich sind. Damit der Binnenmarkt wirklich zu einem Raum ohne Binnengrenzen für den elektronischen Geschäftsverkehr wird, muss diese Richtlinie in den Bereichen, in denen ein Handeln auf Gemeinschaftsebene geboten ist, ein hohes Schutzniveau für die dem Allgemeininteresse dienenden Ziele, insbesondere für den Jugendschutz, den Schutz der Menschenwürde, den Verbraucherschutz und den Schutz der öffentlichen Ge-

sundheit, gewährleisten. Nach Artikel 152 des Vertrags ist der Schutz der öffentlichen Gesundheit ein wesentlicher Bestandteil anderer Gemeinschaftspolitiken.

(11) Diese Richtlinie lässt das durch Gemeinschaftsrechtsakte eingeführte Schutzniveau, insbesondere für öffentliche Gesundheit und den Verbraucherschutz, unberührt. Unter anderem bilden die Richtlinie 93/13/EWG des Rates vom 5. April 1993 über missbräuchliche Klauseln in Verbraucherverträgen (5) und die Richtlinie 97/7/EG des Europäischen Parlaments und des Rates vom 20. Mai 1997 über den Verbraucherschutz bei Vertragsabschlüssen im Fernabsatz (6) wichtige Errungenschaften für den Verbraucherschutz im Bereich des Vertragsrechts. Jene Richtlinien gelten voll und ganz auch für die Dienste der Informationsgesellschaft. Zum Rechtsstand auf Gemeinschaftsebene, der uneingeschränkt für die Dienste der Informationsgesellschaft gilt, gehören insbesondere auch die Richtlinien 84/450/EWG des Rates vom 10. September 1984 über irreführende und vergleichende Werbung (7), die Richtlinie 87/102/EWG des Rates vom 22. Dezember 1986 zur Angleichung der Rechts- und Verwaltungsvorschriften der Mitgliedstaaten über den Verbraucherkredit (8), die Richtlinie 93/22/EWG des Rates vom 10. Mai 1993 über Wertpapierdienstleistungen (9), die Richtlinie 90/314/EWG des Rates vom 13. Juni 1990 über Pauschalreisen (10), die Richtlinie 98/6/EG des Europäischen Parlaments und des Rates vom 16. Februar 1998 über den Schutz der Verbraucher bei der Angabe der Preise der ihnen angebotenen Erzeugnisse (11), die Richtlinie 92/59/EWG des Rates vom 29. Juni 1992 über die allgemeine Produktsicherheit (12), die Richtlinie 94/47/EG des Europäischen Parlaments und des Rates vom 26. Oktober 1994 zum Schutz der Erwerber im Hinblick auf bestimmte Aspekte von Verträgen über den Erwerb von Teilzeitnutzungsrechten an Immobilien (13), die Richtlinie 98/27/EG des Europäischen Parlaments und des Rates vom 19. Mai 1998 über Unterlassungsklagen zum Schutz der Verbraucherinteressen (14), die Richtlinie 85/374/EWG des Rates vom 25. Juli 1985 zur Angleichung der Rechts- und Verwaltungsvorschriften der Mitgliedstaaten über die Haftung für fehlerhafte Produkte (15), die Richtlinie 1999/44/EG des Europäischen Parlaments und des Rates vom 25. Mai 1999 zu bestimmten Aspekten des Verbrauchsgüterkaufs und der Garantien für Verbrauchsgüter (16), die künftige Richtlinie des Europäischen Parlaments und des Rates über den Fernabsatz von Finanzdienstleistungen an Verbraucher, und die Richtlinie 92/28/EWG des Rates vom 31. März 1992 über die Werbung für Humanarzneimittel (17). Die vorliegende Richtlinie sollte die im Rahmen des Binnenmarktes angenommene Richtlinie 98/43/EG des Europäischen Parlaments und des Rates vom 6. Juli 1998 zur Angleichung der Rechts- und Verwaltungsvorschriften der Mitgliedstaaten über Werbung und Sponsoring zugunsten von Tabakerzeugnissen (18) und die Richtlinien über den Gesundheitsschutz unberührt lassen. Diese Richtlinie ergänzt die Informationserfordernisse, die durch die vorstehend genannten Richtlinien und insbesondere durch die Richtlinie 97/7/EG eingeführt wurden.

(12) Bestimmte Tätigkeiten müssen aus dem Geltungsbereich dieser Richtlinie ausgenommen werden, da gegenwärtig in diesen Bereichen der freie Dienstleistungsverkehr aufgrund der Bestimmungen des Vertrags bzw des abgeleiteten Gemeinschaftsrechts nicht sicherzustellen ist. Dieser Ausschluss darf Maßnahmen, die zur Gewährleistung des reibungslosen Funktionierens des Binnenmarkts erforderlich sein könnten, nicht berühren. Das Steuerwesen, insbesondere die Mehrwertsteuer, die auf eine große Zahl von Diensten erhoben wird, die in den Anwen-

dungsbereich dieser Richtlinie fallen, muss von ihrem Anwendungsbereich ausgenommen werden.

(13) Mit dieser Richtlinie sollen weder Regelungen über steuerliche Verpflichtungen festgelegt werden, noch greift sie der Ausarbeitung von Gemeinschaftsrechtsakten zu den steuerlichen Aspekten des elektronischen Geschäftsverkehrs vor.

(14) Der Schutz natürlicher Personen bei der Verarbeitung personenbezogener Daten ist ausschließlich Gegenstand der Richtlinie 95/46/EG des Europäischen Parlaments und des Rates vom 24. Oktober 1995 zum Schutz natürlicher Personen bei der Verarbeitung personenbezogener Daten und zum freien Datenverkehr (19) und der Richtlinie 97/66/EG des Europäischen Parlaments und des Rates vom 15. Dezember 1997 über die Verarbeitung personenbezogener Daten und den Schutz der Privatsphäre im Bereich der Telekommunikation (20), beide Richtlinien sind uneingeschränkt auf die Dienste der Informationsgesellschaft anwendbar. Jene Richtlinien begründen bereits einen gemeinschaftsrechtlichen Rahmen für den Bereich personenbezogener Daten, so dass diese Frage in der vorliegenden Richtlinie nicht geregelt werden muss, um das reibungslose Funktionieren des Binnenmarkts und insbesondere den freien Fluss personenbezogener Daten zwischen den Mitgliedstaaten zu gewährleisten. Die Grundsätze des Schutzes personenbezogener Daten sind bei der Umsetzung und Anwendung dieser Richtlinie uneingeschränkt zu beachten, insbesondere in Bezug auf nicht angeforderte kommerzielle Kommunikation und die Verantwortlichkeit von Vermittlern. Die anonyme Nutzung offener Netze wie des Internets kann diese Richtlinie nicht unterbinden.

(15) Die Vertraulichkeit der Kommunikation ist durch Artikel 5 der Richtlinie 97/66/EG gewährleistet. Gemäß jener Richtlinie untersagen die Mitgliedstaaten jede Art des Abfangens oder Überwachens dieser Kommunikation durch andere Personen als Sender und Empfänger, es sei denn, diese Personen sind gesetzlich dazu ermächtigt.

(16) Die Ausklammerung von Gewinnspielen aus dem Anwendungsbereich dieser Richtlinie betrifft nur Glücksspiele, Lotterien und Wetten mit einem einen Geldwert darstellenden Einsatz. Preisausschreiben und Gewinnspiele, mit denen der Verkauf von Waren oder Dienstleistungen gefördert werden soll und bei denen etwaige Zahlungen nur dem Erwerb der angebotenen Waren oder Dienstleistungen dienen, werden hiervon nicht erfasst.

(17) Das Gemeinschaftsrecht enthält in der Richtlinie 98/34/EG des Europäischen Parlaments und des Rates vom 22. Juni 1998 über ein Informationsverfahren auf dem Gebiet der Normen und technischen Vorschriften und der Vorschriften für die Dienste der Informationsgesellschaft (21) sowie in der Richtlinie 98/84/EG des Europäischen Parlaments und des Rates vom 20. November 1998 über den rechtlichen Schutz von zugangskontrollierten Diensten und von Zugangskontrolldiensten (22) bereits eine Definition der Dienste der Informationsgesellschaft. Diese Definition umfasst alle Dienstleistungen, die in der Regel gegen Entgelt im Fernabsatz mittels Geräten für die elektronische Verarbeitung (einschließlich digitaler Kompression) und Speicherung von Daten auf individuellen Abruf eines Empfängers erbracht werden. Nicht unter diese Definition fallen die Dienstleistungen, auf die in der Liste von Beispielen in Anhang V der Richtlinie 98/34/ EG Bezug genommen wird und die ohne Verarbeitung und Speicherung von Daten erbracht werden.

(18) Die Dienste der Informationsgesellschaft umfassen einen weiten Bereich von wirtschaftlichen Tätigkeiten, die online vonstatten gehen. Diese Tätigkeiten können insbesondere im Online-Verkauf von Waren bestehen. Tätigkeiten wie die Auslieferung von Waren als solche oder die Erbringung von Offline-Diensten werden nicht erfasst. Die Dienste der Informationsgesellschaft beschränken sich nicht nur auf Dienste, bei denen online Verträge geschlossen werden können, sondern erstrecken sich, soweit es sich überhaupt um eine wirtschaftliche Tätigkeit handelt, auch auf Dienste, die nicht von denjenigen vergütet werden, die sie empfangen, wie etwa Online-Informationsdienste, kommerzielle Kommunikation oder Dienste, die Instrumente zur Datensuche, zum Zugang zu Daten und zur Datenabfrage bereitstellen. Zu den Diensten der Informationsgesellschaft zählen auch Dienste, die Informationen über ein Kommunikationsnetz übermitteln, Zugang zu einem Kommunikationsnetz anbieten oder Informationen, die von einem Nutzer des Dienstes stammen, speichern. Fernsehsendungen im Sinne der Richtlinie 89/552/EWG und Radiosendungen sind keine Dienste der Informationsgesellschaft, da sie nicht auf individuellen Abruf erbracht werden. Dagegen sind Dienste, die von Punkt zu Punkt erbracht werden, wie Video auf Abruf oder die Verbreitung kommerzieller Kommunikationen mit elektronischer Post, Dienste der Informationsgesellschaft. Die Verwendung der elektronischen Post oder gleichwertiger individueller Kommunikationen zum Beispiel durch natürliche Personen außerhalb ihrer gewerblichen, geschäftlichen oder beruflichen Tätigkeit, einschließlich ihrer Verwendung für den Abschluss von Verträgen zwischen derartigen Personen, ist kein Dienst der Informationsgesellschaft. Die vertragliche Beziehung zwischen einem Arbeitnehmer und seinem Arbeitgeber ist kein Dienst der Informationsgesellschaft. Tätigkeiten, die ihrer Art nach nicht aus der Ferne und auf elektronischem Wege ausgeübt werden können, wie die gesetzliche Abschlussprüfung von Unternehmen oder ärztlicher Rat mit einer erforderlichen körperlichen Untersuchung eines Patienten, sind keine Dienste der Informationsgesellschaft.

(19) Die Bestimmung des Ortes der Niederlassung des Anbieters hat gemäß den in der Rechtsprechung des Gerichtshofs entwickelten Kriterien zu erfolgen, nach denen der Niederlassungsbegriff die tatsächliche Ausübung einer wirtschaftlichen Tätigkeit mittels einer festen Einrichtung auf unbestimmte Zeit umfasst. Diese Bedingung ist auch erfüllt, wenn ein Unternehmen für einen festgelegten Zeitraum gegründet wird. Erbringt ein Unternehmen Dienstleistungen über eine Web-Site des Internets, so ist es weder dort niedergelassen, wo sich die technischen Mittel befinden, die diese Web-Site beherbergen, noch dort, wo die Web-Site zugänglich ist, sondern an dem Ort, an dem es seine Wirtschaftstätigkeit ausübt. In Fällen, in denen ein Anbieter an mehreren Orten niedergelassen ist, ist es wichtig zu bestimmen, von welchem Niederlassungsort aus der betreffende Dienst erbracht wird. Ist im Falle mehrerer Niederlassungsorte schwierig zu bestimmen, von welchem Ort aus ein bestimmter Dienst erbracht wird, so gilt als solcher der Ort, an dem sich der Mittelpunkt der Tätigkeiten des Anbieters in Bezug auf diesen bestimmten Dienst befindet.

(20) Die Definition des Begriffs des Nutzers eines Dienstes umfasst alle Arten der Inanspruchnahme von Diensten der Informationsgesellschaft sowohl durch Personen, die Informationen in offenen Netzen wie dem Internet anbieten, als auch durch Personen, die im Internet Informationen für private oder berufliche Zwecke suchen.

(21) Eine künftige gemeinschaftliche Harmonisierung auf dem Gebiet der Dienste der Informationsgesellschaft und künftige Rechtsvorschriften, die auf einzelstaatlicher Ebene in Einklang mit dem Gemeinschaftsrecht erlassen werden, bleiben vom Geltungsbereich des koordinierten Bereichs unberührt. Der koordinierte Bereich umfasst nur Anforderungen betreffend Online-Tätigkeiten, beispielsweise Online-Informationsdienste, Online-Werbung, Online-Verkauf und Online-Vertragsabschluss; er betrifft keine rechtlichen Anforderungen der Mitgliedstaaten bezüglich Waren, beispielsweise Sicherheitsnormen, Kennzeichnungspflichten oder Haftung für Waren, und auch keine Anforderungen der Mitgliedstaaten bezüglich der Lieferung oder Beförderung von Waren, einschließlich der Lieferung von Humanarzneimitteln. Der koordinierte Bereich umfasst nicht die Wahrnehmung des Vorkaufsrechts durch öffentliche Behörden in Bezug auf bestimmte Güter wie beispielsweise Kunstwerke.

(22) Die Aufsicht über Dienste der Informationsgesellschaft hat am Herkunftsort zu erfolgen, um einen wirksamen Schutz der Ziele des Allgemeininteresses zu gewährleisten. Deshalb muss dafür gesorgt werden, dass die zuständige Behörde diesen Schutz nicht allein für die Bürger ihres Landes, sondern für alle Bürger der Gemeinschaft sichert. Um das gegenseitige Vertrauen der Mitgliedstaaten zu fördern, muss die Verantwortlichkeit des Mitgliedstaates des Herkunftsortes der Dienste klar herausgestellt werden. Um den freien Dienstleistungsverkehr und die Rechtssicherheit für Anbieter und Nutzer wirksam zu gewährleisten, sollten die Dienste der Informationsgesellschaft zudem grundsätzlich dem Rechtssystem desjenigen Mitgliedstaates unterworfen werden, in dem der Anbieter niedergelassen ist.

(23) Diese Richtlinie zielt weder darauf ab, zusätzliche Regeln im Bereich des internationalen Privatrechts hinsichtlich des anwendbaren Rechts zu schaffen, noch befasst sie sich mit der Zuständigkeit der Gerichte; Vorschriften des anwendbaren Rechts, die durch Regeln des Internationalen Privatrechts bestimmt sind, dürfen die Freiheit zur Erbringung von Diensten der Informationsgesellschaft im Sinne dieser Richtlinie nicht einschränken.

(24) Unbeschadet der Regel, dass Dienste der Informationsgesellschaft an der Quelle zu beaufsichtigen sind, ist es im Zusammenhang mit dieser Richtlinie gerechtfertigt, dass die Mitgliedstaaten unter den in dieser Richtlinie festgelegten Bedingungen Maßnahmen ergreifen dürfen, um den freien Verkehr für Dienste der Informationsgesellschaft einzuschränken.

(25) Nationale Gerichte, einschließlich Zivilgerichte, die mit privatrechtlichen Streitigkeiten befasst sind, können im Einklang mit den in dieser Richtlinie festgelegten Bedingungen Maßnahmen ergreifen, die von der Freiheit der Erbringung von Diensten der Informationsgesellschaft abweichen.

(26) Die Mitgliedstaaten können im Einklang mit den in dieser Richtlinie festgelegten Bedingungen ihre nationalen strafrechtlichen Vorschriften und Strafprozessvorschriften anwenden, um Ermittlungs- und andere Maßnahmen zu ergreifen, die zur Aufklärung und Verfolgung von Straftaten erforderlich sind, ohne diese Maßnahmen der Kommission mitteilen zu müssen.

(27) Diese Richtlinie trägt zusammen mit der künftigen Richtlinie des Europäischen Parlaments und des Rates über den Fernabsatz von Finanzdienstleistungen an Verbraucher dazu bei, einen rechtlichen Rahmen für die Online-Erbringung von Finanzdienstleistungen zu schaffen. Diese Richtlinie greift künftigen Initiativen im

Bereich der Finanzdienstleistungen, insbesondere in Bezug auf die Harmonisierung der Verhaltensregeln für diesen Bereich, nicht vor. Die durch diese Richtlinie geschaffene Möglichkeit für die Mitgliedstaaten, die Freiheit der Erbringung von Diensten der Informationsgesellschaft unter bestimmten Umständen zum Schutz der Verbraucher einzuschränken, erstreckt sich auch auf Maßnahmen im Bereich der Finanzdienstleistungen, insbesondere Maßnahmen zum Schutz von Anlegern.

(28) Die Verpflichtung der Mitgliedstaaten, den Zugang zur Tätigkeit eines Anbieters von Diensten der Informationsgesellschaft keiner Zulassung zu unterwerfen, gilt nicht für Postdienste, die unter die Richtlinie 97/67/EG des Europäischen Parlaments und des Rates vom 15. Dezember 1997 über gemeinsame Vorschriften für die Entwicklung des Binnenmarktes der Postdienste der Gemeinschaft und die Verbesserung der Dienstequalität (23) fallen und in der materiellen Auslieferung ausgedruckter Mitteilungen der elektronischen Post bestehen; freiwillige Akkreditierungssysteme, insbesondere für Anbieter von Diensten für die Zertifizierung elektronischer Signaturen, sind hiervon ebenfalls nicht betroffen.

(29) Kommerzielle Kommunikationen sind von entscheidender Bedeutung für die Finanzierung der Dienste der Informationsgesellschaft und die Entwicklung vielfältiger neuer und unentgeltlicher Dienste. Im Interesse des Verbraucherschutzes und der Lauterkeit des Geschäftsverkehrs müssen die verschiedenen Formen kommerzieller Kommunikation, darunter Preisnachlässe, Sonderangebote, Preisausschreiben und Gewinnspiele, bestimmten Transparenzerfordernissen genügen. Diese Transparenzerfordernisse lassen die Richtlinie 97/7/EG unberührt. Diese Richtlinie ist ferner ohne Auswirkung auf die Richtlinien, die bereits im Bereich der kommerziellen Kommunikationen bestehen, insbesondere die Richtlinie 98/43/EG.

(30) Die Zusendung nicht angeforderter kommerzieller Kommunikationen durch elektronische Post kann für Verbraucher und Anbieter von Diensten der Informationsgesellschaft unerwünscht sein und das reibungslose Funktionieren interaktiver Netze beeinträchtigen. Die Frage der Zustimmung der Empfänger bestimmter Formen der nicht angeforderten kommerziellen Kommunikation ist nicht Gegenstand dieser Richtlinie, sondern ist, insbesondere in den Richtlinien 97/7/EG und 97/66/EG, bereits geregelt. In Mitgliedstaaten, die nicht angeforderte kommerzielle Kommunikationen über elektronische Post zulassen, sollten geeignete Initiativen der Branche zum Herausfiltern entsprechender Mitteilungen gefördert und erleichtert werden. Darüber hinaus müssen nicht angeforderte kommerzielle Kommunikationen auf jeden Fall klar als solche erkennbar sein, um die Transparenz zu verbessern und die Funktionsfähigkeit derartiger Filtersysteme der Branche zu fördern. Durch elektronische Post zugesandte nicht angeforderte kommerzielle Kommunikationen dürfen keine zusätzlichen Kommunikationskosten für den Empfänger verursachen.

(31) Mitgliedstaaten, die in ihrem Hoheitsgebiet niedergelassenen Diensteanbietern die Versendung nicht angeforderter kommerzieller Kommunikation mit elektronischer Post ohne vorherige Zustimmung des Empfängers gestatten, müssen dafür Sorge tragen, dass die Diensteanbieter regelmäßig sog. Robinson-Listen konsultieren, in die sich natürliche Personen eintragen können, die keine derartigen Informationen zu erhalten wünschen, und dass die Diensteanbieter diese Listen beachten.

(32) Um Hindernisse für die Entwicklung grenzüberschreitender Dienste innerhalb der Gemeinschaft zu beseitigen, die Angehörige der reglementierten Berufe im Internet anbieten könnten, muss die Wahrung berufsrechtlicher Regeln, insbesondere

der Regeln zum Schutz der Verbraucher oder der öffentlichen Gesundheit, auf Gemeinschaftsebene gewährleistet sein. Zur Festlegung der für kommerzielle Kommunikation geltenden Berufsregeln sind vorzugsweise gemeinschaftsweit geltende Verhaltenskodizes geeignet. Die Erstellung oder gegebenenfalls die Anpassung solcher Regeln sollte unbeschadet der Autonomie von Berufsvereinigungen und -organisationen gefördert werden.

(33) Diese Richtlinie ergänzt gemeinschaftliche und einzelstaatliche Rechtsvorschriften für reglementierte Berufe, wobei in diesem Bereich ein kohärenter Bestand anwendbarer Regeln beibehalten wird.

(34) Jeder Mitgliedstaat hat seine Rechtsvorschriften zu ändern, in denen Bestimmungen festgelegt sind, die die Verwendung elektronisch geschlossener Verträge behindern könnten; dies gilt insbesondere für Formerfordernisse. Die Prüfung anpassungsbedürftiger Rechtsvorschriften sollte systematisch erfolgen und sämtliche Phasen bis zum Vertragsabschluss umfassen, einschließlich der Archivierung des Vertrages. Diese Änderung sollte bewirken, dass es möglich ist, elektronisch geschlossene Verträge zu verwenden. Die rechtliche Wirksamkeit elektronischer Signaturen ist bereits Gegenstand der Richtlinie 1999/93/EG des Europäischen Parlaments und des Rates vom 13. Dezember 1999 über gemeinschaftliche Rahmenbedingungen für elektronische Signaturen (24). Die Empfangsbestätigung durch den Diensteanbieter kann darin bestehen, dass dieser die bezahlte Dienstleistung online erbringt.

(35) Diese Richtlinie lässt die Möglichkeit der Mitgliedstaaten unberührt, allgemeine oder spezifische rechtliche Anforderungen für Verträge, die auf elektronischem Wege erfüllt werden können, insbesondere Anforderungen für sichere elektronische Signaturen, aufrechtzuerhalten oder festzulegen.

(36) Die Mitgliedstaaten können Beschränkungen für die Verwendung elektronisch geschlossener Verträge in Bezug auf Verträge beibehalten, bei denen die Mitwirkung von Gerichten, Behörden oder öffentliche Befugnisse ausübenden Berufen gesetzlich vorgeschrieben ist. Diese Möglichkeit gilt auch für Verträge, bei denen die Mitwirkung von Gerichten, Behörden oder öffentliche Befugnisse ausübenden Berufen erforderlich ist, damit sie gegenüber Dritten wirksam sind, und für Verträge, bei denen eine notarielle Beurkundung oder Beglaubigung gesetzlich vorgeschrieben ist.

(37) Die Verpflichtung der Mitgliedstaaten, Hindernisse für die Verwendung elektronisch geschlossener Verträge zu beseitigen, betrifft nur Hindernisse, die sich aus rechtlichen Anforderungen ergeben, nicht jedoch praktische Hindernisse, die dadurch entstehen, dass in bestimmten Fällen elektronische Mittel nicht genutzt werden können.

(38) Die Verpflichtung der Mitgliedstaaten, Hindernisse für die Verwendung elektronisch geschlossener Verträge zu beseitigen, ist im Einklang mit den im Gemeinschaftsrecht niedergelegten rechtlichen Anforderungen an Verträge zu erfüllen.

(39) Die in dieser Richtlinie in Bezug auf die bereitzustellenden Informationen und die Abgabe von Bestellungen vorgesehenen Ausnahmen von den Vorschriften für Verträge, die ausschließlich durch den Austausch von elektronischer Post oder durch damit vergleichbare individuelle Kommunikation geschlossen werden, sollten nicht dazu führen, dass Anbieter von Diensten der Informationsgesellschaft diese Vorschriften umgehen können.

(40) Bestehende und sich entwickelnde Unterschiede in den Rechtsvorschriften und der Rechtsprechung der Mitgliedstaaten hinsichtlich der Verantwortlichkeit von Diensteanbietern, die als Vermittler handeln, behindern das reibungslose Funktionieren des Binnenmarktes, indem sie insbesondere die Entwicklung grenzüberschreitender Dienste erschweren und Wettbewerbsverzerrungen verursachen. Die Diensteanbieter sind unter bestimmten Voraussetzungen verpflichtet, tätig zu werden, um rechtswidrige Tätigkeiten zu verhindern oder abzustellen. Die Bestimmungen dieser Richtlinie sollten eine geeignete Grundlage für die Entwicklung rasch und zuverlässig wirkender Verfahren zur Entfernung unerlaubter Informationen und zur Sperrung des Zugangs zu ihnen bilden. Entsprechende Mechanismen könnten auf der Grundlage freiwilliger Vereinbarungen zwischen allen Beteiligten entwickelt und sollten von den Mitgliedstaaten gefördert werden. Es liegt im Interesse aller an der Erbringung von Diensten der Informationsgesellschaft Beteiligten, dass solche Verfahren angenommen und umgesetzt werden. Die in dieser Richtlinie niedergelegten Bestimmungen über die Verantwortlichkeit sollten die verschiedenen Beteiligten nicht daran hindern, innerhalb der von den Richtlinien 95/46/EG und 97/66/EG gezogenen Grenzen technische Schutz- und Erkennungssysteme und durch die Digitaltechnik ermöglichte technische Überwachungsgeräte zu entwickeln und wirksam anzuwenden.

(41) Diese Richtlinie schafft ein Gleichgewicht zwischen den verschiedenen Interessen und legt die Grundsätze fest, auf denen Übereinkommen und Standards in dieser Branche basieren können.

(42) Die in dieser Richtlinie hinsichtlich der Verantwortlichkeit festgelegten Ausnahmen decken nur Fälle ab, in denen die Tätigkeit des Anbieters von Diensten der Informationsgesellschaft auf den technischen Vorgang beschränkt ist, ein Kommunikationsnetz zu betreiben und den Zugang zu diesem zu vermitteln, über das von Dritten zur Verfügung gestellte Informationen übermittelt oder zum alleinigen Zweck vorübergehend gespeichert werden, die Übermittlung effizienter zu gestalten. Diese Tätigkeit ist rein technischer, automatischer und passiver Art, was bedeutet, dass der Anbieter eines Dienstes der Informationsgesellschaft weder Kenntnis noch Kontrolle über die weitergeleitete oder gespeicherte Information besitzt.

(43) Ein Diensteanbieter kann die Ausnahmeregelungen für die „reine Durchleitung" und das „Caching" in Anspruch nehmen, wenn er in keiner Weise mit der übermittelten Information in Verbindung steht. Dies bedeutet unter anderem, dass er die von ihm übermittelte Information nicht verändert. Unter diese Anforderung fallen nicht Eingriffe technischer Art im Verlauf der Übermittlung, da sie die Integrität der übermittelten Informationen nicht verändern.

(44) Ein Diensteanbieter, der absichtlich mit einem der Nutzer seines Dienstes zusammenarbeitet, um rechtswidrige Handlungen zu begehen, leistet mehr als „reine Durchleitung" und „Caching" und kann daher den hierfür festgelegten Haftungsausschluss nicht in Anspruch nehmen.

(45) Die in dieser Richtlinie festgelegten Beschränkungen der Verantwortlichkeit von Vermittlern lassen die Möglichkeit von Anordnungen unterschiedlicher Art unberührt. Diese können insbesondere in gerichtlichen oder behördlichen Anordnungen bestehen, die die Abstellung oder Verhinderung einer Rechtsverletzung verlangen, einschließlich der Entfernung rechtswidriger Informationen oder der Sperrung des Zugangs zu ihnen.

(46) Um eine Beschränkung der Verantwortlichkeit in Anspruch nehmen zu können, muss der Anbieter eines Dienstes der Informationsgesellschaft, der in der Speicherung von Information besteht, unverzüglich tätig werden, sobald ihm rechtswidrige Tätigkeiten bekannt oder bewusst werden, um die betreffende Information zu entfernen oder den Zugang zu ihr zu sperren. Im Zusammenhang mit der Entfernung oder der Sperrung des Zugangs hat er den Grundsatz der freien Meinungsäußerung und die hierzu auf einzelstaatlicher Ebene festgelegten Verfahren zu beachten. Diese Richtlinie lässt die Möglichkeit der Mitgliedstaaten unberührt, spezifische Anforderungen vorzuschreiben, die vor der Entfernung von Informationen oder der Sperrung des Zugangs unverzüglich zu erfüllen sind.

(47) Die Mitgliedstaaten sind nur dann gehindert, den Diensteanbietern Überwachungspflichten aufzuerlegen, wenn diese allgemeiner Art sind. Dies betrifft nicht Überwachungspflichten in spezifischen Fällen und berührt insbesondere nicht Anordnungen, die von einzelstaatlichen Behörden nach innerstaatlichem Recht getroffen werden.

(48) Diese Richtlinie lässt die Möglichkeit unberührt, dass die Mitgliedstaaten von Diensteanbietern, die von Nutzern ihres Dienstes bereitgestellte Informationen speichern, verlangen, die nach vernünftigem Ermessen von ihnen zu erwartende und in innerstaatlichen Rechtsvorschriften niedergelegte Sorgfaltspflicht anzuwenden, um bestimmte Arten rechtswidriger Tätigkeiten aufzudecken und zu verhindern.

(49) Die Mitgliedstaaten und die Kommission haben zur Ausarbeitung von Verhaltenskodizes zu ermutigen. Dies beeinträchtigt nicht die Freiwilligkeit dieser Kodizes und die Möglichkeit der Beteiligten, sich nach freiem Ermessen einem solchen Kodex zu unterwerfen.

(50) Es ist wichtig, dass die vorgeschlagene Richtlinie zur Harmonisierung bestimmter Aspekte des Urheberrechts und der verwandten Schutzrechte in der Informationsgesellschaft und die vorliegende Richtlinie innerhalb des gleichen Zeitrahmens in Kraft treten, so dass zur Frage der Haftung der Vermittler bei Verstößen gegen das Urheberrecht und verwandte Schutzrechte auf Gemeinschaftsebene ein klares Regelwerk begründet wird.

(51) Gegebenenfalls müssen die Mitgliedstaaten innerstaatliche Rechtsvorschriften ändern, die die Inanspruchnahme von Mechanismen zur außergerichtlichen Beilegung von Streitigkeiten auf elektronischem Wege behindern könnten. Diese Änderung muss bewirken, dass diese Mechanismen de facto und de jure tatsächlich wirksam funktionieren können, und zwar auch bei grenzüberschreitenden Rechtsstreitigkeiten.

(52) Die effektive Wahrnehmung der durch den Binnenmarkt gebotenen Freiheiten macht es erforderlich, den Opfern einen wirksamen Zugang zu Möglichkeiten der Beilegung von Streitigkeiten zu gewährleisten. Schäden, die in Verbindung mit den Diensten der Informationsgesellschaft entstehen können, sind durch ihre Schnelligkeit und ihre geographische Ausbreitung gekennzeichnet. Wegen dieser spezifischen Eigenheit und der Notwendigkeit, darüber zu wachen, dass die nationalen Behörden das Vertrauen, das sie sich gegenseitig entgegenbringen müssen, nicht in Frage stellen, verlangt diese Richtlinie von den Mitgliedstaaten, dafür zu sorgen, dass angemessene Klagemöglichkeiten zur Verfügung stehen. Die Mitgliedstaaten sollten prüfen, ob ein Bedürfnis für die Schaffung eines Zugangs zu gerichtlichen Verfahren auf elektronischem Wege besteht.

(53) Die Richtlinie 98/27/EG, die auf Dienste der Informationsgesellschaft anwendbar ist, sieht einen Mechanismus für Unterlassungsklagen zum Schutz kollektiver Verbraucherinteressen vor. Dieser Mechanismus trägt zum freien Verkehr von Diensten der Informationsgesellschaft bei, indem er ein hohes Niveau an Verbraucherschutz gewährleistet.

(54) Die in dieser Richtlinie vorgesehenen Sanktionen lassen andere nach einzelstaatlichem Recht vorgesehene Sanktionen oder Rechtsbehelfe unberührt. Die Mitgliedstaaten sind nicht verpflichtet, strafrechtliche Sanktionen für Zuwiderhandlungen gegen innerstaatliche Rechtsvorschriften, die aufgrund dieser Richtlinie erlassen wurden, vorzusehen.

(55) Diese Richtlinie lässt das Recht unberührt, das für die sich aus Verbraucherverträgen ergebenden vertraglichen Schuldverhältnisse gilt. Dementsprechend kann diese Richtlinie nicht dazu führen, dass dem Verbraucher der Schutz entzogen wird, der ihm von den zwingenden Vorschriften für vertragliche Verpflichtungen nach dem Recht des Mitgliedstaates, in dem er seinen gewöhnlichen Wohnsitz hat, gewährt wird.

(56) Im Hinblick auf die in dieser Richtlinie vorgesehene Ausnahme für vertragliche Schuldverhältnisse in Bezug auf Verbraucherverträge ist zu beachten, dass diese Schuldverhältnisse auch Informationen zu den wesentlichen Elementen des Vertrags erfassen; dazu gehören auch die Verbraucherrechte, die einen bestimmenden Einfluss auf die Entscheidung zum Vertragsschluss haben.

(57) Nach ständiger Rechtsprechung des Gerichtshofs ist ein Mitgliedstaat weiterhin berechtigt, Maßnahmen gegen einen in einem anderen Mitgliedstaat niedergelassenen Diensteanbieter zu ergreifen, dessen Tätigkeit ausschließlich oder überwiegend auf das Hoheitsgebiet des ersten Mitgliedstaates ausgerichtet ist, wenn die Niederlassung gewählt wurde, um die Rechtsvorschriften zu umgehen, die auf den Anbieter Anwendung fänden, wenn er im Hoheitsgebiet des ersten Mitgliedstaats niedergelassen wäre.

(58) Diese Richtlinie soll keine Anwendung auf Dienste von Anbietern finden, die in einem Drittland niedergelassen sind. Angesichts der globalen Dimension des elektronischen Geschäftsverkehrs ist jedoch dafür Sorge zu tragen, dass die gemeinschaftlichen Vorschriften mit den internationalen Regeln in Einklang stehen. Die Ergebnisse der Erörterungen über rechtliche Fragen in internationalen Organisationen (unter anderem WTO, OECD, UNCITRAL) bleiben von dieser Richtlinie unberührt.

(59) Trotz der globalen Natur elektronischer Kommunikationen ist eine Koordinierung von nationalen Regulierungsmaßnahmen auf der Ebene der Europäischen Union notwendig, um eine Fragmentierung des Binnenmarktes zu vermeiden und einen angemessenen europäischen Rechtsrahmen zu schaffen. Diese Koordinierung sollte auch zur Herausbildung einer gemeinsamen und starken Verhandlungsposition in internationalen Gremien beitragen.

(60) Im Sinne der ungehinderten Entwicklung des elektronischen Geschäftsverkehrs muss dieser Rechtsrahmen klar, unkompliziert und vorhersehbar sowie vereinbar mit den auf internationaler Ebene geltenden Regeln sein, um die Wettbewerbsfähigkeit der europäischen Industrie nicht zu beeinträchtigen und innovative Maßnahmen in diesem Sektor nicht zu behindern.

(61) Damit der elektronische Markt in einem globalisierten Umfeld wirksam funktionieren kann, bedarf es einer Abstimmung zwischen der Europäischen Union und den großen nichteuropäischen Wirtschaftsräumen mit dem Ziel, die Rechtsvorschriften und Verfahren kompatibel zu gestalten.

(62) Die Zusammenarbeit mit Drittländern sollte im Bereich des elektronischen Geschäftsverkehrs intensiviert werden, insbesondere mit den beitrittswilligen Ländern, den Entwicklungsländern und den übrigen Handelspartnern der Europäischen Union.

(63) Die Annahme dieser Richtlinie hält die Mitgliedstaaten nicht davon ab, den verschiedenen sozialen, gesellschaftlichen und kulturellen Auswirkungen Rechnung zu tragen, zu denen das Entstehen der Informationsgesellschaft führt. Insbesondere darf sie nicht Maßnahmen verhindern, die die Mitgliedstaaten im Einklang mit dem Gemeinschaftsrecht erlassen könnten, um soziale, kulturelle und demokratische Ziele unter Berücksichtigung ihrer sprachlichen Vielfalt, der nationalen und regionalen Besonderheiten sowie ihres Kulturerbes zu erreichen und den Zugang der Öffentlichkeit zu der breitestmöglichen Palette von Diensten der Informationsgesellschaft zu gewährleisten und zu erhalten. Im Zuge der Entwicklung der Informationsgesellschaft muss auf jeden Fall sichergestellt werden, dass die Bürger der Gemeinschaft Zugang zu dem in einem digitalen Umfeld vermittelten europäischen Kulturerbe erhalten können.

(64) Die elektronische Kommunikation stellt für die Mitgliedstaaten ein hervorragendes Instrument zur Bereitstellung von öffentlichen Dienstleistungen in den Bereichen Kultur, Bildung und Sprache dar.

(65) Wie der Rat in seiner Entschließung vom 19. Januar 1999 über die Verbraucherdimension der Informationsgesellschaft (25) festgestellt hat, muss dem Schutz der Verbraucher in diesem Bereich besondere Aufmerksamkeit gewidmet werden. Die Kommission wird untersuchen, in welchem Umfang die bestehenden Regeln des Verbraucherschutzes im Zusammenhang mit der Informationsgesellschaft unzulänglich sind, und gegebenenfalls die Lücken in der bestehenden Gesetzgebung sowie die Aspekte, die ergänzende Maßnahmen erforderlich machen könnten, aufzeigen. Gegebenenfalls sollte die Kommission spezifische zusätzliche Vorschläge unterbreiten, um die festgestellten Unzulänglichkeiten zu beheben –

HABEN FOLGENDE RICHTLINIE ERLASSEN:

Kapitel I
Allgemeine Bestimmungen

Artikel 1
Zielsetzung und Anwendungsbereich

(1) Diese Richtlinie soll einen Beitrag zum einwandfreien Funktionieren des Binnenmarktes leisten, indem sie den freien Verkehr von Diensten der Informationsgesellschaft zwischen den Mitgliedstaaten sicherstellt.

(2) Diese Richtlinie sorgt, soweit dies für die Erreichung des in Absatz 1 genannten Ziels erforderlich ist, für eine Angleichung bestimmter für die Dienste der Informationsgesellschaft geltender innerstaatlicher Regelungen, die den Binnenmarkt, die

Niederlassung der Diensteanbieter, kommerzielle Kommunikationen, elektronische Verträge, die Verantwortlichkeit von Vermittlern, Verhaltenskodizes, Systeme zur außergerichtlichen Beilegung von Streitigkeiten, Klagemöglichkeiten sowie die Zusammenarbeit zwischen den Mitgliedstaaten betreffen.

(3) Diese Richtlinie ergänzt das auf die Dienste der Informationsgesellschaft anwendbare Gemeinschaftsrecht und lässt dabei das Schutzniveau insbesondere für die öffentliche Gesundheit und den Verbraucherschutz, wie es sich aus Gemeinschaftsrechtsakten und einzelstaatlichen Rechtsvorschriften zu deren Umsetzung ergibt, unberührt, soweit die Freiheit, Dienste der Informationsgesellschaft anzubieten, dadurch nicht eingeschränkt wird.

(4) Diese Richtlinie schafft weder zusätzliche Regeln im Bereich des internationalen Privatrechts, noch befasst sie sich mit der Zuständigkeit der Gerichte.

(5) Diese Richtlinie findet keine Anwendung auf

a) den Bereich der Besteuerung,

b) Fragen betreffend die Dienste der Informationsgesellschaft, die von den Richtlinien 95/46/EG und 97/66/EG erfasst werden,

c) Fragen betreffend Vereinbarungen oder Verhaltensweisen, die dem Kartellrecht unterliegen,

d) die folgenden Tätigkeiten der Dienste der Informationsgesellschaft:

– Tätigkeiten von Notaren oder Angehörigen gleichwertiger Berufe, soweit diese eine unmittelbare und besondere Verbindung zur Ausübung öffentlicher Befugnisse aufweisen;

– Vertretung eines Mandanten und Verteidigung seiner Interessen vor Gericht;

– Gewinnspiele mit einem einen Geldwert darstellenden Einsatz bei Glücksspielen, einschließlich Lotterien und Wetten.

(6) Maßnahmen auf gemeinschaftlicher oder einzelstaatlicher Ebene, die unter Wahrung des Gemeinschaftsrechts der Förderung der kulturellen und sprachlichen Vielfalt und dem Schutz des Pluralismus dienen, bleiben von dieser Richtlinie unberührt.

Artikel 2
Begriffsbestimmungen

Im Sinne dieser Richtlinie bezeichnet der Ausdruck

a) „Dienste der Informationsgesellschaft" Dienste im Sinne von Artikel 1 Nummer 2 der Richtlinie 98/34/EG in der Fassung der Richtlinie 98/48/EG;

b) „Diensteanbieter" jede natürliche oder juristische Person, die einen Dienst der Informationsgesellschaft anbietet;

c) „niedergelassener Diensteanbieter" einen Anbieter, der mittels einer festen Einrichtung auf unbestimmte Zeit eine Wirtschaftstätigkeit tatsächlich ausübt; Vorhandensein und Nutzung technischer Mittel und Technologien, die zum Anbieten des Dienstes erforderlich sind, begründen allein keine Niederlassung des Anbieters;

d) „Nutzer" jede natürliche oder juristische Person, die zu beruflichen oder sonstigen Zwecken einen Dienst der Informationsgesellschaft in Anspruch nimmt, insbesondere um Informationen zu erlangen oder zugänglich zu machen;

e) „Verbraucher" jede natürliche Person, die zu Zwecken handelt, die nicht zu ihren gewerblichen, geschäftlichen oder beruflichen Tätigkeiten gehören;

f) „kommerzielle Kommunikation" alle Formen der Kommunikation, die der unmittelbaren oder mittelbaren Förderung des Absatzes von Waren und Dienstleistungen oder des Erscheinungsbilds eines Unternehmens, einer Organisation oder einer natürlichen Person dienen, die eine Tätigkeit in Handel, Gewerbe oder Handwerk oder einen reglementierten Beruf ausübt; die folgenden Angaben stellen als solche keine Form der kommerziellen Kommunikation dar:

 – Angaben, die direkten Zugang zur Tätigkeit des Unternehmens bzw der Organisation oder Person ermöglichen, wie insbesondere ein Domain-Name oder eine Adresse der elektronischen Post;

 – Angaben in Bezug auf Waren und Dienstleistungen oder das Erscheinungsbild eines Unternehmens, einer Organisation oder Person, die unabhängig und insbesondere ohne finanzielle Gegenleistung gemacht werden;

g) „reglementierter Beruf" alle Berufe im Sinne von Artikel 1 Buchstabe d) der Richtlinie 89/48/EWG des Rates vom 21. Dezember 1988 über eine allgemeine Regelung zur Anerkennung der Hochschuldiplome, die eine mindestens dreijährige Berufsausbildung abschließen (26), oder im Sinne von Artikel 1 Buchstabe f) der Richtlinie 92/51/EWG des Rates vom 18. Juni 1992 über eine zweite allgemeine Regelung zur Anerkennung beruflicher Befähigungsnachweise in Ergänzung zur Richtlinie 89/48/EWG (27);

h) „koordinierter Bereich" die für die Anbieter von Diensten der Informationsgesellschaft und die Dienste der Informationsgesellschaft in den Rechtssystemen der Mitgliedstaaten festgelegten Anforderungen, ungeachtet der Frage, ob sie allgemeiner Art oder speziell für sie bestimmt sind.

i) Der koordinierte Bereich betrifft vom Diensteanbieter zu erfüllende Anforderungen in Bezug auf

 – die Aufnahme der Tätigkeit eines Dienstes der Informationsgesellschaft, beispielsweise Anforderungen betreffend Qualifikationen, Genehmigung oder Anmeldung;

 – die Ausübung der Tätigkeit eines Dienstes der Informationsgesellschaft, beispielsweise Anforderungen betreffend das Verhalten des Diensteanbieters, Anforderungen betreffend Qualität oder Inhalt des Dienstes, einschließlich der auf Werbung und Verträge anwendbaren Anforderungen, sowie Anforderungen betreffend die Verantwortlichkeit des Diensteanbieters.

ii) Der koordinierte Bereich umfasst keine Anforderungen wie

 – Anforderungen betreffend die Waren als solche;

 – Anforderungen betreffend die Lieferung von Waren;

 – Anforderungen betreffend Dienste, die nicht auf elektronischem Wege erbracht werden.

Artikel 3

Binnenmarkt

(1) Jeder Mitgliedstaat trägt dafür Sorge, dass die Dienste der Informationsgesellschaft, die von einem in seinem Hoheitsgebiet niedergelassenen Diensteanbieter erbracht werden, den in diesem Mitgliedstaat geltenden innerstaatlichen Vorschriften entsprechen, die in den koordinierten Bereich fallen.

(2) Die Mitgliedstaaten dürfen den freien Verkehr von Diensten der Informationsgesellschaft aus einem anderen Mitgliedstaat nicht aus Gründen einschränken, die in den koordinierten Bereich fallen.

(3) Die Absätze 1 und 2 finden keine Anwendung auf die im Anhang genannten Bereiche.

(4) Die Mitgliedstaaten können Maßnahmen ergreifen, die im Hinblick auf einen bestimmten Dienst der Informationsgesellschaft von Absatz 2 abweichen, wenn die folgenden Bedingungen erfüllt sind:

a) Die Maßnahmen

   i) sind aus einem der folgenden Gründe erforderlich:

     – Schutz der öffentlichen Ordnung, insbesondere Verhütung, Ermittlung, Aufklärung und Verfolgung von Straftaten, einschließlich des Jugendschutzes und der Bekämpfung der Hetze aus Gründen der Rasse, des Geschlechts, des Glaubens oder der Nationalität, sowie von Verletzungen der Menschenwürde einzelner Personen,

     – Schutz der öffentlichen Gesundheit,

     – Schutz der öffentlichen Sicherheit, einschließlich der Wahrung nationaler Sicherheits- und Verteidigungsinteressen,

     – Schutz der Verbraucher, einschließlich des Schutzes von Anlegern;

   ii) betreffen einen bestimmten Dienst der Informationsgesellschaft, der die unter Ziffer i) genannten Schutzziele beeinträchtigt oder eine ernsthafte und schwer wiegende Gefahr einer Beeinträchtigung dieser Ziele darstellt;

   iii) stehen in einem angemessenen Verhältnis zu diesen Schutzzielen.

b) Der Mitgliedstaat hat vor Ergreifen der betreffenden Maßnahmen unbeschadet etwaiger Gerichtsverfahren, einschließlich Vorverfahren und Schritten im Rahmen einer strafrechtlichen Ermittlung,

   – den in Absatz 1 genannten Mitgliedstaat aufgefordert, Maßnahmen zu ergreifen, und dieser hat dem nicht Folge geleistet oder die von ihm getroffenen Maßnahmen sind unzulänglich;

   – die Kommission und den in Absatz 1 genannten Mitgliedstaat über seine Absicht, derartige Maßnahmen zu ergreifen, unterrichtet.

(5) Die Mitgliedstaaten können in dringlichen Fällen von den in Absatz 4 Buchstabe b) genannten Bedingungen abweichen. In diesem Fall müssen die Maßnahmen so bald wie möglich und unter Angabe der Gründe, aus denen der Mitgliedstaat der Auffassung ist, dass es sich um einen dringlichen Fall handelt, der Kommission und dem in Absatz 1 genannten Mitgliedstaat mitgeteilt werden.

(6) Unbeschadet der Möglichkeit des Mitgliedstaates, die betreffenden Maßnahmen durchzuführen, muss die Kommission innerhalb kürzestmöglicher Zeit prüfen, ob die mitgeteilten Maßnahmen mit dem Gemeinschaftsrecht vereinbar sind; gelangt sie zu dem Schluss, dass die Maßnahme nicht mit dem Gemeinschaftsrecht vereinbar ist, so fordert sie den betreffenden Mitgliedstaat auf, davon Abstand zu nehmen, die geplanten Maßnahmen zu ergreifen, bzw bereits ergriffene Maßnahmen unverzüglich einzustellen.

Kapitel II
Grundsätze

Abschnitt 1 – Niederlassung und Informationspflichten

Artikel 4
Grundsatz der Zulassungsfreiheit

(1) Die Mitgliedstaaten stellen sicher, dass die Aufnahme und die Ausübung der Tätigkeit eines Anbieters von Diensten der Informationsgesellschaft nicht zulassungspflichtig ist und keiner sonstigen Anforderung gleicher Wirkung unterliegt.

(2) Absatz 1 gilt unbeschadet der Zulassungsverfahren, die nicht speziell und ausschließlich Dienste der Informationsgesellschaft betreffen oder die in den Anwendungsbereich der Richtlinie 97/13/EG des Europäischen Parlaments und des Rates vom 10. April 1997 über einen gemeinsamen Rahmen für Allgemein- und Einzelgenehmigungen für Telekommunikationsdienste (28) fallen.

Artikel 5
Allgemeine Informationspflichten

(1) Zusätzlich zu den sonstigen Informationsanforderungen nach dem Gemeinschaftsrecht stellen die Mitgliedstaaten sicher, dass der Diensteanbieter den Nutzern des Dienstes und den zuständigen Behörden zumindest die nachstehend aufgeführten Informationen leicht, unmittelbar und ständig verfügbar macht:

a) den Namen des Diensteanbieters;

b) die geographische Anschrift, unter der der Diensteanbieter niedergelassen ist;

c) Angaben, die es ermöglichen, schnell mit dem Diensteanbieter Kontakt aufzunehmen und unmittelbar und effizient mit ihm zu kommunizieren, einschließlich seiner Adresse der elektronischen Post;

d) wenn der Diensteanbieter in ein Handelsregister oder ein vergleichbares öffentliches Register eingetragen ist, das Handelsregister, in das der Diensteanbieter eingetragen ist, und seine Handelsregisternummer oder eine gleichwertige in diesem Register verwendete Kennung;

e) soweit für die Tätigkeit eine Zulassung erforderlich ist, die Angaben zur zuständigen Aufsichtsbehörde;

f) hinsichtlich reglementierter Berufe:
  – gegebenenfalls der Berufsverband, die Kammer oder eine ähnliche Einrichtung, dem oder der der Diensteanbieter angehört,
  – die Berufsbezeichnung und der Mitgliedstaat, in der sie verliehen worden ist;
  – eine Verweisung auf die im Mitgliedstaat der Niederlassung anwendbaren berufsrechtlichen Regeln und Angaben dazu, wie sie zugänglich sind;

g) in Fällen, in denen der Diensteanbieter Tätigkeiten ausübt, die der Mehrwertsteuer unterliegen, die Identifikationsnummer gemäß Artikel 22 Absatz 1 der Sechsten Richtlinie 77/388/EWG des Rates vom 17. Mai 1977 zur Harmonisierung der Rechtsvorschriften der Mitgliedstaaten über die Umsatzsteuer – Gemeinsames Mehrwertsteuersystem: einheitliche steuerpflichtige Bemessungsgrundlage (29).

(2) Zusätzlich zu den sonstigen Informationsanforderungen nach dem Gemeinschafts-recht tragen die Mitgliedstaaten zumindest dafür Sorge, dass, soweit Dienste der Informationsgesellschaft auf Preise Bezug nehmen, diese klar und unzweideutig ausgewiesen werden und insbesondere angegeben wird, ob Steuern und Versand-kosten in den Preisen enthalten sind.

Abschnitt 2 – Kommerzielle Kommunikationen

Artikel 6

Informationspflichten

Zusätzlich zu den sonstigen Informationsanforderungen nach dem Gemeinschafts-recht stellen die Mitgliedstaaten sicher, dass kommerzielle Kommunikationen, die Be-standteil eines Dienstes der Informationsgesellschaft sind oder einen solchen Dienst darstellen, zumindest folgende Bedingungen erfüllen:

a) Kommerzielle Kommunikationen müssen klar als solche zu erkennen sein;

b) die natürliche oder juristische Person, in deren Auftrag kommerzielle Kommunika-tionen erfolgen, muss klar identifizierbar sein;

c) soweit Angebote zur Verkaufsförderung wie Preisnachlässe, Zugaben und Geschen-ke im Mitgliedstaat der Niederlassung des Diensteanbieters zulässig sind, müssen sie klar als solche erkennbar sein, und die Bedingungen für ihre Inanspruchnahme müssen leicht zugänglich sein sowie klar und unzweideutig angegeben werden;

d) soweit Preisausschreiben oder Gewinnspiele im Mitgliedstaat der Niederlassung des Diensteanbieters zulässig sind, müssen sie klar als solche erkennbar sein, und die Teilnahmebedingungen müssen leicht zugänglich sein sowie klar und unzweideutig angegeben werden.

Artikel 7

Nicht angeforderte kommerzielle Kommunikationen

(1) Zusätzlich zu den sonstigen Anforderungen des Gemeinschaftsrechts stellen Mit-gliedstaaten, die nicht angeforderte kommerzielle Kommunikation mittels elektro-nischer Post zulassen, sicher, dass solche kommerziellen Kommunikationen eines in ihrem Hoheitsgebiet niedergelassenen Diensteanbieters bei Eingang beim Nut-zer klar und unzweideutig als solche erkennbar sind.

(2) Unbeschadet der Richtlinien 97/7/EG und 97/66/EG ergreifen die Mitgliedstaaten Maßnahmen um sicherzustellen, dass Diensteanbieter, die nicht angeforderte kom-merzielle Kommunikation durch elektronische Post übermitteln, regelmäßig sog. Robinson-Listen konsultieren, in die sich natürliche Personen eintragen können, die keine derartigen kommerziellen Kommunikationen zu erhalten wünschen, und dass die Diensteanbieter diese Listen beachten.

Artikel 8

Reglementierte Berufe

(1) Die Mitgliedstaaten stellen sicher, dass die Verwendung kommerzieller Kommuni-kationen, die Bestandteil eines von einem Angehörigen eines reglementierten Be-rufs angebotenen Dienstes der Informationsgesellschaft sind oder einen solchen

Dienst darstellen, gestattet ist, soweit die berufsrechtlichen Regeln, insbesondere zur Wahrung von Unabhängigkeit, Würde und Ehre des Berufs, des Berufsgeheimnisses und eines lauteren Verhaltens gegenüber Kunden und Berufskollegen, eingehalten werden.

(2) Unbeschadet der Autonomie von Berufsvereinigungen und -organisationen ermutigen die Mitgliedstaaten und die Kommission die Berufsvereinigungen und -organisationen dazu, Verhaltenskodizes auf Gemeinschaftsebene aufzustellen, um zu bestimmen, welche Arten von Informationen im Einklang mit den in Absatz 1 genannten Regeln zum Zwecke der kommerziellen Kommunikation erteilt werden können.

(3) Bei der Ausarbeitung von Vorschlägen für Gemeinschaftsinitiativen, die erforderlich werden könnten, um das Funktionieren des Binnenmarktes im Hinblick auf die in Absatz 2 genannten Informationen zu gewährleisten, trägt die Kommission den auf Gemeinschaftsebene geltenden Verhaltenskodizes gebührend Rechnung und handelt in enger Zusammenarbeit mit den einschlägigen Berufsvereinigungen und -organisationen.

(4) Diese Richtlinie findet zusätzlich zu den Gemeinschaftsrichtlinien betreffend den Zugang zu und die Ausübung von Tätigkeiten im Rahmen der reglementierten Berufe Anwendung.

Abschnitt 3 – Abschluss von Verträgen auf elektronischem Weg
Artikel 9
Behandlung von Verträgen

(1) Die Mitgliedstaaten stellen sicher, dass ihr Rechtssystem den Abschluss von Verträgen auf elektronischem Wege ermöglicht. Die Mitgliedstaaten stellen insbesondere sicher, dass ihre für den Vertragsabschluss geltenden Rechtsvorschriften weder Hindernisse für die Verwendung elektronischer Verträge bilden noch dazu führen, dass diese Verträge aufgrund des Umstandes, dass sie auf elektronischem Wege zustande gekommen sind, keine rechtliche Wirksamkeit oder Gültigkeit haben.

(2) Die Mitgliedstaaten können vorsehen, dass Absatz 1 auf alle oder bestimmte Verträge einer der folgenden Kategorien keine Anwendung findet:

a) Verträge, die Rechte an Immobilien mit Ausnahme von Mietrechten begründen oder übertragen;

b) Verträge, bei denen die Mitwirkung von Gerichten, Behörden oder öffentliche Befugnisse ausübenden Berufen gesetzlich vorgeschrieben ist;

c) Bürgschaftsverträge und Verträge über Sicherheiten, die von Personen außerhalb ihrer gewerblichen, geschäftlichen oder beruflichen Tätigkeit eingegangen werden;

d) Verträge im Bereich des Familienrechts oder des Erbrechts.

(3) Die Mitgliedstaaten teilen der Kommission mit, für welche der in Absatz 2 genannten Kategorien sie Absatz 1 nicht anwenden. Die Mitgliedstaaten übermitteln der Kommission alle fünf Jahre einen Bericht über die Anwendung des Absatzes 2, aus dem hervorgeht, aus welchen Gründen es ihres Erachtens weiterhin gerechtfertigt ist, auf die unter Absatz 2 Buchstabe b) fallende Kategorie Absatz 1 nicht anzuwenden.

Artikel 10
Informationspflichten

(1) Zusätzlich zu den sonstigen Informationspflichten aufgrund des Gemeinschaftsrechts stellen die Mitgliedstaaten sicher, dass – außer im Fall abweichender Vereinbarungen zwischen Parteien, die nicht Verbraucher sind – vom Diensteanbieter zumindest folgende Informationen klar, verständlich und unzweideutig erteilt werden, bevor des Nutzer des Dienstes die Bestellung abgibt:

a) die einzelnen technischen Schritte, die zu einem Vertragsabschluss führen;

b) Angaben dazu, ob der Vertragstext nach Vertragsabschluss vom Diensteanbieter gespeichert wird und ob er zugänglich sein wird;

c) die technischen Mittel zur Erkennung und Korrektur von Eingabefehlern vor Abgabe der Bestellung;

d) die für den Vertragsabschluss zur Verfügung stehenden Sprachen.

(2) Die Mitgliedstaaten stellen sicher, dass – außer im Fall abweichender Vereinbarungen zwischen Parteien, die nicht Verbraucher sind – der Diensteanbieter alle einschlägigen Verhaltenskodizes angibt, denen er sich unterwirft, einschließlich Informationen darüber, wie diese Kodizes auf elektronischem Wege zugänglich sind.

(3) Die Vertragsbestimmungen und die allgemeinen Geschäftsbedingungen müssen dem Nutzer so zur Verfügung gestellt werden, dass er sie speichern und reproduzieren kann.

(4) Die Absätze 1 und 2 gelten nicht für Verträge, die ausschließlich durch den Austausch von elektronischer Post oder durch damit vergleichbare individuelle Kommunikation geschlossen werden.

Artikel 11
Abgabe einer Bestellung

(1) Die Mitgliedstaaten stellen sicher, dass – außer im Fall abweichender Vereinbarungen zwischen Parteien, die nicht Verbraucher sind – im Fall einer Bestellung durch einen Nutzer auf elektronischem Wege folgende Grundsätze gelten:

– Der Diensteanbieter hat den Eingang der Bestellung des Nutzers unverzüglich auf elektronischem Wege zu bestätigen;

– Bestellung und Empfangsbestätigung gelten als eingegangen, wenn die Parteien, für die sie bestimmt sind, sie abrufen können.

(2) Die Mitgliedstaaten stellen sicher, dass – außer im Fall abweichender Vereinbarungen zwischen Parteien, die nicht Verbraucher sind – der Diensteanbieter dem Nutzer angemessene, wirksame und zugängliche technische Mittel zur Verfügung stellt, mit denen er Eingabefehler vor Abgabe der Bestellung erkennen und korrigieren kann.

(3) Absatz 1 erster Gedankenstrich und Absatz 2 gelten nicht für Verträge, die ausschließlich durch den Austausch von elektronischer Post oder durch vergleichbare individuelle Kommunikation geschlossen werden.

Abschnitt 4 – Verantwortlichkeit der Vermittler

Artikel 12

Reine Durchleitung

(1) Die Mitgliedstaaten stellen sicher, dass im Fall eines Dienstes der Informationsgesellschaft, der darin besteht, von einem Nutzer eingegebene Informationen in einem Kommunikationsnetz zu übermitteln oder Zugang zu einem Kommunikationsnetz zu vermitteln, der Diensteanbieter nicht für die übermittelten Informationen verantwortlich ist, sofern er

a) die Übermittlung nicht veranlasst,

b) den Adressaten der übermittelten Informationen nicht auswählt und

c) die übermittelten Informationen nicht auswählt oder verändert.

(2) Die Übermittlung von Informationen und die Vermittlung des Zugangs im Sinne von Absatz 1 umfassen auch die automatische kurzzeitige Zwischenspeicherung der übermittelten Informationen, soweit dies nur zur Durchführung der Übermittlung im Kommunikationsnetz geschieht und die Information nicht länger gespeichert wird, als es für die Übermittlung üblicherweise erforderlich ist.

(3) Dieser Artikel lässt die Möglichkeit unberührt, dass ein Gericht oder eine Verwaltungsbehörde nach den Rechtssystemen der Mitgliedstaaten vom Diensteanbieter verlangt, die Rechtsverletzung abzustellen oder zu verhindern.

Artikel 13

Caching

(1) Die Mitgliedstaaten stellen sicher, dass im Fall eines Dienstes der Informationsgesellschaft, der darin besteht, von einem Nutzer eingegebene Informationen in einem Kommunikationsnetz zu übermitteln, der Diensteanbieter nicht für die automatische, zeitlich begrenzte Zwischenspeicherung verantwortlich ist, die dem alleinigen Zweck dient, die Übermittlung der Information an andere Nutzer auf deren Anfrage effizienter zu gestalten, sofern folgende Voraussetzungen erfüllt sind:

a) Der Diensteanbieter verändert die Information nicht;

b) der Diensteanbieter beachtet die Bedingungen für den Zugang zu der Information;

c) der Diensteanbieter beachtet die Regeln für die Aktualisierung der Information, die in weithin anerkannten und verwendeten Industriestandards festgelegt sind;

d) der Diensteanbieter beeinträchtigt nicht die erlaubte Anwendung von Technologien zur Sammlung von Daten über die Nutzung der Information, die in weithin anerkannten und verwendeten Industriestandards festgelegt sind;

e) der Diensteanbieter handelt zügig, um eine von ihm gespeicherte Information zu entfernen oder den Zugang zu ihr zu sperren, sobald er tatsächliche Kenntnis davon erhält, dass die Information am ursprünglichen Ausgangsort der Übertragung aus dem Netz entfernt wurde oder der Zugang zu ihr gesperrt wurde oder ein Gericht oder eine Verwaltungsbehörde die Entfernung oder Sperrung angeordnet hat.

(2) Dieser Artikel lässt die Möglichkeit unberührt, dass ein Gericht oder eine Verwaltungsbehörde nach den Rechtssystemen der Mitgliedstaaten vom Diensteanbieter verlangt, die Rechtsverletzung abzustellen oder zu verhindern.

Artikel 14

Hosting

(1) Die Mitgliedstaaten stellen sicher, dass im Fall eines Dienstes der Informationsgesellschaft, der in der Speicherung von durch einen Nutzer eingegebenen Informationen besteht, der Diensteanbieter nicht für die im Auftrag eines Nutzers gespeicherten Informationen verantwortlich ist, sofern folgende Voraussetzungen erfüllt sind:

a) Der Anbieter hat keine tatsächliche Kenntnis von der rechtswidrigen Tätigkeit oder Information, und, in Bezug auf Schadenersatzansprüche, ist er sich auch keiner Tatsachen oder Umstände bewusst, aus denen die rechtswidrige Tätigkeit oder Information offensichtlich wird, oder

b) der Anbieter wird, sobald er diese Kenntnis oder dieses Bewusstsein erlangt, unverzüglich tätig, um die Information zu entfernen oder den Zugang zu ihr zu sperren.

(2) Absatz 1 findet keine Anwendung, wenn der Nutzer dem Diensteanbieter untersteht oder von ihm beaufsichtigt wird.

(3) Dieser Artikel lässt die Möglichkeit unberührt, dass ein Gericht oder eine Verwaltungsbehörde nach den Rechtssystemen der Mitgliedstaaten vom Diensteanbieter verlangt, die Rechtsverletzung abzustellen oder zu verhindern, oder dass die Mitgliedstaaten Verfahren für die Entfernung einer Information oder die Sperrung des Zugangs zu ihr festlegen.

Artikel 15

Keine allgemeine Überwachungspflicht

(1) Die Mitgliedstaaten erlegen Anbietern von Diensten im Sinne der Artikel 12, 13 und 14 keine allgemeine Verpflichtung auf, die von ihnen übermittelten oder gespeicherten Informationen zu überwachen oder aktiv nach Umständen zu forschen, die auf eine rechtswidrige Tätigkeit hinweisen.

(2) Die Mitgliedstaaten können Anbieter von Diensten der Informationsgesellschaft dazu verpflichten, die zuständigen Behörden unverzüglich über mutmaßliche rechtswidrige Tätigkeiten oder Informationen der Nutzer ihres Dienstes zu unterrichten, oder dazu verpflichten, den zuständigen Behörden auf Verlangen Informationen zu übermitteln, anhand deren die Nutzer ihres Dienstes, mit denen sie Vereinbarungen über die Speicherung geschlossen haben, ermittelt werden können.

Kapitel III

Umsetzung

Artikel 16

Verhaltenskodizes

(1) Die Mitgliedstaaten und die Kommission ermutigen

a) die Handels-, Berufs- und Verbraucherverbände und -organisationen, auf Gemeinschaftsebene Verhaltenkodizes aufzustellen, die zur sachgemäßen Anwendung der Artikel 5 bis 15 beitragen;

b) zur freiwilligen Übermittlung der Entwürfe für Verhaltenskodizes auf der Ebene der Mitgliedstaaten oder der Gemeinschaft an die Kommission;

c) zur elektronischen Abrufbarkeit der Verhaltenskodizes in den Sprachen der Gemeinschaft;

d) die Handels-, Berufs- und Verbraucherverbände und -organisationen, die Mitgliedstaaten und die Kommission darüber zu unterrichten, zu welchen Ergebnissen sie bei der Bewertung der Anwendung ihrer Verhaltenskodizes und von deren Auswirkungen auf die Praktiken und Gepflogenheiten des elektronischen Geschäftsverkehrs gelangen;

e) zur Aufstellung von Verhaltenskodizes zum Zwecke des Jugendschutzes und des Schutzes der Menschenwürde.

(2) Die Mitgliedstaaten und die Kommission ermutigen dazu, die Verbraucherverbände und -organisationen bei der Ausarbeitung und Anwendung von ihre Interessen berührenden Verhaltenskodizes im Sinne von Absatz 1 Buchstabe a) zu beteiligen. Gegebenenfalls sind Vereinigungen zur Vertretung von Sehbinderten und allgemein von Behinderten zu hören, um deren besonderen Bedürfnissen Rechnung zu tragen.

Artikel 17
Außergerichtliche Beilegung von Streitigkeiten

(1) Die Mitgliedstaaten stellen sicher, dass ihre Rechtsvorschriften bei Streitigkeiten zwischen einem Anbieter eines Dienstes der Informationsgesellschaft und einem Nutzer des Dienstes die Inanspruchnahme der nach innerstaatlichem Recht verfügbaren Verfahren zur außergerichtlichen Beilegung, auch auf geeignetem elektronischem Wege, nicht erschweren.

(2) Die Mitgliedstaaten ermutigen Einrichtungen zur außergerichtlichen Beilegung von Streitigkeiten, insbesondere in Fragen des Verbraucherrechts, so vorzugehen, dass angemessene Verfahrensgarantien für die Beteiligten gegeben sind.

(3) Die Mitgliedstaaten ermutigen Einrichtungen zur außergerichtlichen Beilegung von Streitigkeiten, die Kommission über signifikante Entscheidungen, die sie hinsichtlich der Dienste der Informationsgesellschaft erlassen, zu unterrichten und ihr alle sonstigen Informationen über Praktiken und Gepflogenheiten des elektronischen Geschäftsverkehrs zu übermitteln.

Artikel 18
Klagemöglichkeiten

(1) Die Mitgliedstaaten stellen sicher, dass die nach innerstaatlichem Recht verfügbaren Klagemöglichkeiten im Zusammenhang mit Diensten der Informationsgesellschaft es ermöglichen, dass rasch Maßnahmen, einschließlich vorläufiger Maßnahmen, getroffen werden können, um eine mutmaßliche Rechtsverletzung abzustellen und zu verhindern, dass den Betroffenen weiterer Schaden entsteht.

(2) Der Anhang der Richtlinie 98/27/EG wird durch folgende Nummer ergänzt:
„11. Richtlinie 2000/31/EG des Europäischen Parlaments und des Rates vom 8. Juni 2000 über bestimmte rechtliche Aspekte der Dienste der Informationsgesellschaft, insbesondere des elektronischen Geschäftsverkehrs, im Binnenmarkt (‚Richtlinie über den elektronischen Geschäftsverkehr') (ABl. L 178 vom 17.7.2000, S. 1)."

Artikel 19

Zusammenarbeit

(1) Die Mitgliedstaaten müssen geeignete Aufsichts- und Untersuchungsinstrumente für die wirksame Umsetzung dieser Richtlinie besitzen und stellen sicher, dass die Diensteanbieter ihnen die erforderlichen Informationen zur Verfügung stellen.

(2) Die Mitgliedstaaten arbeiten mit den anderen Mitgliedstaaten zusammen; hierzu benennen sie eine oder mehrere Verbindungsstellen, deren Anschrift sie den anderen Mitgliedstaaten und der Kommission mitteilen.

(3) Die Mitgliedstaaten kommen Amtshilfe- und Auskunftsbegehren anderer Mitgliedstaaten oder der Kommission im Einklang mit ihren innerstaatlichen Rechtsvorschriften so rasch wie möglich nach, auch auf geeignetem elektronischem Wege.

(4) Die Mitgliedstaaten richten Verbindungsstellen ein, die zumindest auf elektronischem Wege zugänglich sind und bei denen Nutzer von Diensten und Diensteanbieter

a) allgemeine Informationen über ihre vertraglichen Rechte und Pflichten sowie über die bei Streitfällen zur Verfügung stehenden Beschwerde- und Rechtsbehelfsmechanismen, einschließlich der praktischen Aspekte der Inanspruchnahme dieser Mechanismen, erhalten können;

b) Anschriften von Behörden, Vereinigungen und Organisationen erhalten können, von denen sie weitere Informationen oder praktische Unterstützung bekommen können.

(5) Die Mitgliedstaaten ermutigen dazu, die Kommission über alle signifikanten behördlichen und gerichtlichen Entscheidungen, die in ihrem Hoheitsgebiet über Streitigkeiten im Zusammenhang mit Diensten der Informationsgesellschaft ergehen, sowie über die Praktiken und Gepflogenheiten des elektronischen Geschäftsverkehrs zu unterrichten. Die Kommission teilt derartige Entscheidungen den anderen Mitgliedstaaten mit.

Artikel 20

Sanktionen

Die Mitgliedstaaten legen die Sanktionen fest, die bei Verstößen gegen die einzelstaatlichen Vorschriften zur Umsetzung dieser Richtlinie anzuwenden sind, und treffen alle geeigneten Maßnahmen, um ihre Durchsetzung sicherzustellen. Die Sanktionen müssen wirksam, verhältnismäßig und abschreckend sein.

Kapitel IV

Schlussbestimmungen

Artikel 21

Überprüfung

(1) Die Kommission legt dem Europäischen Parlament, dem Rat und dem Wirtschafts- und Sozialausschuss vor dem 17. Juli 2003 und danach alle zwei Jahre einen Bericht über die Anwendung dieser Richtlinie vor und unterbreitet gegebenenfalls

Vorschläge für die Anpassung dieser Richtlinie an die rechtlichen, technischen und wirtschaftlichen Entwicklungen im Bereich der Dienste der Informationsgesellschaft, insbesondere in Bezug auf die Verbrechensverhütung, den Jugendschutz, den Verbraucherschutz und das einwandfreie Funktionieren des Binnenmarktes.

(2) Im Hinblick auf das etwaige Erfordernis einer Anpassung dieser Richtlinie wird in dem Bericht insbesondere untersucht, ob Vorschläge in Bezug auf die Haftung der Anbieter von Hyperlinks und von Instrumenten zur Lokalisierung von Informationen, Verfahren zur Meldung und Entfernung rechtswidriger Inhalte („notice and take down"-Verfahren) und eine Haftbarmachung im Anschluss an die Entfernung von Inhalten erforderlich sind. In dem Bericht ist auch zu untersuchen, ob angesichts der technischen Entwicklungen zusätzliche Bedingungen für die in den Artikeln 12 und 13 vorgesehene Haftungsfreistellung erforderlich sind und ob die Grundsätze des Binnenmarkts auf nicht angeforderte kommerzielle Kommunikationen mittels elektronischer Post angewendet werden können.

Artikel 22

Umsetzung

(1) Die Mitgliedstaaten setzen die erforderlichen Rechts- und Verwaltungsvorschriften in Kraft, um dieser Richtlinie vor dem 17. Januar 2002 nachzukommen. Sie setzen die Kommission unverzüglich davon in Kenntnis.

(2) Wenn die Mitgliedstaaten die in Absatz 1 genannten Vorschriften erlassen, nehmen sie in den Vorschriften selbst oder durch einen Hinweis bei der amtlichen Veröffentlichung auf diese Richtlinie Bezug. Die Mitgliedstaaten regeln die Einzelheiten der Bezugnahme.

Artikel 23

Inkrafttreten

Diese Richtlinie tritt am Tag ihrer Veröffentlichung im Amtsblatt der Europäischen Gemeinschaften in Kraft.

Artikel 24

Adressaten

Diese Richtlinie ist an die Mitgliedstaaten gerichtet.

Geschehen zu Luxemburg am 8. Juni 2000.

Im Namen des Europäischen Parlaments

Die Präsidentin
N. Fontaine

Im Namen des Rates

Der Präsident
G. d'Oliveira Martins

(1) ABl. C 30 vom 5.2.1999, S. 4.
(2) ABl. C 169 vom 16.6.1999, S. 36.
(3) Stellungnahme des Europäischen Parlaments vom 6. Mai 1999 (ABl. C 279 vom 1.10.1999, S. 389). Gemeinsamer Standpunkt des Rates vom 28. Februar 2000 und Beschluss des Europäischen Parlaments vom 4. Mai 2000 (noch nicht im Amtsblatt veröffentlicht).
(4) ABl. L 298 vom 17.10.1989, S. 23. Richtlinie geändert durch die Richtlinie 97/36/EG des Europäischen Parlaments und des Rates (ABl. L 202 vom 30.7.1997, S. 60).
(5) ABl. L 95 vom 21.4.1993, S. 29.
(6) ABl. L 144 vom 4.6.1997, S. 19.
(7) ABl. L 250 vom 19.9.1984, S. 17. Richtlinie geändert durch die Richtlinie 97/55/EG des Europäischen Parlaments und des Rates (ABl. L 290 vom 23.10.1997, S. 18).
(8) ABl. L 42 vom 12.2.1987, S. 48. Richtlinie zuletzt geändert durch die Richtlinie 98/7/EG des Europäischen Parlaments und des Rates (ABl. L 101 vom 1.4.1998, S. 17).
(9) ABl. L 141 vom 11.6.1993, S. 27. Richtlinie zuletzt geändert durch die Richtlinie 97/9/EG des Europäischen Parlaments und des Rates (ABl. L 84 vom 26.3.1997, S. 22).
(10) ABl. L 158 vom 23.6.1990, S. 59.
(11) ABl. L 80 vom 18.3.1998, S. 27.
(12) ABl. L 228 vom 11.8.1992, S. 24.
(13) ABl. L 280 vom 29.10.1994, S. 83.
(14) ABl. L 166 vom 11.6.1998, S. 51. Richtlinie geändert durch die Richtlinie 1999/44/EG (ABl. L 171 vom 7.7.1999, S. 12).
(15) ABl. L 210 vom 7.8.1985, S. 29. Richtlinie geändert durch die Richtlinie 1999/34/EG (ABl. L 141 vom 4.6.1999, S. 20).
(16) ABl. L 171 vom 7.7.1999, S. 12.
(17) ABl. L 113 vom 30.4.1992, S. 13.
(18) ABl. L 213 vom 30.7.1998, S. 9.
(19) ABl. L 281 vom 23.11.1995, S. 31.
(20) ABl. L 24 vom 30.1.1998, S. 1.
(21) ABl. L 204 vom 21.7.1998, S. 37. Richtlinie geändert durch die Richtlinie 98/48/EG (ABl. L 217 vom 5.8.1998, S. 18).
(22) ABl. L 320 vom 28.11.1998, S. 54.
(23) ABl. L 15 vom 21.1.1998, S. 14.
(24) ABl. L 13 vom 19.1.2000, S. 12.
(25) ABl. C 23 vom 28.1.1999, S. 1.
(26) ABl. L 19 vom 24.1.1989, S. 16.
(27) ABl. L 209 vom 24.7.1992, S. 25. Richtlinie zuletzt geändert durch die Richtlinie 97/38/EWG der Kommission (ABl. L 184 vom 12.7.1997, S. 31).
(28) ABl. L 117 vom 7.5.1997, S. 15.
(29) ABl. L 145 vom 13.6.1977, S. 1. Richtlinie zuletzt geändert durch die Richtlinie 1999/85/EG (ABl. L 277 vom 28.10.1999, S. 34).

Anhang
Ausnahmen im Rahmen von Artikel 3

Bereiche gemäß Artikel 3 Absatz 3, auf die Artikel 3 Absätze 1 und 2 keine Anwendung findet:

- Urheberrecht, verwandte Schutzrechte, Rechte im Sinne der Richtlinie 87/54/EWG (1) und der Richtlinie 96/9/EG (2) sowie gewerbliche Schutzrechte;
- Ausgabe elektronischen Geldes durch Institute, auf die die Mitgliedstaaten eine der in Artikel 8 Absatz 1 der Richtlinie 2000/46/EG (3) vorgesehenen Ausnahmen angewendet haben;
- Artikel 44 Absatz 2 der Richtlinie 85/611/EWG (4);
- Artikel 30 und Titel IV der Richtlinie 92/49/EWG (5), Titel IV der Richtlinie 92/96/EWG (6) sowie die Artikel 7 und 8 der Richtlinie 88/357/EWG (7) und Artikel 4 der Richtlinie 90/619/EWG (8);
- Freiheit der Rechtswahl für Vertragsparteien;
- vertragliche Schuldverhältnisse in Bezug auf Verbraucherverträge;
- formale Gültigkeit von Verträgen, die Rechte an Immobilien begründen oder übertragen, sofern diese Verträge nach dem Recht des Mitgliedstaates, in dem sich die Immobilie befindet, zwingenden Formvorschriften unterliegen;
- Zulässigkeit nicht angeforderter kommerzieller Kommunikation mittels elektronischer Post.

(1) ABl. L 24 vom 27.1.1987, S. 36.

(2) ABl. L 77 vom 27.3.1996, S. 20.

(3) Noch nicht im Amtsblatt veröffentlicht.

(4) ABl. L 375 vom 31.12.1985, S. 3. Richtlinie zuletzt geändert durch die Richtlinie 95/26/EG (ABl. L 168 vom 18.7.1995, S. 7).

(5) ABl. L 228 vom 11.8.1992, S. 1. Richtlinie zuletzt geändert durch die Richtlinie 95/26/EG.

(6) ABl. L 360 vom 9.12.1992, S. 1. Richtlinie zuletzt geändert durch die Richtlinie 95/26/EG.

(7) ABl. L 172 vom 4.7.1988, S. 1. Richtlinie zuletzt geändert durch die Richtlinie 92/49/EG.

(8) ABl. L 330 vom 29.11.1990, S. 50. Richtlinie zuletzt geändert durch die Richtlinie 92/96/EG.

Stichwortverzeichnis

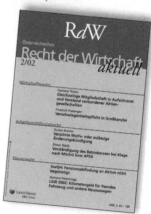